国家社会科学基金后期资助项目（21FJYB043）

财政转移支付的减贫效应评估：
内在机制与提升策略研究

李 丹 著

中国财经出版传媒集团

经济科学出版社
Economic Science Press
·北京·

国家社科基金后期资助项目
出版说明

后期资助项目是国家社科基金设立的一类重要项目，旨在鼓励广大社科研究者潜心治学，支持基础研究多出优秀成果。它是经过严格评审，从接近完成的科研成果中遴选立项的。为扩大后期资助项目的影响，更好地推动学术发展，促进成果转化，全国哲学社会科学工作办公室按照"统一设计、统一标识、统一版式、形成系列"的总体要求，组织出版国家社科基金后期资助项目成果。

全国哲学社会科学工作办公室

目　录

第一章　引　　言

第一节　研究背景与意义

2022 年 10 月 16 日，中国共产党第二十次全国代表大会在北京人民大会堂顺利召开，习近平同志代表第十九届中央委员会向大会作题为《高举中国特色社会主义伟大旗帜　为全面建设社会主义现代化国家而团结奋斗》的主旨报告。报告提出党的十八大以来，"我们经历了对党和人民事业具有重大现实意义和深远历史意义的三件大事：一是迎来中国共产党成立一百周年，二是中国特色社会主义进入新时代，三是完成脱贫攻坚、全面建成小康社会的历史任务，实现第一个百年奋斗目标"①。其中，第三件大事就涉及脱贫攻坚工作，2021 年 2 月 25 日，习近平同志在北京召开的全国脱贫攻坚总结表彰大会上庄严宣告我国取得脱贫攻坚战的全面胜利。② 现行标准③下 9899 万农村贫困人口全部脱贫，832 个贫困县全部摘帽，12.8 万个贫困村全部出列，消除了绝对贫困，解决了区域性整体贫困问题，如期完成全面建成小康社会的宏伟目标，创造彪炳史册的人间奇迹，也为全球减贫事业作出巨大贡献。

但与此同时，中国减贫事业也迎来重要转折期，巩固拓展脱贫攻坚成果、解决相对贫困、实现共同富裕将是今后一段时间内中国长期减贫面临的主要挑战。党的二十大报告提出，中国共产党的中心任务就是团结带领全国各族人民全面建成社会主义现代化强国、实现第二个百年奋斗目标，

---

① 习近平. 高举中国特色社会主义伟大旗帜　为全面建设社会主义现代化国家而团结奋斗［EB/OL］. 新华网.（2022 - 10 - 16）. http：//www. xinhuanet. com/2022 - 10/16/c_1129067252. htm.

② 习近平：在全国脱贫攻坚总结表彰大会上的讲话［EB/OL］.（2021 - 02 - 25）. https：//www. gov. cn/xinwen/2021 - 02/25/content_5588869. htm.

③ 我国现行脱贫标准是农民年人均纯收入按 2010 年不变价计算为 2300 元，2014 年现价脱贫标准为 2800 元。综合考虑物价水平和其他因素，逐年更新按现价计算的标准。按每年 6% 的增长率调整测算，2020 年全国脱贫标准约为人均纯收入 4000 元。

以中国式现代化全面推进中华民族伟大复兴。中国式现代化，是中国共产党领导的社会主义现代化，既有各国现代化的共同特征，更有基于自己国情的中国特色。中国式现代化是人口规模巨大的现代化，是全体人民共同富裕的现代化①。在此伟大的关键历史时刻，必须未雨绸缪，既要巩固拓展脱贫攻坚成果有效衔接乡村振兴战略，有效解决相对贫困，实现共同富裕，也需要对过去扶贫事业进行经验总结，"扬长"与"避短"相结合，进一步提升脱贫地区和脱贫人口的内生增长动力。

当时的贫困地区经济基础薄弱，财源有限，地方政府财政压力较大，收支矛盾突出，针对这些地区，中央一直通过财政转移支付的方式支持当地发展。目前，脱贫攻坚已取得全面胜利，减贫成效显著，但这些成效的取得究竟是财政转移支付的"输血"作用还是"造血"作用？如何客观评估财政转移支付的减贫成效？如何在巩固拓展脱贫攻坚成果中继续发挥和提升财政转移支付在提升脱贫地区发展方面的重要作用？如何通过财政转移支付解决相对贫困问题？如何在巩固拓展脱贫攻坚成果与乡村振兴衔接方面进一步提升财政转移支付的作用？这些研究对"后脱贫时代"的减贫实践以及保障"人民共享发展成果""实现共同富裕"具有重要的现实意义，同时，这项研究也有助于完善财政转移支付制度、地方政府行为以及财政资金绩效评价等相关理论。

新中国成立以来，党中央一直致力于减贫事业，特别是改革开放之后，中央通过"政策＋资金"方式密集出台一系列扶贫举措，例如设立国家扶贫开发重点县、实施西部大开发战略、开展东西部协作以及精准扶贫等，不断加大对贫困地区的财政转移支付力度，这些举措为我国减贫事业发展提供重要支持。早在 2020 年全面建成小康社会之际，中央进一步提出巩固拓展脱贫攻坚成果与乡村振兴有效衔接，构建解决相对贫困的长效机制。此外，中央对脱贫县实施 5 年过渡期政策，2021 年政府工作报告进一步提出在西部脱贫地区集中支持一批乡村振兴重点帮扶县②，从发展角度看，这些政策是对以往政策经验的继承与发展，因此，有必要对我国财政转移支付政策进行效应评估，从而更好地为新时期欠发达地区财政转移

---

① 习近平. 高举中国特色社会主义伟大旗帜　为全面建设社会主义现代化国家而团结奋斗 [EB/OL]. (2022 – 10 – 16). http://www.xinhuanet.com/2022 – 10/16/c_1129067252. htm.

② 2021 年 8 月 27 日，中央农村工作领导小组办公室和国家乡村振兴局发布《关于公布国家乡村振兴重点帮扶县名单的通知》，共公布国家乡村振兴重点帮扶县名单 160 个，涉及四川 25 个，内蒙古 10 个，广西 20 个，重庆 4 个，贵州 20 个，云南 27 个，陕西 11 个，甘肃 23 个，青海 15 个，宁夏 5 个。

支付帮扶政策提供重要的借鉴作用。

从本书研究的意义来看，至少包括以下四个方面。

首先，是解决我国社会主要矛盾和实现共同富裕的现实需要。习近平总书记在党的二十大报告中指出，明确我国社会主要矛盾是人民日益增长的美好生活需要和不平衡不充分的发展之间的矛盾，并紧紧围绕这个社会主要矛盾推进各项工作。① 目前，我国区域差距、城乡差距、居民收入差距、基本公共服务差距等问题依然突出。在全面建设中国式现代化和实现第二个百年奋斗目标的关键历史时期，通过对脱贫地区财政转移支付的深入研究，有利于解决社会主要矛盾并为实现共同富裕提供理论基础。

其次，是巩固拓展脱贫攻坚成果和构建解决相对贫困长效机制的需要。虽然我国已经全面进入小康社会，但脱贫地区经济基础仍然薄弱，经济社会总体发展水平仍然较低，脱贫人口仍存在大规模返贫的风险，因此，巩固拓展脱贫攻坚成果和解决相对贫困面临较大挑战。我国自改革开放以来，实施大规模脱贫攻坚工作，在扶贫脱贫方面形成大量宝贵经验，在贫困治理方面开创形式多样的扶贫模式和扶贫创新举措，特别是在财政转移支付资金使用和管理方面具有一定的创新，本书通过系统总结和实证研究，对"后脱贫时代"改进和完善财政转移支付减贫政策，巩固拓展脱贫攻坚成果和构建解决相对贫困长效机制具有重要的现实意义。

再次，有助于完善贫困地区脱贫之后的财政转移支付政策。贫困地区虽然已经脱贫，但财政支出依然主要依靠上级政府的财政转移支付，如何优化财政转移支付规模和结构，提高财政资金使用效率，仍然是长期研究的重要课题。此外，根据相对贫困内涵，通过财政转移支付还可以解决居民收入差距，城乡基本公共服务差距等方面的现实问题。总之，此项研究对"后脱贫时代"财政转移支付制度的顶层设计以及制定不同发展阶段区域协调发展战略具有重要的参考价值。

最后，是完善中国特色反贫困理论和政策体系的需要。我国在脱贫攻坚过程中，形成具有中国特色的反贫困理论体系，也被国际社会誉为贫困治理的"中国道路"。特别是党的十八大以来，习近平同志提出"精准扶贫""五个一批""六个坚持"理论体系，形成了"中国特色反贫困理论"，这为国家贫困治理体制机制完善与创新提供科学指引，在全面建成小康社会之后，我国相继提出 5 年过渡期政策以及构建解决相对贫困长效

---

① 习近平. 高举中国特色社会主义伟大旗帜 为全面建设社会主义现代化国家而团结奋斗 [EB/OL]. (2022 – 10 – 16). http：//www. xinhuanet. com/2022 – 10/16/c_1129067252. htm.

机制，进一步丰富中国特色反贫困理论体系。本书将对中国特色反贫困理论和政策体系进行系统总结，通过汇聚中国减贫智慧，为全球减贫事业贡献中国智慧、中国方案、中国力量。

第二节　本书研究内容的界定及研究框架

在具体研究之前，需要对本书研究内容做一个明确的界定，首先，在研究对象上，受制于数据限制，本书研究对象主要集中在国家扶贫开发重点县，当然为更好反映国家扶贫开发重点县的脱贫成效，也会将"非国家扶贫开发重点县"作为"参照组"进行分析。其次，在研究时间跨度上，本书在回顾减贫历程及经验总结方面，将改革开放作为重要始点，主要原因在于 1978 年改革开放在新中国历史上具有里程碑的意义，即对改革开放以来我国 40 多年的减贫事业进行全面分析。再次，在研究视角上，本书将基于财政视角进行分析，重点研究财政转移支付、地方财政能力、基本公共服务供给等内容。最后，在研究结论方面，围绕"后脱贫时代"减贫任务，完善财政转移支付制度，探究如何在巩固脱贫攻坚成果和构建解决相对贫困方面，进一步发挥财政转移支付的作用。

本书具体研究框架（见图 1.1）如下。

1. 系统总结我国减贫实践以及财政转移支付政策。重点介绍改革开放以来我国扶贫实践历程以及重大减贫举措。我国扶贫实践经历全面减贫模式、区域开发式扶贫模式（西部大开发、振兴东北老工业基地等）、以（扶贫）县为中心的开发式扶贫模式、整村推进模式以及围绕贫困户为中心的精准扶贫模式。重大减贫举措包括专项扶贫、行业扶贫、社会扶贫以及国际合作等。本书在具体减贫举措中均添加现实案例，以增加本书的可读性。此外，本书还重点介绍"老、少、边、穷"地区的财政转移支付政策等内容。

2. 系统介绍我国减贫成就、经验以及挑战。利用《全国地市县财政统计资料》、各级政府地方财政统计年鉴以及地方财政预决算公开数据等方式收集整理出 2001 年以来国家扶贫开发重点县、连片特困地区以及东部扶贫改革试验区的财政转移支付数据，系统介绍改革开放以来我国减贫取得的巨大成就，除经济增长、财政收支等基础指标外，本书重点对效果性指标和过程性指标进行分析，其中效果性指标又分为经济性效果指标和社会性效果指标，过程性指标则强调减贫进程，例如"五通"建设情况等。此外，在经验介绍方面重点总结我们取得全面建成小康社会的重要经验做法以及未来可能面临的挑战。

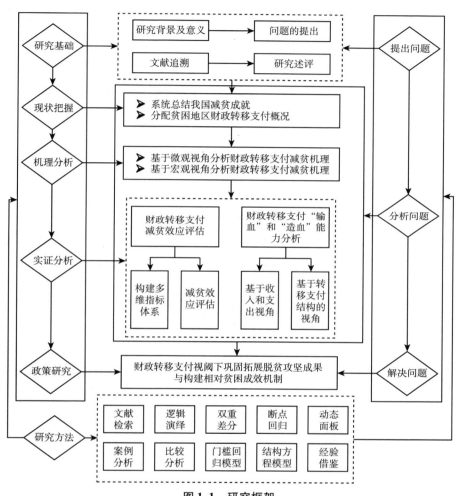

图1.1　研究框架

3. 构建多维指标体系，全面衡量财政转移支付的减贫效应，深入考察财政转移支付的"输血"能力和"造血"能力。针对贫困地区，"输血"固然重要，但从长远看，提升地方政府和贫困人口的"造血"能力更是长远之计。近年来，受新冠疫情等其他因素的影响，经济增速下滑，地方政府财政收支矛盾突出，在此背景下，对地方政府而言，亟须提升财政资金使用效能，更好地发挥财政转移支付的引导作用。在研究对象方面，本书主要考察国家扶贫开发重点县的减贫效应。在具体指标选取方面，主要基于两点：一是基于宏观角度，设置人均GDP、产业结构、人均一般预算收入、财政转移支付依赖度等指标考察财政转移支付对地方政府宏观经济状况的影响；二是基于微观角度，设置农业机械总动力、人均用电量、人均可支配收入水平、基本公共服务水平等指标考察财政转移支付是否改善贫困人口的收入水平和生产能力。此外，为更好展现财政转移支付的减贫效应，本书还将选取部分重点县作为案例进行重点分析。

4. 考察财政转移支付对地方财政能力的影响。一般而言，地方财政能力的提升是巩固拓展脱贫攻坚成果和实现乡村振兴战略的重要保障，也是各类长效机制真正能够"长效"的前提和基础。考虑到财政转移支付与地方政府财政能力之间存在一定的内生性，本书以 2012 年国家扶贫开发重点县名单调整为契机，将 2012 年之后进入国家扶贫开发重点县名单的县作为研究对象，相较于非国家扶贫开发重点县而言，进入国家扶贫开发重点县则意味着可获得大量财政转移支付，因此可以利用国家扶贫开发重点县名单的调整分析财政转移支付对地方政府财政能力的影响。此外，在研究方法上，本书将采取双重差分倾向得分匹配法（PSM – DID）进行研究，该方法可有效解决部分内生性问题。研究发现，随着财政转移支付的增加，地方政府财政收支能力均得到有效提升。因此，在未来巩固拓展脱贫攻坚 5 年过渡期内以及在设立乡村振兴重点帮扶县方面，应进一步发挥特殊区域内各类扶持政策的作用，不断提升县级政府财政能力。

5. 围绕财政转移支付不确定性进行研究。贫困地区虽然每年可获得大量财政转移支付，但具体规模存在不确定性，特别是专项转移支付，因此本书将考察财政转移支付不确定性对地方政府财政支出规模和结构的影响，同时利用空间杜宾模型将空间因素纳入研究框架。研究发现财政转移支付不确定性会显著提升国家扶贫开发重点县地方政府的财政支出规模，在财政支出结构上，也会存在一定的财政支出"偏向"。此外，在空间计量模型分析中，财政转移支付不确定性不仅会影响本县辖区内农林水务支出和行政管理支出，也会对其他地区两类支出产生重要影响。因此，财政转移支付资金的分配应公开、透明、可预期，以减少财政转移支付的不确定性。

6. "后脱贫时代"完善财政转移支付制度的政策建议。本成果主要以财政转移支付的视角探讨如何在"后脱贫时代"有效衔接巩固拓展脱贫攻坚成果与乡村振兴，构建解决相对贫困的长效机制并实现共同富裕。在具体研究内容方面：一是基于宏观和微观视角完善财政转移支付政策，巩固拓展脱贫攻坚成果，包括巩固拓展脱贫攻坚成果与乡村振兴有效衔接，借鉴东部地区扶贫改革试验区的成功经验等内容。二是建立现代财政转移支付制度，构建解决相对贫困的长效机制，包括科学划分事权与支出责任、合理确定财政转移支付规模和形式、完善省以下财政体制改革、提升财政转移支付的效能等。

第三节　研究数据与研究方法

本书在研究数据方面，主要来自《全国地市县财政统计资料》《中国县（市）社会经济统计年鉴》《中国农村扶贫检测报告》等，对于通过公开年鉴无法获取的数据，特别是 2010 年之后关于国家扶贫开发重点县的财政数据，主要来自地方政府公开的县志资料、贫困县政府网站公布的公开数据以及地方政府年度政府工作报告等。通过前期积累，目前已经收集和整理大量最新的县级财政数据、金融数据、企业数据等，可以保证后续研究的需要。

本书主要采用三类研究方法：一是文献梳理法，通过查阅和梳理扶贫脱贫文件和相关文献资料，收集相关数据，利用大量图表展示我国脱贫攻坚取得的成就；二是实地调查法，笔者借助基层挂职锻炼的机会，走访33个国家扶贫开发重点县，收集第一手相关资料，将理论与实践相结合，弥补有关部门统计数据的不足；三是实证分析法，在专题研究中，本书利用面板数据，构建静态和动态面板模型、空间计量模型，采用 2SLS、系统 GMM、空间自回归模型（SAR）、双重差分倾向得分匹配法（PSM – DID）等计量方法，对财政转移支付的减贫效应进行实证研究并得出稳健结论。

第四节　本书创新及不足

从创新角度看，本书至少在四个方面具有一定的创新性。

首先，在研究对象上具有一定的创新。本书基于财政转移支付的视角围绕各类贫困地区进行全面而深入的研究。具体研究对象分为两类：第一类为中西部贫困地区，主要以国定扶贫开发重点县、连片特困地区为主；第二类为东部扶贫改革试验区。第一类研究对象侧重解决绝对贫困问题，第二类研究对象侧重解决相对贫困问题。目前已有学者关于中西部贫困地区开展相关研究，但对东部扶贫改革试验区的研究相对较少。相较于中西部贫困地区，针对东部扶贫改革试验区的研究有利于制定"后脱贫时代"

各项帮扶政策和构建相关长效机制。

其次，在研究内容上具有一定的创新。一是本书将系统总结改革开放以来我国减贫事业的扶贫历程、扶贫模式以及重大扶贫举措，以便更好地总结中国扶贫经验，讲好中国故事，为全球减贫事业贡献中国智慧。二是本书将系统研究欠发达地区财政转移支付制度及减贫效应，并分析其内在提升机制。三是本书将构建多维指标体系衡量减贫效应，客观评价贫困地区的减贫成效。四是本书将利用国家扶贫开发重点县名单调整变化情况，对新增贫困县、退出贫困县进行详细分析，特别是在国家未提出全面脱贫摘帽之前，面对"帽子"带来的重大优惠政策，一些县却主动"做穷"自己，通过深入分析地方政府内在行为逻辑，为调动地方政府积极性提供参考依据。五是根据研究结论，基于财政转移支付的视角分析如何在"后脱贫时代"巩固拓展脱贫攻坚成果和解决相对贫困问题。

再次，在研究时间跨度上具有一定的创新。2020年是全面建成小康社会的收官之年，因此，本书在研究时间跨度上包含三个时期：一是1994～2000年"八七扶贫时期"，二是2001～2010年综合扶贫开发时期，三是2011～2020年脱贫攻坚时期。目前研究文献主要集中在前两个时期，但对于2011～2020年，还没有学者进行系统研究。此外，由于跨越三个扶贫时期，可以为本项目提供更多研究视角，例如考察同一个扶贫时期内"处理组（贫困县）"与"参照组（非贫困县）"之间的差异、考察不同扶贫时期各类政策产生的效应差异、考察"新进贫困县"与"退出贫困县"之间的区别、考察"脱贫摘帽"政策实施前后贫困地区地方政府行为差异等。

最后，在研究方法上具有一定的创新。为全面考察财政转移支付的减贫效应，本书采用空间计量模型、双重差分倾向得分匹配法（PSM - DID）等对相关主题进行全面系统的研究。同时，为提高可读性，本书增加了很多实践案例，便于了解我国的扶贫举措。

第二章 文 献 综 述

1978 年改革开放以来，中央以及各级地方政府积极开展农村扶贫工作，特别是党的十八大以来，党中央国务院建立精准扶贫、精准脱贫理论体系，实施精准识别、精准帮扶，农村居民收入大幅提高，基础设施明显改善，各项事业取得巨大成就，我国成功走出一条符合中国国情的大国扶贫开发之路。为探索中国经验，国内外学者对中国扶贫举措进行大量研究，以期为全球减贫事业贡献中国智慧、中国方案、中国力量。鉴于此，本章从贫困内涵的理论探讨、经济增长与收入分配、财政转移支付基本理论及财政转移支付减贫效应等角度进行文献梳理。

第一节 贫困维度及衡量方法的文献综述

何为"贫困"，不同人可能有不同的看法，贫困既包括物质上的贫困也包括精神或权利上的贫困，但从目前经济发展的阶段来看，主要还是物质上的贫困。在理论上，学者们将贫困分为极度贫困、一般贫困和相对贫困（童星和林闵钢，1994），造成贫困的原因既包括经济层面的原因，也包括政治方面的原因（Sen，1976）。

在贫困测度方面，贫困测度由过去单一贫困指标向多维贫困指标演进，单一指标中，最常用的是设定贫困线，收入或支出低于贫困线以下的人口可以认定为贫困人口。例如，世界银行规定国际贫困线标准为每人每天生活支出 1.9 美元（Word bank，2015），我国则是以年度人均收入作为主要衡量指标，例如在 2010 年贫困线标准的基础上①，根据物价等因素进

---

① 我国共采用过三条贫困标准，一是 1978 年标准，也称为绝对贫困标准，贫困线为人均 100 元/年，主要关注基本生存问题。二是 2008 年标准，将低收入标准作为扶贫工作的标准，贫困线标准提高到人均 1196 元/年。三是 2010 年标准，为全面建成小康社会，贫困线标准提高到人均 2300 元/年。

行调整，2019 年贫困线为人均年收入 3218 元，2020 年贫困线人均年收入 4000 元左右。低于这一临界值为贫困人口，贫困人口占总人口的比率为贫困发生率（李丹和李梦瑶，2020）。不过，在现实中，如果仅以收入作为衡量指标，很可能将一部分当年收入较少，但有能力通过储蓄维持生活水平的人口纳入贫困人口，也可能将偶然年份收入稍高的贫困人口排除在外。如果以支出作为衡量指标，也会产生一些问题，例如消费支出本身具有滞后性，而且可能将那些收入较高，但因消费习惯和消费意识造成支出低于贫困线的人口纳入贫困人口，对于这类人群，更重要的是引导消费，而不是援助（汪三贵，2001）。鉴于此，一些学者认为现实致贫原因极为复杂，贫困内涵本身应具有多个维度的衡量指标。森（Sen，1976）最早提出"可行能力理论"，即人们能够做自己想做的事情，具备参与生产、生活的能力，森的观点具有里程碑意义，他不仅强调多维贫困指标，更加强调要具备摆脱贫困的能力，这些思想为后期构建多维贫困指标提供基本方向，多维贫困理念也相继被用于衡量人类发展指数（human development index，HDI）、人类贫困指数（multidimensional poverty index，MPI）等。不过，理论界对于多维贫困指标的衡量仍存在较大争议，这些争议集中体现在两个方面，一是多维贫困指标的选取，拉瓦雷（Ravallion，2011）承认多维指标的科学性，但构建多维指标体系存在较大困难，而且很难为实务界提供有效信息。不过，阿尔基尔和福斯特（Alkire and Foster，2011）认为可以对健康、教育等指标进行量化，并构建"个人功能汇总指数"，从而划定贫困线，将低于贫困线以下的个体确定为贫困人口。二是多维贫困指标在权重、维度以及剥夺阈值的选取较为随意，缺乏统一标准，往往造成不同的研究结论。不过，一些学者不断探索并寻求相应解决方法，例如在权重设置方面，可采用因子分析法、聚类分析法、随机占优分析等方法（Luzzi et al.，2008；Duclos and Tiverti，2016）。我国学者同样对贫困多维指标进行深入研究，将收入水平、健康状况、教育水平、家庭财产、生活饮水等因素综合起来考虑贫困的多维特征来测度贫困（李小云，2005；邹薇和方迎风，2012），张立冬（2017）选用收入、教育、健康、生活水平和资产五个维度测度贫困。虽然不同学者在构建多维指标体系方面存在一定差异，但基本包含反映贫困人口自身特征的重要因素。在实务操作方面，我国除划定贫困线之外，也提出"两不愁，三保障"，即不愁吃、不愁穿，保障其义务教育、基本医疗和安全住房。

在贫困识别方面，贫困识别由识别绝对贫困向识别相对贫困演进，绝对贫困一般采取设定贫困线的方法，同时考虑住房、教育、医疗等因素（Gordon，1992；Ravallion，2012）。相对贫困识别较为复杂，一些学者建议利用居民平均收入或中位数收入的一定比例确定相对贫困线（陈宗胜等，2013；孙久文和夏添，2019），也有一些学者从基本服务需求的角度，考虑经济、社会发展以及生态环境等衡量相对贫困（Fahmy et al.，2011；汪三贵和曾小溪，2018；王小林和冯贺霞，2020）。在全面建成小康社会之后，很多学者对相对贫困指标进行丰富的研究，例如，汪三贵和孙俊娜（2021）基于2018年农村住户调查数据，测度相对贫困；李小云等（2020）则是基于基本公共服务的角度衡量相对贫困。

此外，一些学者在前人研究基础上，进一步对贫困本身进行研究，例如对贫困深度和贫困强度进行研究（谢申祥等，2018；赵磊和张晨，2018），贫困深度主要反映贫困人口收入与临界值的距离，贫困强度则是贫困人口收入与临界值的平方。乔茨纳和拉瓦雷（Jyotsna and Ravallion，2000）则是将贫困分解为暂时性贫困（暂时处于贫困线以下）和慢性贫困（一直未脱离贫困）分别进行研究。除从静态角度研究贫困指标外，一些学者开始从动态角度衡量贫困指标，即将个人或家庭未来可能遇到的风险纳入分析框架中，测量贫困的脆弱性（Chaudhuri et al.，2002；Raghbendra et al.，2010），樊丽明和解垩（2014）在前人研究基础上，进一步完善贫困脆弱性的计算方法。在反贫困机制研究方面，国内外学者从社会保障体系、教育投入、医疗资源、产业发展、住房保障等方面进行研究（Banerjee and Duflo，2013；张琦和冯丹萌，2018；李小云，2020）。通过以上分析，本书认为目前在衡量贫困指标方面存在一定的趋势，由单一指标向多维指标转变、由静态指标向动态指标转变，同时对贫困内涵、相对贫困以及反贫困机制的研究更加深入。

第二节　经济增长、收入分配与减贫的文献综述

经济增长和收入分配会对贫困产生直接影响，经济增长是减贫的前提和基础，合理的收入分配是减贫的重要保障。一些学者认为，经济增长是解决贫困的唯一途径，只要关注经济增长，就可以自然解决贫困问题（Bhalla，2001），拉瓦雷（Ravallion）和陈（2004）也认为经济增长与减贫存在因果关系，经济增长会通过纵向"涓滴效应"与横向"扩散效应"惠及贫困人口，从而减少贫困。在实证方面，一些学者通过不同国家的实

证研究也证明经济增长是减贫的充分必要条件（Dollar and Kraay, 2002；Kraay and Mckenzie, 2014）。不过，这类观点近年来受到强烈的质疑和批评，一些学者认为经济增长可以减缓贫困，但纵向"涓滴效应"与横向"扩散效应"并非适用全部贫困，经济增长只是减贫的必要条件，而非充分条件，一些国家在经济增长的同时，贫困也在增加（Moreno-dodson, 2010）。在实证方面，亚伦（Aaron, 1967）发现经济增长对不同群体的反应存在异质性，一些人对经济增长较为敏感，从而可以利用经济增长摆脱贫困，而另一些人对经济增长毫无反应，仍然较为贫困（Hoover et al., 2008）。

以上研究仅围绕经济增长是否可以减贫进行争论，并未涉及收入分配层面。本书认为，"分好蛋糕"同"做大做好蛋糕"同样重要，收入分配也会对贫困产生重要影响。如果仅仅追求经济的快速增长，不仅不会减少贫困，甚至会造成贫富差距过大，最终影响经济增长和社会稳定。一个注重分配公平的国家，经济增长的减贫效应一般要好于收入分配不公的国家。因此，在经济增长的同时更加注重收入分配，尤其让贫困人口共享发展成果。理论上，这类经济增长被称为益贫式经济增长（pro-poor growth），其本质在经济发展的过程中能够改善收入分配格局。在具体测度方面，主要有三种方法，分别为益贫式增长指数（pro-poor growth index, PPGI）、益贫式增长率（pro-poor growth rate, PPGR）、减贫等值增长率（poverty equiva lent growth rate, PEGR）。近年来，很多国家注重益贫式经济增长（Shorrocks and Hoeven, 2004）。

我国扶贫思路也经历相似的发展历程，最初以经济增长为核心，促进经济快速增长，同时通过开发式扶贫，提高贫困地区经济发展水平，在"涓滴效应"和"扩散效应"影响下，让贫困人口参与经济增长，提高收入水平，贫困人口和贫困发生率大幅下降，一些研究也证明经济增长是造成贫困人口下降的最主要原因，一些学者甚至认为经济增长对我国农村减贫的贡献率高达 70% 左右（汪三贵，2008；李实，2016；徐明，2021），但进入 20 世纪 90 年代后半期，贫困人口不降反升，经济增长减贫效应也随之受到质疑。一些学者认为，开发式扶贫可以帮助那些具备生产能力的贫困人口摆脱贫困，但对那些能力缺乏且未能融入经济增长的贫困人口无能为力（胡联和汪三贵，2017）。一些学者已经意识到最终减贫效果不仅取决于经济增长，而且取决于收入分配（Ravallion and Huppi, 1991；江克忠和刘生龙，2017）。万广华和张茵（2006）认为 20 世纪 90 年代农村减贫主要得益于收入分配格局的调整，但随着经济发展，收入差距不断扩大，90 年代后期农村贫困有所增加。胡兵等（2005）详细分析了我国收入差距对贫困的影响，认为在经济增长过程中，相较于富人，穷人获益较少，收入分配不公甚至会抵消经济增长的减贫效应。陈立中（2009）对我国 1980～2005 年农村贫困问题进行研究，认为经济增长使得农村贫困发生率下降 39.13 个百分点，但收入分配不公造成农村贫困发生率上升 18.15 个百分点，一些年份收入分配不公造成的减贫负效应甚至超过经济增长减贫带来的正效应（杜凤莲和孙婧芳，2009）。罗楚亮（2012）更是认为由于收入分配不公，2002～2007 年的经济增长反而造成穷人利益受损。周华等（2013）通过构建二阶式益贫式增长函数对我国 2004～2010 年益贫式经济增长进行测度，总体上发达地区益贫增长较好，而贫困地区益贫增长较差。赵锦春和范从来（2020）认为提升金融包容性兼备经济增长与收入分配改善的双重功能，但不利于低收入地区资本积累。

针对这些突出问题，2013 年习近平同志到湖南湘西考察时首次提出"精准扶贫"重要指示①，之后形成"精准扶贫"理论体系，即扶贫对象精准、措施到户精准、项目安排精准、资金使用精准、因村派人精准、脱贫成效精准。该理论体系更加强调因人施策、因户施策和因村施策，在经济发展方面，更加注重"益贫式增长"，引导贫困户参与产业扶贫项目，在收入分配方面，更加注重"再分配"并鼓励"第三次分配"，使收入分配政策更加有利于贫困人口，使贫困人口共享经济发展成果。通过这些举措，可以更好地帮助贫困人口脱贫致富，实现共同富裕目标。

第三节　财政转移支付基本理论的文献综述

一、关于财政转移支付产生原因的文献综述

一般认为，财政转移支付是弥补财政分权所带来的缺陷，因此，阐述财政转移支付产生的原因之前，需要对财政分权理论进行一定的了解。传统的财政分权理论认为，相对于中央政府，地方政府在提供基本公共服务和资源配置方面具有重要优势。例如，在需求端，蒂布特（Tiebout，1956）构建了"蒂布特模型"，认为居民会通过"用脚投票"的方式选择

---

① 湖南十八洞村：以"首倡之地"行"首倡之为"［EB/OL］.（2022 - 06 - 25）. http：//cpc. people. com. cn/n1/2022/0625/c444826 - 32456402. html.

适应自身的基本公共服务，从而实现自身效应最大化以及资源配置最优化。在供给端，地方政府具有信息优势，比较清楚和了解当地居民的"偏好"，也会更加有效地提供满足自身辖区居民的基本公共服务（Musgrave，1959；Oates，1972）。同时，对于辖区居民公共服务需求的异质性，地方政府在管理、成本、信息等方面同样具有优势（Stiglitz et al.，1971；Oates，1972；Boadway，2006）。因此，采用财政分权方式可能比财政集权方式更能有效提供居民真正需要的公共产品。从这个角度看，财政分权的确具有一定的吸引力，但理论与现实往往存在较大差距。一方面，蒂布特模型作用机制往往会失效，现实中，"用脚投票"往往会受到户籍等方面的诸多限制，居民无法在不同辖区间自由流动，而且居民流动（迁徙）成本过高。另一方面，该理论将政府视为"仁慈的政府"，而在现实中，政府也是由"自私的理性人"组成，很多地方政府并不是"对下负责"，而是"对上负责"。伴随着这些新问题，近年来，财政分权理论得到进一步发展，逐步将"公共选择理论""委托代理理论""机制设计理论"等引入到财政分权研究框架中，深入分析地方政府的财政行为和激励机制，从而优化政府间的收入划分、财政转移支付、事权与支出责任等。

在实践操作层面，公共产品的供给也是促使财政转移支付产生的重要原因，按照公共产品的受益范围，可以分为地方供给的公共产品（公园、道路等）、中央供给的公共产品（外交、国防等）以及央地共同提供的公共产品（环境污染、义务教育等）。央地共同提供的公共产品往往具有强大的外部性，在支出责任上需要中央和地方共同承担。虽然在理论上可以清晰划分不同地方政府的支出责任，但在财政分权体制下，"财力上移""事权下移"，往往造成地方政府事权与支出责任不匹配，相对于中央政府，地方政府往往承担较多的支出责任，但财政收入较少，往往越是基层地方政府，其自身的财政收支压力越大。为有效缓解这一问题，中央往往通过财政转移支付的方式确保地方政府的事权与支出责任相匹配。

因此，财政转移支付往往可以弥补财政分权所带来的缺陷。根据以上论述，本书认为，财政转移支付产生的原因至少包括以下三个方面：一是为了实现政府间财力纵向平衡，财政分权体制下，地方政府承担的支出责任较大，但收入占比不足，因此需要中央政府通过财政转移支付的方式缓解地方政府的财政支出压力。二是为了实现政府间财力横向平衡，地方政府之间自然资源禀赋不同，经济基础差异较大，为实现基本公共服务均等化，中央往往需要通过财政转移支付的方式支持欠发达地区的发展，特别在教育、医疗、社会保障方面，通过财政转移支付，保障欠发达地区基本公共服务的数量和质量。此外，除经济效率的角度外，财政转移支付还可以维护地区的社会稳定（Smart，1998）。三是为实现中央政府的特殊目的，例如，本该由中央承担的支出责任，可以通过专项转移支付的方式委托地方政府承担（Barro，1999）。除此之外，其他学者对财政转移支付存在的原因还有一些其他的观点，例如范子英和张军（2010）认为财政转移支付主要是社会分工的结果，落后地区和发达地区往往承担不同的经济分工责任，财政转移支付有利于国内市场的整合。

二、关于财政转移支付目标的文献综述

关于财政转移支付目标，理论界并未形成一致结论，即使表面上提出相同的"口号"，但在具体内涵上往往并不相同，而财政转移支付目标不明确往往会导致难以对财政转移支付效果进行科学的衡量。因此，在这里有必要对这个问题进行相关阐述。

根据前面所述，财政转移支付产生的原因主要是为了实现政府间纵向财力均衡和横向财力均衡，那么实现财力均衡的目标也就是财政转移支付的目标，在理论界，往往通过实现"均等化"作为财政转移支付的主要目标。"均等化"的内涵又极为丰富，在早期的相关研究中，均等化主要包括人均财力均等化、基本公共服务均等化以及公共服务标准化（马国贤，2007）。由于地方政府之间自然环境、经济基础等差异较大，即使实现财力均等化，但不同地方政府公共产品供给成本不同，也难以实现基本公共服务均等化，因此，钟晓敏和赵海丽（2009）、王晓洁（2012）、吕光明和陈欣悦（2022）等均主要围绕基本公共服务均等化作为财政转移支付的主要目标。

关于基本公共服务均等化的内涵，一些学者认为，基本公共服务均等化是指不同地区居民能够享受基本相同的公共服务（张恒龙和陈宪，2007），也有一些学者认为基本公共服务是政府公共职能的"底线"，是维护居民生存权和发展权所必须提供的最低公共服务（陈昌盛，2008）。石绍宾（2009）认为基本公共服务均等化不同于平均化，而是随着不同阶段发展的一个动态过程。李永红（2017）则是基于供给侧的角度认为基本公共服务均等化应该满足全民均等、"基本"均等以及渐进均等三个方面。可见，虽然不同学者对基本公共服务均等化的内涵表述上有所不同，但本质上具有相通性。

而在实现基本公共服务均等化的过程中，还需注意以下几点：一是厘清中央与地方，以及地方政府之间的事权与支出责任，这是实施财政转移

支付的基础和前提。二是合理确定地方政府标准财政收入和标准财政支出（McMillan，1981），准确测算地方财政收支缺口。三是考虑公平和效率，基于公平的视角，贫困地区往往获得更多的财政转移支付，不过，财政转移支付主要来自发达地区，对贫困地区过多的财政转移支付势必会影响发达地区的经济效率，毕竟同样一笔财政资金在发达地区和贫困地区所产生的效益存在较大差异，因此需要统筹兼顾公平和效率（Anwar，1996）。四是考虑地方政府财政努力度，一些地方政府很可能会主动降低财政努力度，以获取更多的财政转移支付，从而造成"养懒政府"的现象，因此，税收努力度至关重要，否则，财政转移支付的激励作用则大打折扣，效果也会受到影响。五是合理测度基本公共服务均等化，在研究对象上，围绕义务教育、医疗卫生、社会保障、基础设施、生态绿化等设定评价指标（伏润民等，2010；齐岳和秦阳，2020；吕光明和陈欣悦，2022），在研究方法上，一些学者通过构建基本公共服务均等化指数进行直接比较（李燕凌和彭园媛，2016），也有一些学者采取主成分分析法（李丹，2008；武力超等，2014）、数据包络分析法（胡洪曙和武锶芪，2020）、熵值法（董艳玲和李华，2022）、组基尼系数法（Stiglitz，2018）等。虽然不同学者采用的方法不同，但基本上可以从各个维度衡量财政转移支付的均等化程度。六是考虑"人口"的因素，目前一些财政转移支付项目仍以户籍人口作为财政资金分配的主要依据，没有充分考虑流动人口变化对基本公共服务需求的改变，因此，需要"钱随人走"，对于流入人口较多的地区应该增加基本公共服务的资金支持，对于流出人口较多的地区应该减少相关基本公共服务的资金支持。七是考虑不同地区基本公共服务供给的成本差异，例如气温、海拔、地质、人口密度、交通等因素会直接影响基本公共服务的供给成本，因此相同的财政转移支付资金很可能无法提供相同的基本公共服务水平，在资金拨付过程中，必须考虑这些因素的影响程度。

不过，在实际操作中，中央政府实施财政转移支付的目标可能更为"丰富"，"财政"本身不仅包括经济层面，还包括政治层面，因此，财政转移支付往往会承担着非经济层面的作用。例如，巴尔等（Bahl et al.，1994）认为财政转移支付本身承担着控制和稳定地方政府的重要手段，财政转移支付资金分配本身体现了中央的"权威"。当然，财政转移支付往往也承担着其他方面的"角色"，例如，俄罗斯对有分裂倾向的地区往往实施更多的财政转移支付，德国通过横向财政转移支付支持东德的发展以巩固国家统一。

三、财政转移支付制度本身的文献综述

（一）关于财政转移支付规模的文献综述

目前理论界和实务界一直强调要不断加大财政转移支付的力度，而对财政转移支付的合理规模的讨论并不多。部分学者认为财政转移支付的规模不应过大，应该处于一个合理的范围，否则会对地方政府产生负向激励作用，但财政转移支付规模也不能过小，否则很难实现基本公共服务均等化的目标（Inman，1988；江孝感等，1999）。那么，多大规模的财政转移支付才是合理的，这无论是从理论上还是实务上都是一个"棘手"的问题，根据我国的现实情况，本书认为可以从以下几个方面进行考虑：一是牢牢把握社会主要矛盾，目前我国社会主要矛盾为"人民日益增长的美好生活需要和不平衡不充分的发展之间的矛盾"，财政转移支付要解决不平衡和不充分发展的问题，特别是区域差距、城乡差距、基本公共服务差距、居民收入差距等问题依然突出；二是以"十四五"规划为重要抓手，发挥财政转移支付的引导作用；三是明确财政转移支付的基本目标，即实现基本公共服务均等化；四是充分调动中央和地方政府的积极性，提升地方政府财政努力度；五是充分考虑效率和公平，两者要相互兼顾；六是能够体现中央的权威，保障中央具有调控宏观经济稳定的能力。

（二）关于财政转移支付结构的文献综述

理论上，财政转移支付主要分为税收返还、一般性转移支付和专项转移支付，其中，税收返还主要是维护地方政府的既得利益，也是财政分权体制改革"妥协"的产物（尹恒等，2001）。一般性转移支付主要承担平衡纵向财力失衡和横向财力失衡的作用。专项转移支付往往承担着上级政府的特殊目的。随着财政收支规模的增加，税收返还所占比重有所下降，因此，无论是理论界还是实务界，主要围绕一般性转移支付和专项转移支付进行讨论。目前主流观点均认为财政转移支付结构中，应进一步加大一般性转移支付比重，减少专项转移支付比重（葛乃旭，2005；世界银行，2012；安体富，2019）。但李丹和裴育（2019）则认为专项转移支付虽然倍受理论界和实际工作部门的诟病，但专项转移支付却能直达"病灶"，真正实现上级政府的意图。李丽琴和陈少晖（2012）也认为在我国特殊的政治经济制度下，专项转移支付的存在具有合理性。本书认为应该根据实施对象来优化财政转移支付结构，一般来说，越是贫困的地区，地方财力有限，一般性转移支付由于没有规定"专款专用"，很可能会被地方政府挤占挪用，而专项转移支付目的性较强，很容易实现上级政府特定目标，

例如用于义务教育、医疗卫生、社会保障等，虽然专项转移滴漏等问题较多，但随着财政资金直达机制和财政结余资金管理的完善，可以更好发挥专项转移支付的作用。此外，一些学者也提出要建立横向财政转移支付制度，并提出横向财政转移支付的改革思路、构想及公式，特别是对主体功能区的财政转移支付，最终形成纵向为主，横向为辅，纵横交错的财政转移支付制度（钟晓敏和岳瑛，2009；王国兵和王泽彩，2009；伍文中，2013；石绍宾和樊丽明，2020）。

（三）关于财政转移支付资金分配的文献综述

在财政转移支付资金分配方面，马骏（1997）、钟晓敏（1997）、曾红颖（2012）均提出均等化的财政转移支付公式，但在实际操作上仍存在诸多问题。一是早期的财政转移支付资金分配主要考虑地方政府的既得利益，中央和地方政府之间往往通过谈判的方式决定财政转移支付资金的分配，中央政府除考虑基本公共服务均等化之外，也会考虑一些政治因素和稳定因素，因此财政转移支付资金分配存在较大的问题，往往贫困地区得到的财政转移支付反而较少，不利于平衡地方政府之间的财力差距，也不利于缩小基本公共服务差距（宋小宁和苑德宇，2008；郭庆旺和贾俊雪，2008；卢洪友等，2011；杨志勇，2019；金戈和林燕芳，2020）。二是随着财政转移支付制度的完善，财政转移支付资金分配质量有了较大提升，但仍存在一些问题：一般性转移支付包含内容较多，部分一般性转移支付项目实质上承担着专项转移支付的作用；均衡性转移支付规模较小，占比较低。这些均不利于财政转移支付资金的分配。此外，我国不断规范政府间的财政关系，通过设置共同事权财政转移支付，确保地方政府事权与支出责任相匹配。

第四节　财政转移支付减贫效应的文献综述

一、财政转移支付对经济发展及财政均等化影响的文献综述

财政转移支付对经济发展和财政均等化的影响，主要有两种观点，第一种观点认为财政转移支付可以有效促进经济发展，实现财政（财力）均等化（Buchanan，1950），一些国别研究也证实这一观点（Hepp and Von Hagen，2010；毛捷等，2012；汪冲，2015；缪小林等，2020），不过不同类型财政转移支付的均等化效果差异较大，伏润民等（2008）、郭庆旺和

贾俊雪（2008）认为均衡性转移支付有利于提升基本公共服务均等化，宋小宁等（2012）和贾晓俊等（2015）则认为采用专项转移支付能够提升特殊地区基本公共服务的供给效率。第二种观点则认为财政转移支付对经济发展及财政均等化的影响并不显著，在针对我国的研究中，早期文献认为分税制初期财政转移支付制度主要是为了维护既得利益，不仅不利于缩小区域间的经济发展差距，甚至会加强地区间的不均等（尹恒和朱虹，2009；陈萍，2014）。

在涉及贫困地区和减贫的文献中，马光荣等（2015）以国家扶贫开发重点县为研究对象，研究发现财政转移支付有利于贫困地区的经济增长。张凯强（2018）在此研究基础上，进一步研究财政转移支付对贫困地区经济稳定的影响。李丹等（2019）则基于收入、支出以及客观效果三个角度分析财政转移支付的"输血"能力和"造血"能力。

二、财政转移支付减贫效应的文献综述

近年来，学者们开始重点关注财政转移的减贫效应，本书主要从两个维度展开论述。第一个维度主要探讨财政转移支付的有效性，第二个维度主要探讨财政转移支付对区域、家庭、个人三个层面的影响。关于第一个维度，大部分学者认为财政转移支付有利于减少贫困（Brady，2005；Gertler et al.，2012；毛捷等，2012），特别是针对农村或贫困人口的财政转移支付，例如关于农业补贴的减贫效应（钟春平等，2013）、公共救助体系（Albert Park，2007）、新型农村社会养老保障（张川川等，2015）等。一些国别研究也证实这一点，例如阿戈斯蒂尼和布朗（Agostini and Brown，2007）通过对智利的研究，发现政府对贫困人口的现金补助可以显著降低贫困和收入不平等；阿加沃尔（Aggarwal，2011）以印度作为研究对象，认为工作补助和食品补助可以有效降低贫困的脆弱性。不过，也有学者认为财政转移支付对减贫的影响并不显著，不恰当的财政转移支付方式和转移支付结构会影响经济的正常增长，也会形成负向激励，造成"贫困陷阱"（Arrow，1979；Darity and Myers，1987）。此外，财政转移支付很可能会对私人转移支付产生"挤出效应"（解垩，2010），从而降低转移支付的总体减贫效应（Lal and Sharma，2009）。在国别研究中，斯库菲亚斯和马罗（Skoufias and Maro，2006）以墨西哥"PROGRESA"项目作为研究对象，发现财政转移支付的减贫效应并不显著，财政转移支付并没有有效增加劳动供给，容易形成"养懒人"的行为（Ravallion and Chen，2015）。此外，也有一些学者从贫困脆弱性的角度进行研究，认为无论对于慢性贫困还是暂时性贫困，财政转移支付对家庭贫困脆弱性的影响并不显著（樊丽明和解垩，2014），甚至会增加农户家庭的脆弱性（肖攀等，2020）。

关于第二个维度，主要研究财政转移支付对区域、家庭、个人三个层面的影响，在区域研究方面，主要围绕西部大开发（苏明，2012；毛军等，2021）、国家扶贫开发重点县（李丹和张侠，2015；马光荣，2015；黄志平，2018；徐舒等，2020）进行研究，研究发现财政转移支付可以有效促进贫困地区发展，减贫效应较为显著。在家庭研究层面，财政转移支付的减贫效应并未取得一致，陈国强等（2018）利用中国家庭追踪调查（CFPS）数据，认为财政转移支付对深度贫困家庭的减贫效应并不显著，而吕光明等同样采用中国家庭追踪调查（CFPS）数据，则认为财政转移支付在人力资本和物质资本的投入下有利于家庭摆脱贫困。在具体财政转移支付项目中，不同财政转移支付项目的减贫效应也有所不同，一些学者认为社会医疗保险（卢盛峰和卢洪友，2013）、特困补助（苏春红和解垩，2015）、养老保险（张鹏等，2022）等项目的减贫效应较为明显，而农业补助（解垩，2020）、农村低保制度（徐超和李林木，2017）等项目的减贫效应并不显著。在个人研究层面，主要基于教育支出、人力资本支出、就业支出、社会医疗卫生支出等角度研究财政转移支付对个人减贫效应的影响，研究发现这些转移支付支出有利于预防和缓解贫困（高跃光和范子英，2021），但也存在部分财政转移支付"养懒人"和"精英俘获"等现象的出现（陈国强等，2018；王小华等，2021）。

此外，一些学者开始"另辟蹊径"研究财政转移支付的减贫效应，例如，解垩（2020）已经开始关注财政转移支付筹资方式，并利用一般均衡模型进行分析，认为直接税筹资和间接税筹资对贫困发生率的影响不同。

三、财政转移支付减贫效应与地方政府收支行为的文献综述

财政转移支付的减贫效应很大程度上取决于地方政府的收支行为，毕竟每一笔财政转移支付都是通过地方政府财政收支行为来实现，因此，地方政府的财政收支行为直接决定财政转移支付最终的减贫效应。因此，本书从以下两个角度进行阐述。

一是财政转移支付减贫效应与地方政府收入行为的影响，在财政分权体制下，上级政府往往通过财政转移支付的方式支持地方的发展，但也可能会降低地方政府的财政努力度，形成"负向激励"（Inman，1988）。在围绕我国的实证研究中，付文林和沈坤荣（2006）、刘小勇（2012）对我

国省级面板数据进行分析，研究发现财政转移支付会降低地方政府的财政努力度，特别是均衡性转移支付，鲍曙光等（2018）、崔志坤和李娜（2019）围绕我国县级数据进行实证分析，研究发现财政转移支付对不同地区的财政努力度存在异质性，财政转移支付有利于发达地区提高财政努力度，但不利于欠发达地区提高财政努力度，在财政转移支付具体项目研究中，税收返还有利于提高地方财政努力度，而一般性转移支付和专项转移支付不利于提高地方政府财政努力度。李丹等（2019）、唐善勇和李丹（2014）等围绕国家扶贫开发重点县进行实证分析，研究发现财政转移支付不利于提高贫困地区的财政努力度，地方政府甚至会主动"做穷"自己以获得上级政府更多的财政转移支付。总体来看，虽然不同学者研究的对象不同，但财政转移支付对地方政府收入行为确实存在一定的负向激励，究其原因，一些学者认为在财政分权体制下，上级政府和地方政府之间存在"博弈"，最终结果可能是地方政府的"最优决策"（张恒龙和陈宪，2007）。在国别研究中，科滕伯根（Kothenburgen，2002）和埃格等（Egger et al.，2010）针对美国的研究，发现财政转移支付的负向激励效应并不显著，但科雷亚和施泰纳（Correa and Steiner，1999）在针对哥伦比亚财政转移支付项目的研究中，发现96%的财政转移支付项目均会降低地方政府的财政努力度。

二是财政转移支付减贫效应与地方政府支出行为的影响，早期理论界主要围绕财政转移支付对财政支出规模的影响，分析地方政府是否存在"粘蝇纸效应"（flypaper effect），即对于自有收入和财政转移支付，地方政府对财政转移支付资金的支出"倾向"更大，地方政府很可能存在不"珍惜"财政转移支付资金的行为，从而造成财政支出效率低下（Hines and Thaler，1995；Karnik and Lalvani，2008）。在针对我国的研究中，一些学者也发现财政转移支付确实会显著促进地方政府财政支出过快增长，特别是一般性转移支付（吕炜和赵佳佳，2015；毛捷等，2015；赵永辉等，2019）。财政转移支付对地方政府财政支出结构也会产生重要影响，对于中西部地区，财政支出主要来自上级政府的财政转移支付，财政转移支付结构本身对地方政府财政支出结构会产生直接影响，目前，学者们普遍认为地方政府偏向行政支出和投资性支出，而对社会保障、教育等支出不足，财政转移支付对地方政府支出结构存在"扭曲"行为（付勇，2009；付文林和沈坤荣，2012；缪小林和张静，2022）；尹恒和朱虹（2011）通过对财政转移支付资金存量与增量的考察，为县级财政生产性支出偏向的存在提供有力证据，但实证研究并未取得一致，在针对贫困地区的研究中，毛捷等（2012）利用"八七扶贫攻坚"时期的数据发现财政转移支付更多用于生产建设支出，而非行政消费。当然，地方财政收支决策并非完全割裂，杨龙见（2015）构建财政收支对财政转移支付的反应函数。卢洪友和杜亦譞（2019）将财政"收入端"与"支出端"纳入统一分析框架，分析财政再分配体系对减贫的影响。

四、财政支出减贫效应的文献综述

理论上，财政支出可以通过多个影响机制实现减贫作用，具体分析如下。

首先，地方政府通过财政支出可以提供基本公共服务，例如通过加大教育支出提升人力资本、加大医疗卫生支出提高劳动资本、通过修路等基本设施建设提高贫困人口生产生活条件等，从而带动地方经济发展，在"涓滴"和"溢出"效应下惠及贫困人口（Dollar and Aart，2002；Gachassin et al.，2010）；在具体基本公共服务供给方面，不同学者对不同类别财政支出项目进行研究，戈马尼和莫里西（Gomanee and Morrissey，2002）认为增加农村健康和教育支出，有利于减少贫困发生率。卡米纳达和古德斯瓦德（Caminada and Goudswaard，2010）认为道路交通等基础设施建设，可以减少农民参与市场活动的成本，而且修建道路可以使贫困人口"走出去"，打破"贫困陷阱"，从而有利于实现减贫目标。阿萨杜拉等（Asadullah et al.，2014）认为相较于教育支出，医疗卫生支出的减贫效更为显著。在针对我国的研究中，张晓波等（2003）认为增加农村道路投资有利于提高农村居民收入，进而有利于减少贫困（林伯强，2005）。程名望等（2014）认为教育支出与医疗卫生支出对减贫效应更为显著。不过，由于不同学者使用的微观数据不同，研究结论也并不完全一致，例如卢盛峰和卢洪友（2013）认为医疗卫生的减贫效应较为显著，而龚维进等（2018）认为医疗卫生的减贫效应并不显著。

其次，均衡性财政转移支付对基本公共服务供给的影响。除了从整个财政转移支付的角度研究对基本公共服务供给的影响外，一些学者开始围绕均衡性财政转移支付对基本公共服务供给的影响，毕竟对于贫困地区而言，主要财政支出来自上级政府的财政转移支付，而财政转移支付中，最能均衡区域间财力差距的主要是均衡性转移支付。早期的公共财政理论主要围绕均衡性转移支付（无条件转移支付）是否会产生"粘蝇纸效应"，布拉德福德和奥泰斯（Bradford and Otaes，1971）借助简单的财政收支决策模型证明地方政府的财政拨款与地方私人部门收入增加对公共支出会产生同样影响，但后来大量实证研究并不支持上述结论，地方政府每增加 1 美元收入，财政支出会相应增加 0.02 至 0.05 美元，而 1 美元转移支付却可以使地方政府财政支出增加 0.3 美元，甚至接近或超过 1 美元，两者之间差异较为明显（Hines and Thaler，1995）。在国别研究中，卡斯（Case，1993）利用美国的数据、施潘（Spahn，1979）利用澳大利亚州一级政府的数据、达尔伯格等（Dahlberg et al.，2008）利用瑞士的数据，实证发现这些国家均存在明显的"粘蝇纸效应"，在针对我国的研究中，范子英和张军（2010）发现我国存在明显的"粘蝇纸效应"。李丹和张侠（2015）则以国定扶贫县为研究对象，发现贫困地区同样存在"粘蝇纸效应"。在提供基本公共服务方面，主流观点认为相对其他类别财政转移支付，均衡性转移支付对缓解地方财力、实现基本公共服务均等化方面起到重要作用（Bergvall et al.，2006；尹恒和朱虹，2011；卢盛峰和周洋，2014；贾晓俊和岳希明，2015）。但也有学者认为，均衡性转移支付分配机制下，地方政府很可能通过改变自身财政支出结构，倒逼上级政府增加财政转移支付，从而引起地方政府财政支出结构失衡（Stein，1997；Egger et al.，2010）。在针对具体公共服务的研究中，蔡和特雷斯曼（Cai and Treisman，2006）认为不同发展阶段的地区，财政转移支付对公共服务供给的影响会有所不同，并认为转移支付会增加发达地区生产性支出，在落后地区则相应扩大政府消费性支出。郭庆旺和贾俊雪（2008）发现财政转移支付有助于各省域之间医疗卫生及公共交通基础设施的发展，但对基础教育的影响甚微。宋小宁等（2012）分别将教育、医疗、社会保障三项支出作为基本公共服务供给的度量指标，发现一般性转移支付（含均衡性转移支付）的效果较为微弱，但就基本公共服务供给而言，更应依靠专项转移支付。付文林和沈坤荣（2012）发现财政转移支付会改变地方政府财政支出结构，地方政府更加倾向基础设施及行政管理费用的支出，从而偏离基本公共服务均等化目标。李丹和刘小川（2014）以民族扶贫县作为研究对象，发现均衡性转移支付更加有利于与"三农"相关的农林水务支出。曾明等（2014）认为财政转移支付在一定条件下可以有效促进基本公共服务均等化，但存在门槛效应。

最后，地方政府实施"亲贫式财政支出"项目进行减贫，一般而言，偏向低收入以及贫困人口的财政支出结构有利于增加收入，降低贫困发生率，可以直接提高贫困人口的生产生活水平，例如救济金、农村低保、农业补助等，也可以提供针对贫困人口的财政支出项目，例如"以工代赈""扶贫贴息贷款"等（李永友和沈坤荣，2007）。此外，也有一些学者通过构建减贫指标的方法探讨财政转移支付的减贫效应，例如李丹和李梦瑶（2020）通过构建减贫指标，从宏观和微观两个角度研究财政转移支付的减贫效应，研究认为从绝对指标看，财政转移支付的微观减贫效应较为明显，但从相对指标看，财政转移支付并未明显改变贫困地区与发达地区的相对差距。解垩和李敏（2022）则是对财政转移支付的"扶志"效应进行深入研究，并认为财政转移支付不同项目以及对不同区域的"扶志"效应存在异质性，生产性财政转移支付以及发达地区的"扶志"效应较为明显。

通过以上论述，可以发现学术界针对财政转移支付减贫效应的研究并未取得完全一致的结论，造成研究结论差异的主要原因在于研究对象的选择以及各类财政支出的规模，一般来说，省、市、县以及微观调查数据在研究过程中会存在较大差异，而且具体的财政支出项目需要达到一定"门槛"，减贫效应才会显现。

财政转移支付的减贫效应往往会受到地方政府支出竞争的影响，而不合理的财政支出结构势必会影响财政转移支付最终的减贫效应（Kappeler and Valila，2008），我国地方政府同样受官员晋升"锦标赛"的影响（周黎安，2007），地方政府会偏向生产性支出、减少社会服务性支出，从而造成财政支出结构扭曲（付文林和沈坤荣，2014），虽然这种"为增长而竞争"可以实现经济增长，但正如前面所述，经济增长只是减贫的必要条件，而非充分条件。

五、几点述评

既有研究取得的丰硕成果是本书研究的基础，然而现有诸多文献所涉及的公共转移支付特指面向居民和家庭等微观主体的农业补贴、城乡低保等类型的转移支付，针对政府间整体的各类财政转移支付并未引起足够重视（李丹等，2019），特别在2020年全面建成小康社会之后，财政转移支付如何有效衔接巩固拓展脱贫攻坚成果与乡村振兴战略、如何解决相对贫困问题等重要问题涉及较少。在研究数据方面，现有研究主要基于RHS数据、CHNS数据、CFPS数据以及CHARLS等微观数据开展研究，比较缺乏针对贫困地区宏观经济发展状况、贫困地区与其他地区经济发展相对比较的研究。在研究对象方面，虽然目前很多学者已经重点关注国家扶贫开发重点县，但对东部扶贫改革试验区的研究不足，本书将东部扶贫改革试验区也纳入到分析框架中。在具体研究内容方面，除关注财政转移支付的"输血"和"造血"等减贫效应之外，还将对相对贫困、乡村振兴等方面进行研究。总之，关于贫困地区脱贫之后的财政转移支付研究仍有较大空间，现有文献对很多问题还没有涉及，在"十四五"规划以及全面建成小康社会的关键时点，非常有必要对这一问题深入研究，这既是对现有研究的有益补充，也是为"后脱贫时代"更好发挥财政转移支付在巩固拓展脱贫攻坚成果以及解决相对贫困、实现共同富裕的重要举措。

第三章　相关理论概述

解决贫困问题，必须先了解什么是贫困、如何通过指标体系有效衡量贫困、如何精准识别贫困人口、如何从根本上找到致贫原因。关于贫困问题的学术史研究源远流长。国外研究有一条清晰的脉络：早期古典政治经济学家主要从财富积累与分配、人口增长、工资制度等角度研究贫困问题（Adam Smith，1776；Malthus，1798；David Ricardo，1817）。纳克斯（Nurkse，1953）从供给和需求两个角度进行研究，认为发展中国家由于人均收入水平较低、储蓄和资本积累不足，进一步导致人均收入水平下降，从而形成"贫困恶性循环"。纳尔逊（Nelson，1956）认为人口增长率和经济增值率"此消彼长"，容易造成低水平的均衡陷阱，之后又经历缪尔达尔（Myrdal，1957）的循环积累因果关系理论、舒尔茨（Schultz，1965）的贫困经济学理论、森（Sen，1979）的可行能力等理论，这些理论分别从国家治理、价值交换、权利因素等角度进行研究。马克思（Marx，1867）对贫困的本质和内涵进行深入的研究，认为资本主义制度是导致贫困的根源，并形成马克思主义的贫困理论。

国内关于贫困理论的研究较晚，新中国成立初期主要以马克思主义的贫困理论作为指导思想。改革开放之后，国内学者开始对贫困进行深入研究，包括"自然资源制约说""素质贫困说""系统性贫困观"等理论（王小强和白南风，1986；姜德华，1989；夏英，1995），并在此基础上形成了零散化、碎片化的本土贫困理论。2013 年，习近平同志首次提出"精准扶贫"理念，[①] 之后通过逐步完善，形成了中国特色的反贫困理论，为我国脱贫攻坚指明了方向。

---

① 湖南十八洞村：以"首倡之地"行"首倡之为"［EB/OL］.（2022 - 06 - 25）. http：// cpc. people. com. cn/n1/2022/0625/c444826 - 32456402. html.

第一节　贫困的相关理论

一、"贫困"概念及内涵

贫困的概念既简单也复杂，从简单角度看，贫困主要以物质生活资料的匮乏为特征；从复杂角度看，贫困不仅包括物质方面，还包括权利、能力、机会等多个方面。我们通过梳理一些学者及相关机构对贫困界定，以便读者更好地理解贫困的内涵。

从表3.1中可以看到，不同学者、不同机构对贫困的界定均有所差异，但在核心内容上基本保持一致，例如，缺乏物质生产生活资料、缺乏发展的机会和权利、收入水平无法满足可接受的生活水准等。

表 3.1　　　　　　　　　不同学者及机构对贫困的理解

学者及机构	对贫困的理解
劳埃德·雷诺兹	没有足够的收入可以使之有起码的生活水平
迪帕·纳拉扬	缺乏物质、权利和发言
阿玛蒂亚·森	缺少创造收入的能力和机会
世界银行 1990 年报告	缺少达到最低生活水准的能力
世界银行 2000 年报告	脆弱性和无助性
联合国开发计划署	缺乏人类发展所需的最基本的机会和选择
胡鞍钢	收入贫困、人类贫困和知识贫困
康晓光	由于不能合法地获得基本的物质生活条件和参与基本的社会活动的机会，以至于不能维持一种个人生理和社会文化可接受的生活水准
中国国家统计局	一般指物质生活困难，即一个人或一个家庭的生活水平达不到一种社会可接受的最低标准

贫困内涵的不断丰富，直接导致贫困的分类也更加多元化，例如，贫困可以分为绝对贫困和相对贫困（于学军等，2000），也可以分为收入贫困范式、能力贫困范式、脆弱性范式、社会排斥性范式（沈小波等，2005），张克中（2014）将贫困分为收入贫困、能力贫困、权利贫困和心理贫困。可见，由于研究侧重点不同，不同学者对贫困的分类也有所不同。从笔者角度看，结合我国扶贫的实践经验以及对未来巩固拓展脱贫攻坚成果的举措，贫困可以分为绝对贫困和相对贫困，2020 年我国实现全

面建成小康社会的宏伟目标，今后主要围绕有效衔接巩固拓展脱贫攻坚成果与乡村振兴，以及着重解决相对贫困并实现共同富裕。

那么，何为相对贫困，笔者认为相对贫困本质上并不仅包含贫困，还包含不平等，在表现形式上，包括基本公共服务不均等、收入差距、各项福利不均衡等，而在特点方面，相对贫困具有以下几个特征。

一是相对性。相对贫困本身是一个"相对"的概念，更多情况下是一个比较或相对的结果，例如，OECD 将一个国家中位数收入水平或平均收入 50% 作为相对贫困线，邢成举和李小云（2019）则提出收入中位数的 40% 作为相对贫困线。除围绕平均收入划分的方法之外，世界银行提出低于平均收入 1/3 的人口数作为贫困人口的划分标准。可见，关于相对贫困本身没有一个完全确定的标准，主要是相互比较的结果。

二是主观性。相对贫困与绝对贫困不同，主观性较强，尤其在"不患寡而患不均"思想影响下，区域间经济发展差距、基本公共服务差距、城乡差距、居民收入差距以及居民自身的幸福感、获得感等方面对相对贫困的衡量与评价均会产生重要影响。

三是复杂性。相较于绝对贫困，相对贫困更为复杂，相对贫困的内涵包括资源获取方面、机会方面、教育方面、享受政治权利等诸多方面。而在解决相对贫困方面，也较为复杂，既涉及区域间发展问题，也涉及居民之间以及城乡之间发展问题，这些复杂因素也决定解决相对贫困问题将是一个长期问题，要做好"持久战"的准备。

基于笔者个人的理解，解决相对贫困是我国 2020 年之后促进脱贫地区发展工作的重点，只要能够缩小居民间收入差距、缩小东西部发展差距、缩小城乡基本公共服务差距，就有利于解决相对贫困。当然，也可借鉴发达国家对相对贫困的界定，规定在一定时期内解决什么层次的相对贫困，但对于一些学者提出完全消除相对贫困的思想，笔者不敢苟同。

二、国外针对贫困形成和治理的相关理论

国外学者从经济学、社会学、文化学以及综合成因等角度对贫困形成展开理论研究，具体包括纳克斯（Nurkse）的贫困恶性循环理论、奥肯（Okun）的效率与公平失衡论、纳尔逊（Nelson）的低水平均衡陷阱理论、马克思（Marx）的贫困结构理论、森（Sen）的可行能力理论、刘易斯（Lewis）的贫困文化理论、缪尔达尔（Myrdal）循环积累因果关系理论等。在贫困治理方面，主要包括经济增长理论、增长极理论、人力资本投资理论等。本书通过列表的形式对这些理论进行简要介绍（见表 3.2）。

表 3.2	贫困形成和治理相关理论
学者及理论名称	相关理论观点
罗格纳·纳克斯的"贫困恶性循环理论"	资本匮乏是阻碍发展中国家发展的关键因素。由于发展中国家的人均收入水平低,投资的资金供给(储蓄)和产品需求(消费)都不足,这就限制了资本形成,使发展中国家长期陷于贫困之中
奥肯的"效率与公平失衡理论"	不合理的福利贫困治理模式不仅不是消除贫困的有效途径,反而是产生贫困的原因
纳尔逊的"低水平均衡陷阱理论"	发展中国家人口的过快增长是阻碍人均收入迅速提高的"陷阱",必须进行大规模的资本投资,使投资与产出的增长超过人口的增长,才能冲出"陷阱",实现人均收入的大幅度提高和经济增长
马克思的"贫困结构理论"	主要从职业、劳动力市场、制度等结构方面分析贫困形成的原因,并强调社会结构对个体贫困出现的决定性作用。只有打破社会中原有社会化结构和制度,才能从根本上消除贫困
森的"可行能力理论"	贫困的本质是一种权利贫困,或者说不平等造成的结果,主要是因为创造收入的能力和机会上的不平等
刘易斯的"贫困文化理论"	贫困是特定文化的产物,贫困的本质是一种自我维持的文化体系,即贫困是由于贫困群体长期生活在贫困环境无法打破时。为适应贫困生活环境而形成的行为方式和价值观念
缪尔达尔"循环积累因果关系理论"	社会经济各因素之间存在着循环累积的因果关系。经济因素的变化会引起贫困等社会因素的变化,进而对经济因素产生影响,继而再次强化贫困等社会因素的变化,从而形成累积性的循环发展趋势
库兹涅茨的"经济增长理论"	经济增长是发展中国家缓解和消除贫困的最有效的途径,经济增长可以通过"涓滴效应"惠及贫困人口
佩鲁的"发展极理论"	当一个国家无法在短期内通过平行"板块"推进时,可通过多类型、多层次的"发展极"和"增长点",通过吸引效应和弥散效应带动国民经济整体发展
舒尔茨的"人力资本投资理论"	解决贫困问题的根本举措在于增加人力资本投资,把资源投向贫困人口获得人力资源的提升,对贫困治理产生的收益高于其他投资

三、精准扶贫理论

党的十八大以来,以习近平同志为核心的党中央带领全国各族人民,立足国情,把握减贫规律,走出了一条中国特色减贫道路,明确了"扶持谁""谁来扶""怎么扶"的问题,形成了中国特色反贫困理论,其中,习近平同志提出的"精准扶贫"思想,改变了过去"大水漫灌"式的扶贫政策，实现了"扶持对象精准、项目安排精准、资金使用精准、措施到户精准、因村派人精准、脱贫成效精准"，即"六个精准"，"瞄准机制"的转变，明确了扶贫的方向和着力点。

精准脱贫工作机制与目标模式如图 3.1 所示。

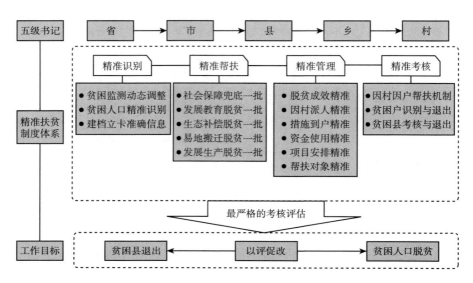

图 3.1 精准脱贫工作机制与目标模式

资料来源：刘彦随，周成虎，郭远智，等. 国家精准扶贫评估理论体系及其实践应用[J]. 中国科学院院刊，2020（10）：1235 - 1248.

精准扶贫这一科学理论体系在具体内容方面，可以从以下几个角度来理解。首先，精准识别，扶贫工作最重要的是如何精准识别贫困人口，从审计署专项审计报告以及社会舆论报道情况来看，我国以往在识别贫困人口方面存在诸多不精准的现象，而要实现精准识别，必须入村入户，深入调查，综合考虑，只有这样才能做好精准识别工作。其次，精准帮扶，贫困人口致贫原因复杂，精准帮扶就是要"对症下药""精准灌溉"，有针对性地进行"靶向治疗"，重要抓手主要是"五个一批"，通过社会保障、教育、生态补偿、发展生产、易地搬迁等解决贫困问题。再次，精准管理，与以往扶贫方式不同，精准管理更加注重"精准"，因此无论是识别贫困户、帮扶贫困户以及扶贫资金的使用等方面，均要制定科学、合理、细致的管理体系。最后，精准退出，对于已经实现脱贫的人口要进行精准退出，当然，为巩固拓展脱贫攻坚成果，防止返贫人口和新增贫困人口，可针对性制定过渡期政策，有序退出。

在精准扶贫理论的指导下，我国已经实现了全面建成小康社会的宏伟目标，现行标准下 9899 万农村贫困人口全部脱贫，832 个贫困县全部脱贫摘帽，12.8 万个贫困村全部出列，解决了区域性整体贫困问题。① 当然，进入"后脱贫时代"，为支持脱贫地区的发展，我国实施了一系列新举措，例如，设立乡村振兴重点帮扶县、有效衔接巩固拓展脱贫攻坚成果与乡村振兴战略、构建解决相对贫困的长效机制、实现共同富裕等，这些思想继续丰富中国特色反贫困理论体系，也为全球减贫事业贡献中国智慧和中国方案。

四、贫困标准的测定

如何衡量贫困，即贫困标准的测定。从全世界对贫困测定的方法看，主要有两大类，一类是基于收入（支出）水平为主的测算方法，另一类则是多维贫困测定方法，本书主要对这两种方法进行介绍。

（一）收入（支出）贫困的测定

19 世纪末，英国的布斯和朗特里最早对贫困进行测定，即一个中等家庭一周收入小于等于 1 英镑的那些群体就是贫困人口，其基本原理主要测算满足基本生活需要的食物和非食物的数量和价格。食物方面，主要考察一天正常摄入的大卡热量，然后考虑食物的市场价格进行测算；非食物方面，例如基本生活资料，可以按照市场价格进行确定，两者相加即可测定收入的贫困线标准。在此之后，世界银行吸纳收入贫困的测定方法，按照世界银行最新标准，将每天消费低于 1.9 美元的人口确定为极端贫困人口。当然，也存在一些国家通过消费倒推收入，从而确定贫困标准，例如美国按照消费支出调查数据倒推测算基本生活需要的收入水平。当然不同群体的支出结构也会反映贫困问题，例如恩格尔系数，即食品支出总额占个人消费支出总额的比重，这个比重越大，反映出的贫困问题越严重，一般认为恩格尔系数大于 59% 以上的可界定为贫困。

（二）多维贫困的测定

虽然通过单一维度测度贫困人口相对简便，但很难全方面衡量不同贫困人口之间的差异，毕竟贫困本身的内涵不仅包括物质层面，还包括权利层面、机会层面、精神层面等。目前，国际上比较流行的多维贫困测定方法主要有两种，一种是人类发展指数（human development index，HDI），包括预期寿命、受教育年限以及生活水平 3 个维度构成；另一种是多维贫

① 告别绝对贫困 实现全面小康 ［EB/OL］. （2022 - 09 - 29）. https：//www.nrra.gov.cn/art/2022/9/29/art_4317_196896.html.

困指数（multidimensional poverty index，MPI），具体包括 3 个维度 10 个指标。具体如表 3.3 所示。

表 3.3 多维贫困指数（MPI）维度及指标

指数	维度	指标
多维贫困指数（MPI）	健康	营养；儿童死亡率
	教育	受教育年限；入学儿童
	生活标准	厕所；饮用水；电；屋内地面；做饭用燃料；耐用消费品

相对于单一维度的贫困测定方法，多维贫困测定对微观基础数据要求较高，同时，多维贫困指数的大小也取决于各自指标权重的大小，权重设置不同，多维贫困指数也会有所不同。

（三）贫困对象的识别

当贫困标准确定之后，如何精准识别贫困对象将是扶贫是否成功的关键。由于在贫困标准测定上存在单一维度贫困测定和多维贫困测定，这就导致在贫困对象识别上存在一定的差异。

采取单一维度贫困测定主要考虑收入水平或消费水平，因此可以通过设定贫困线的方法，在贫困线以下的人口为贫困人口，即需要帮扶的对象。这种方法比较容易操作，在各国实践中均有所采用。如果采取多维贫困测定方法，可以通过对各项指标的分解、统计、测算，确定帮扶对象。这种方法在实践中操作难度大，因为权重不同，指标差异等都会导致不同测算方法测算出来的贫困人口存在差异。一旦被认定为贫困户，往往可以享受大量转移性补贴和优惠政策，因此，在贫困人口识别方面容易引发一系列社会矛盾。

此外，在贫困对象的识别上，必须考虑识别过程中的成本问题，一般来说，越是精准识别贫困人口，扶贫成效越好，但识别成本越大，特别是在农户信息的获取上，需要各部门实现信息共享，否则很难掌握农户的全部信息，造成精准识别失败。

（四）致贫原因的分析

扶贫政策要精准，必须要清楚"致贫"的真正原因，根据具体原因，分类施策。从理论上来看，致贫原因大致可以分为以下几类：自然原因致贫、制度因素致贫、经济因素致贫、文化教育因素致贫等。

1. 自然原因致贫。从全球贫困人口的分布看，大部分贫困人口仍然生活在自然环境极其恶劣的环境中，这些地区可称为"穷山恶水"，自然资源贫瘠、环境恶劣、生产生活条件极其落后，甚至无法与外界取得联系，农业生产成果也无法换取收入。在这种自然环境中，寻求脱贫致富的机会非常渺茫。因此，恶劣的自然环境容易导致贫困的发生。

2. 制度因素致贫。制度因素主要强调一些不合理和不公平的制度安排，导致贫困人口无法充分参与社会活动和共享发展成果。例如户籍制度限制农村劳动力自由流动、市场管控造成工业品与农产品"剪刀差"、发展策略"偏城市，轻农村"造成城乡差距过大、农村低保以及农产品保险发展不完善等原因造成农村贫困人口居高不下。这些制度安排在一定时期内可能有其合理性，但在客观上也造成农村地区长期处于发展不利的境况，农村地区人口和贫困发生率较为严重。

3. 经济因素致贫。阿玛蒂亚·森（1976）认为贫困主要指能力贫困和权利贫困，在市场经济条件下，由于缺乏相应的能力，一些原本贫困的农户在市场中往往处于不利地位，即缺乏劳动技能往往会导致自身的贫困，特别是在完全市场经济条件下，更容易造成两极分化。关于这一部分的理论最早由马克思和恩格斯阐述，资本家通过榨取"剩余价值"对无产阶级进行剥削，资本主义制度本身是造成贫困的根本原因。

4. 文化教育因素致贫。刘易斯（1959）最早提出"贫困文化"的概念，它是指由于生活在贫民区，周围的生活方式和价值理念会影响长期生活在贫民区的居民，特别是在这里出生和成长的孩子，导致这些孩子从内心接受"贫困文化"而不求上进。因此，在扶贫宣传标语中经常出现"扶贫先扶志"。

教育因素也会导致贫困，无法接受教育或者教育不公平均会导致贫困，在农村贫困户中，文盲率往往较高，缺乏基本的教育水平将无法接受新知识，也无法提升自身的劳动技能。因此，我国曾经将消除文盲率作为一项政治任务考核地方政府。所以，在扶贫宣传标语中，也会出现"扶贫先扶志""扶志与扶智相结合"。

当然，在实践中，致贫原因复杂，既有客观方面的原因，也有主观方面的原因，因此，消除贫困不可能一蹴而就，需要研判和分析贫困户致贫原因，因户施策，"把好脉搏"，只有这样才能真正消除贫困。

五、我国扶贫理论的应用

（一）我国对贫困人口的界定及衡量

研究贫困问题，最基本的问题是如何衡量贫困并有效识别贫困。无论是对贫困内涵的理解还是对贫困分类的理解，核心点绝不能仅仅停留在"理论层面"，必须将理论付诸实践，笔者根据我国扶贫的实践经验，简单介绍我国对贫困的界定，我国 1984 年第一次确定官方贫困线，即每人每年人均纯收入 200 元的贫困标准，然后根据物价指数动态调整，倒推 1978 年的贫困线为 100 元。

1984 年全国农村人均纯收入为 446 元，200 元的贫困标准相当于农村人均纯收入 45% 以下的人群被列为贫困人口（1.28 亿人）。当时主要依据最低营养标准（2100 大卡/人日）以及最低限度的非食品消费需求进行综合测算。虽然该标准在实际识别贫困方面存在部分缺陷，例如没有考虑偶发因素带来的收入增加等情况，但作为官方公布的第一个具有权威性的贫困线，一直作为评判贫困标准的重要参考依据。表 3.4 为 1984 年贫困线标准下的贫困人口和贫困发生率。1978 年贫困线为 100 元，贫困人口为 2.5 亿人，贫困发生率高达 30.7%；2008 年，改革开放 30 周年之际，贫困线为 895 元，贫困人口下降至 1004 万人，贫困发生率为 1%。

表 3.4　　　　　　　1984 年贫困线标准的贫困人口及贫困发生率

年份	贫困线（元）	贫困人口（万人）	贫困发生率（%）	年份	贫困线（元）	贫困人口（万人）	贫困发生率（%）
1978	100	25000	30.7	1998	635	4210	4.6
1984	200	12800	15.1	1999	625	3412	3.7
1985	206	12500	14.8	2000	625	3209	3.5
1986	213	13100	15.5	2001	630	2927	3.2
1987	227	12200	14.3	2002	627	2820	3
1988	236	9600	11.1	2003	637	2900	3.1
1989	259	10200	11.6	2004	668	2610	2.8
1990	300	8500	9.4	2005	683	2365	2.5
1992	317	8000	8.8	2006	693	2148	2.3
1994	440	7000	7.7	2007	785	1479	1.6
1995	530	6540	7.1	2008	895	1004	1
1997	640	4962	5.4				

资料来源：根据历年《中国农村贫困监测报告》整理。

我国在脱贫攻坚方面取得重大进步，但 2008 年世界银行公布的世界贫困线标准为 1.25 美元/日，根据 2008 年汇率水平，1 美元 = 6.9444 人民币计算，国际贫困线标准为 3168.38 元/年，可见，我国 1984 年确定的贫困线标准比较低，属于衡量绝对贫困的贫困线。

2008 年，为适应经济社会发展的需要，我国将低收入人群也列为帮扶的对象，因此，国家统计局将低收入标准作为新的贫困线标准。经测算

2008 年贫困线为 1196 元，在此标准下，贫困人口为 4007 万人，贫困发生率为 4.2%。

不过，2008 年标准执行期比较短，2011 年 11 月，我国再次提高贫困线标准，按 2010 年不变价测算，新的贫困线标准为农民人均纯收入 2300 元/年，之后按照物价指数进行调整。根据表 3.5 测算结果，按现行贫困线标准，2010 年贫困人口为 16567 万人，贫困发生率为 17.2%。2019 年底，贫困人口为 551 万人，贫困发生率下降至 0.6%，每年贫困人口减少超千万。2020 年底，我国完成全面建成小康社会目标，现行标准下农村贫困人口全部脱贫。

表 3.5 现行贫困线标准下（2010 年标准）农村贫困人口及贫困发生率

年份	贫困线（元）	贫困人口（万人）	贫困发生率（%）	每年减少贫困人口（万人）
2010	2300	16567	17.2	—
2011	2536	12238	12.7	4329
2012	2652	9899	10.2	2339
2013	2736	8249	8.5	1650
2014	2800	7017	7.2	1232
2015	2855	5575	5.7	1442
2016	2952	4335	4.5	1240
2017	2952	3046	3.1	1289
2018		1660	1.7	1386
2019		551	0.6	1109
2020		0	0	551

资料来源：根据历年《中国农村贫困监测报告》整理。

（二）我国对"贫困地区"的衡量与界定

一般来说，贫困线确定之后，通过确定贫困人口，从而针对贫困人口或贫困户开展相应的扶贫工作，但我国最初在扶贫战略方面，并非以瞄准贫困群体作为重点，而是以区域性贫困作为扶贫重点。1986 年，国家第一次确定国家贫困县名单，主要依据经济发展水平、人均收入水平、自然环境、民族等因素进行确定，首批贫困县共 331 个。

1994 年，国家根据 1992 年农村人均纯收入水平对国家贫困县进行第一次调整，1992 年，全国农村居民人均纯收入为 784 元，农村人均纯收入高于 700 元的县一律退出，低于 400 元的县全部纳入，重新确定国家贫困县名单，此次调整，国家贫困县数量由 331 个增加至 592 个。同时，国家颁布实施《国家八七扶贫开发纲要（1994—2000 年）》，重点解决全国农村 8000 万贫困人口的温饱问题。

2000 年，国家实施西部大开发政策，重点支持中西部地区的发展，为配合西部大开发政策，扶贫的主战场集中在中西部贫困地区。2001 年，中央对国家贫困县名单进行第二次调整，将东部地区 33 个国家扶贫开发重点县资格全部用于中西部地区，总数仍然为 592 个。这一时期，为体现扶贫开发的重要性，"国家贫困县"称谓修改为"国家扶贫开发重点县"。此外，2001 年 6 月，国家颁布实施《中国农村扶贫开发纲要（2001—2010 年）》，这是我国公布的第一个 10 年扶贫开发纲要，主要在"八七扶贫攻坚"的基础上，进一步巩固温饱成果、改善贫困地区基本生产生活水平，为达到小康水平创造条件。

2012 年，中央对国家扶贫开发重点县名单进行第三次调整，此次调整最大的特点是权力下放到省，即允许各省根据实际情况，按照"高出低入、出一进一、严格程序、总量不变"的原则进行调整。共有 38 个县退出，38 个县进入，总数仍为 592 个。2011 年，我国颁布实施《中国农村扶贫开发纲要（2011—2020 年）》，这是我国公布的第二个 10 年扶贫开发纲要，明确这一阶段扶贫的主战场进一步拓展至集中连片特困地区。按照"集中连片、突出重点、全国统筹、区划完整"的原则，总共划分 14 个集中连片特困地区，具体包括六盘山区、秦巴山区、武陵山区、乌蒙山区、滇桂黔石漠化区、滇西边境山区、大兴安岭南麓山区、燕山—太行山区、吕梁山区、大别山区、罗霄山区等区域的连片特困地区和已明确实施特殊政策的西藏、四省藏区、新疆南疆三地州等地区。需要注意的是，国家扶贫开发重点县和连片特困地区的扶贫县存在部分重复，根据《中国农村扶贫监测报告》的统计口径，2010 年之后贫困地区特指包含连片特困地区以及片区外的国家扶贫开发重点县，涉及 832 个县。

2015 年，党的十八届五中全会提出："到二〇二〇年我国现行标准下农村贫困人口实现脱贫，贫困县全部摘帽，解决区域性整体贫困。"在国家扶贫开发重点县名单第三次调整之后，我国首次提出扶贫开发重点县全部"脱贫摘帽"，这与之前的名单调整存在本质区别。

（三）我国对贫困户识别的实践经验

从我国扶贫历程来看，不同时期对贫困户的识别体系有所不同，基本按照"面""块""线（县）""村""户"这个历程。"面"主要指扶贫或发展的对象为广大农村；"块"主要指特殊贫困地区，例如采取西部大开发政策支持中西部地区发展；"线（县）"主要以国家扶贫开发重点县为重点；"村"主要以贫困村为重点；"户"主要以贫困户为重点。可见，在实施精准扶贫之前，我国对贫困户的识别标准较为模糊，一些贫困户可能生活在重点扶持的国家扶贫开发重点县和贫困村之外，即使在国家扶贫开发重点县和贫困村内部，也包括非贫困户。总之，我国在相当长一段时期内对贫困户的识别并不精准。究其原因，一方面，由于农户基础数据掌握不全；另一方面，精准识别过程复杂，成本较高，缺乏相应的资金和人员支持。

2013 年习近平同志提出"精准扶贫"①，其中第一条为"扶贫对象精准"，在此之前，针对贫困人口的"瞄准机制"并不健全，导致"精英俘获"以及"撒胡椒面"等问题的出现。为提升精准扶贫，我国重新启动大规模贫困户建档立卡工作，同时在程序上予以公开，例如针对农村贫困户的认定，需要农户申请、民主评议、公示公告等，确保精准识别，操作规范。从全国一般性的标准看，人均纯收入低于 2300 元（2010 年不变价），不满足"两不愁、三保障"（不愁吃、不愁穿，保障其义务教育、基本医疗和住房安全）的条件，就可以认定为贫困户。当然不同地区在贫困户的识别上也存在一些创新。例如广西"一进二看三算四比五议"（一进指入户调查，二看指看家中生产生活条件，三算指算一算农民的收入、支出、财产等，四比指与本村其他农户进行比较，五议指对农户的情况进行客观评议）；四川将"一超六有"作为贫困认定和脱贫的重要标准，不满足这一条件的可以认定为贫困户（一超指农户人均纯收入是否超过国家或省规定的贫困线标准；六有指义务教育是否有保障、基本医疗是否有保障、住房安全是否有保障、安全饮水是否有保障、广播电视是否有保障、生活用电是否有保障）；贵州省"四看法"（看房、看粮、看劳动力强不强、看家中有没有读书郎）。可见，各省在贫困户识别方面具有一定的创新。

（四）我国贫困户致贫原因分析

根据前面所述，致贫原因大致可以分为以下几类：自然原因致贫、制度因素致贫、经济因素致贫、文化教育因素致贫。我国贫困户致贫也可以从这四类进行阐述。

首先，自然环境致贫。我国贫困人口主要集中在中西部地区，且大多生活在偏远山区，这些地区自然环境恶劣、耕地面积不足、自然灾害频发、农民收入低下，这些地区即是典型的"一方水土养活不了一方人"。近年来，随着国家扶贫力度加大，针对自然环境致贫也出台很多政策，其中在"五个一批中"就提出，"易地扶贫搬迁脱贫一批"，通过"挪穷窝"

---

① 湖南十八洞村：以"首倡之地"行"首倡之为"［EB/OL］.（2022 – 06 – 25）. http：//cpc. people. com. cn/n1/2022/0625/c444826 – 32456402. html.

"换穷业""拔穷根"，从根本上解决这一问题。截至 2022 年 6 月，我国易地扶贫搬迁脱贫人口 960 万人，易地扶贫搬迁集中安置点 3.5 万个①。

其次，制度因素致贫。制度因素致贫最明显的莫过于城乡二元结构，由于国家发展的重心在城市，因此，对农村户籍制度、劳动力流动、农产品价格等方面均存在较多限制，农村、农业、农民发展受到的影响较大。此外，在教育、医疗、社会保障方面，城乡之间也存在较大的制度差异。当然，随着扶贫力度不断加大以及中央对农村的高度重视，一些制度致贫的因素在逐步消失，国家鼓励城乡一体化以及城乡协同发展，并提出"乡村振兴战略"，大力支持美好乡村建设。

再次，经济因素致贫。发达地区经济发展较好，财政收入以及基本公共服务水平较高，而贫困地区经济基础薄弱，各方面与发达地区相比存在一定的差距。这种经济发展的相对差距会进一步造成地方财政收入差距、基本公共服务差距等。而且发达地区往往存在"虹吸效应"，很多原本支持贫困地区的政策及资金最终由贫困地区再次流入到发达地区。笔者认为，恰恰是由于存在这种相对差距，造成贫困地区在资本、人才方面受到诸多限制。

最后，文化教育因素致贫。一段时间内，我国扶贫主要采取"救济式扶贫"或"输血式扶贫"，在取得一定成效的同时也造成"养懒人"的情况，加上贫困地区本身信息闭塞，教育落后，"等靠要""甘愿贫困"的思想比较盛行，这种"贫困文化"，导致贫困户脱贫意识不强，动力不足，也会直接影响最终的扶贫效果。在教育方面，虽然国家大力发展义务教育，在民族地区甚至普及"十五年教育"，但由于诸多原因，就学率仍然不高，加上师资和基础设施不足，贫困地区的教育水平仍然让人堪忧。针对这些情况，我国一直提出"扶贫要扶志（智）"，消除"贫困文化"，加强基础教育。

第二节　财政转移支付基本理论

一、财政转移支付基本内涵

1928 年，著名经济学家庇古（Pigou）在《财政学研究》中第一次提

---

① 国务院新闻办就《人类减贫的中国实践》白皮书有关情况举行发布会［EB/OL］．（2021 - 04 - 07）．https：//www. gov. cn/xinwen/2021 - 04/07/content_5598151. htm.

出财政转移支付（fiscal transfer）这个概念，他认为财政转移支付包括养老金、抚恤金、内债利息等，可以通过调节国内购买力来转移分配关系。随着经济学不断发展，财政转移支付的内涵也不断完善，按照《经济学词典》的解释，"转移支付是指政府或企业的一种不以取得商品或劳务作为补偿的支出"；国际货币基金（IMF）认为财政转移支付可以分为国际级转移支付和国内转移支付；联合国《1990年国民账户制度修订案》中对转移支付的表述更为宽泛："转移支付是指货币资金、商品、服务或金融资产的所有权由一方向另一方的无偿转移。转移的对象可以是现金，也可以是实物。"

财政转移支付从口径上可以分为广义财政转移支付和狭义财政转移支付，广义财政转移支付包括上级政府对下级政府的财政转移支付、下级政府对上级政府的转移支付、地方政府之间的财政转移支付、政府对企业、家庭和居民的财政转移支付、国家与其他国家或国际组织之间发生的财政援助等。狭义的财政转移支付主要指中央与下级政府之间以及地方政府之间的财政转移支付，本书主要讨论狭义的财政转移支付。我国目前主要以上下级财政转移支付为主，即以纵向财政转移支付为主，目前，我国虽然没有明确设立横向转移支付，但也存在具有横向转移支付性质的转移支付，例如生态补偿转移支付、对口援助等。

二、财政转移支付的基本功能

（一）加强中央政府对地方政府的宏观调控

在财政分权体制下，"财权（力）"上移，而"事权（支出责任）"下移，地方政府财政收支矛盾突出，中央政府通过财政转移支付，既可以弥补地方政府财政收支缺口，也可以进一步巩固中央政府的"权威"，毕竟每一笔财政转移支付资金的分配主要由中央政府来决定。中央通过财政转移支付规模和设置不同类型财政转移支付可以有效激励和调动地方政府的积极性，实现中央政府的宏观调控目标。

（二）实现政府间纵向财政平衡

对于任何一个国家而言，政府间的财政关系往往较为复杂，一般来说，涉及全国性质的公共产品一般由中央政府来承担，例如国防、外交、宏观经济调控等；涉及辖区内的公共产品一般由地方政府来承担，例如消防、公园、辖区内的基础设施等；对于跨区域的公共产品以及存在较大外溢性的公共产品一般由中央和地方政府共同承担，例如义务教育、环境污染等。但在实践中，支出责任往往层层下移，层层加码，导致地方政府承担更多的支出责任，呈现明显的"正三角"特征。而政府的税收安排却呈现出"倒三角"特征，税基较大、税源容易流动的税种主要归中央政府，税基较小，税源不易流动的税种主要归地方政府。以我国为例，主要分为中央税、地方税和中央地方共享税，中央税包括进口环节的增值税、关税、消费税等，地方税主要包括城镇土地使用税、房产税、耕地占用税、契税等，共享税中，国内增值税央地按五五分成，所得税主要按六四分成。央地的"央"主要指中央，但"地"主要指省一级政府，省一级政府获得的税收收入还要在市、县、乡镇之间进一步划分。因此，中央往往获得较多的税收收入，而地方政府获得的税收收入比重较低。这种收支划分方式容易造成地方政府收支缺口较大，不利于财政收支平衡。因此，中央通过分税制获得较高的收入比重之后，主要用于地方政府的税收返还和财政转移支付，其目的仍然是弥补政府间纵向财力失衡。

理论上，除财政转移支付之外，仍然有很多种方法可以实现政府间的财政收支平衡，例如重新划分央地之间以及地方政府之间的财政支出责任和税收收入，确保实现地方政府事权与支出责任相匹配。但即使如此，由于地方政府之间经济发展差距较大，统一的税收划分标准仍会造成中西部贫困地区的财政收支缺口，这些经济基础薄、税源不足、财政收入能力较差，很难满足地方政府的财政支出需要，仍然需要上级政府的财政转移支付来弥补地方政府的财政收支缺口。

（三）实现政府间横向财政平衡

财政转移支付不仅要实现政府间的纵向财政平衡，还需要实现政府间的横向财政平衡，一般而言，一个国家地方政府之间经济发展水平不同、财政收入能力不同，这就势必会造成地方政府之间的横向财政失衡，这种横向失衡往往是客观存在的，也就是说即使没有纵向失衡，一个国家也会产生横向失衡。究其原因，主要有以下两个方面，一是地方政府本身的异质性会造成横向财政失衡，例如，地方政府经济发展水平、产业结构、税源分布、财政努力度、自然环境等，以我国为例，东、中、西经济发展差距较大，在不考虑财政转移支付的情况下，三大区域的财政收支差异将非常明显；二是不同地方政府在提供基本公共服务方面的供给成本不同，以修建道路为例，道路成本往往受海拔、坡度、温度、物流（材料成本）等因素的影响，西部地区的供给成本往往高于东部地区，此外，西部地区人口稀少且较为分散，基本公共产品的供给很难形成规模经济。

在同一个国家或辖区内，横向财政失衡既违背公平原则，也对效率产生不利的影响。一方面，基于公平的角度，在理论上，同一个国家的居民应该能够享受同等或大致相同的财政待遇，但财政横向失衡会影响居民之间的"公平"。容易造成不同地区之间的差距，例如经济发展差距、城乡差距、基本公共服务差距、居民收入差距等。另一方面，基于效率的角度，在地方政府横向财力失衡背景下，贫困地区无法向居民提供大致相同的基本公共服务，发达地方会对吸引资本、劳动力等生产要素的流动，但人口的过快增长会影响该地区居民的基本公共服务水平，一些发达地区会通过提高"入户门槛"限制人口流入，贫困地区也会通过各种举措限制人口流出，最终会影响全国统一市场的形成，不利于市场在资源配置中的决定性作用。

为有效缩小地方政府间的横向财政失衡，上级政府往往通过财政转移支付的方式支持贫困地区的发展，在均衡性转移支付公式中，对次发达地区增加相应的权重，保障实现基本公共服务均等化。同时，鼓励发达地区对贫困地区的横向转移支付，例如对口援助，生态类补偿转移支付等。

（四）对"外部性"进行调整

"外部性"的公共产品往往造成收益与成本不匹配，容易对地方政府产生扭曲行为，因此，理论上对于"外部性"的基本公共服务，往往需要中央与地方政府共同承担，例如，当这种外部性为正时，地方政府将享受不到外溢到其他地区所带来的"收益"，造成收益和成本不匹配，地方政府在公共产品供给方面将低于最优的供给水平，容易导致资源配置不合理，这就需要中央政府的宏观调控，通过财政转移支付的方式对外部性为正的公共产品给予补贴，补贴的规模往往取决于正外部性公共产品的溢出效应①。对于存在"负外部性"的产品，市场供给往往超过市场的最优水平，这也需要中央政府的宏观调控，例如对遭受负面影响的地方给予财政转移支付的补贴等。近年来，随着财政转移支付制度的完善，一些地方政府之间通过"横向财政转移支付"也可以对外部性进行调整，例如，安徽南部与浙江相邻，为保障河流不受污染，如果安徽每年能够保障上游水质达标，浙江将原本用于河流治理的费用用于补贴上游的安徽省。

（五）实现中央政府特殊时期的特殊目的

财政转移除了缩小政府间财政纵向失衡、横向失衡、"外部性"等目的外，往往还承担着其他重要责任，例如，我国对中西部地区实施脱贫攻坚，主要通过财政转移支付的方式支持贫困地区的发展，根据李丹等

---

① 如果只涉及几个地区，则可以由这几个小地区相互协调，但如果涉及很多地区，则协调成本就很高，这时，应由中央政府采取配套转移支付，以激励地方政府提供更多的公共产品。

（2019）的统计，1994～2017 年，中央对中西部地区净转移支付达到 44.19 万亿元。

除此之外，由于种种原因，世界上许多国家都存在着加强国家内部各地区与各民族之间凝聚力、防止国家分裂的问题。对于这一非经济目标，国际通行的做法是由提高财政转移支付力度，扶持民族地区或贫困地区的社会经济发展，增强他们对国家的认同感和归属意识。这些特殊因素通常会引发额外的、数量巨大的支出需求，但在常规财政转移支付结构中，很难预先加以考虑。这就需要在这些特殊因素发生后，根据具体情况，按照相机抉择机制，通过财政转移支付为地方政府提供财政援助，帮助其克服暂时性困难。

三、财政转移支付的基本类型

财政转移支付根据不同分类标准，可以分为很多种类，例如国内转移支付和国际转移支付、纵向转移支付和横向财政转移支付、广义转移支付和狭义转移支付、一般性转移支付和专项转移支付、有条件转移支付和无条件转移支付等。这些分类存在一定的交叉，本书在此没有一一介绍所有的分类，而只是根据最常用的分类进行介绍，分类图详见图3.2。

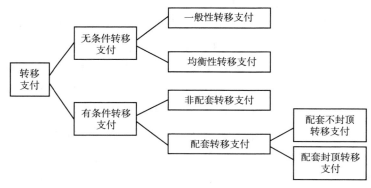

图 3.2　转移支付的一般分类

（一）无条件财政转移支付

无条件财政转移支付可以分为两类，一类是一般性转移支付，另一类是均衡性转移支付。无条件转移支付的特点往往不需要地方政府进行配套，也不规定具体使用用途，对于地方政府而言，这相当于增加了一笔财政收入，而且不影响公共产品的相对价格，所以主要起到弥补地方财政缺口与均等地方财力的作用。因此，很多学者主张提高一般性转移支付的比重，实现财政均等化的效果。因此，无条件财政转移支付有利于缓解地方政府之间的财力差异，有利于解决纵向和横向的财政不平衡问题①，其中，均衡性转移支付主要通过公式，弥补地方政府标准财政收入和标准财政支出的缺口，从而解决横向财政不平衡问题。但是这类财政转移支付也存在一定的问题，例如不合理的财政转移支付规模往往会降低地方政府的财政努力度，从而影响财政转移支付的实施效果。

（二）有条件财政转移支付

有条件财政转移支付又被称为"戴帽资金"，即规定了具体的使用用途，一般要求"专款专用"，不得挤占挪用，有条件转移支付又可以分为有条件非配套拨款、有条件配套不封顶拨款以及有条件配套封顶拨款。其中，有条件非配套拨款只规定财政资金的使用用途，不要求地方政府提供配套资金，例如，为支持民族地区的发展，一些民族类专项转移支付不需要地方政府提供配套资金，这种类型的财政转移支付，可以直接体现上级政府的意图。有条件配套不封顶拨款要求地方政府进行配套资金，同时上不封顶，下级政府获得财政转移支付数额最终取决于作为接受补助者的下级政府的行为，地方政府配套越多，获得上级的财政转移支付越多，此类财政转移支付可以充分调动地方政府的积极性，同时可以规避地方政府财政努力度下降的情况。在"替代效应"下，由于财政转移支付降低了公共产品的供给成本，因此，地方政府会增加公共产品的供给水平，同时在"收入效应"下，地方政府也会增加提供其他类型公共产品的数量。但此类财政转移由于上不封顶，很可能会增加上级政府的财政支出压力。有条件封顶配套转移支付要求地方政府进行配套资金，但存在限额控制，此类财政转移支付可以规避有条件配套不封顶财政转移支付的缺陷，有利于上级政府对本级预算的安排和控制。因此，在实践中，提供财政拨款的上级政府更愿意采用这种方式。它综合了有条件不封顶转移支付与无条件转移支付的优点。

如图3.3所示，AB是拨款前的原预算约束线，现假定中央政府对地方进行财政转移支付，规定该资金只能用于生产N公共产品，中央与地方按政府按一定比例进行分摊，但同时又规定中央政府最高出资限额不超过BB1，这时地方政府的预算约束线变为ACB1，在AC段，上级政府会按照

---

① 收入分享转移支付是中央政府把各级政府都视为一个整体，并依据不同层次政府进行的补助；均衡性转移支付是在同一级政府存在少量或没有财政赤字的情况下，上级政府把从富裕地区集中的一部分收入转移到贫困地区的补助。

先前设定的比例进行拨款，但在 C 点以下部分的 CB1 段，上级政府不再提供配套资金。

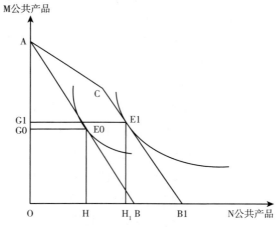

图 3.3　有条件配套封顶转移支付的效应

第一，如果转移支付后地方政府对 N 公共产品的提供低于 OH，那么有条件封顶配套转移支付与有条件不封顶配套转移支付的效应一致，兼有收入效应和替代效应，最高限额也就失去实际意义。

第二，如果转移支付后地方政府对 N 公共产品的提供量大于 OH，即使下级政府继续提供配套资金，上级政府的转移支付数量也不会再增加，于是就失去对下级政府提供接受财政拨款的地方性公共产品的进一步的刺激，此时接受拨款的地方性公共产品与其他产品之间的替代率将恢复到接受转移支付之前的状态，那么有条件封顶配套转移支付相当于无条件转移支付，只有收入效应，没有替代效应。

近年来，我国对财政转移支付类型也进行完善和调整，例如，国家根据事权与支出责任相匹配，设定共同财政事权转移支付。

具体来看，一般性转移支付主要包括均衡性转移支付、老少边穷地区转移支付、重点生态功能区转移支付、资源枯竭城市转移支付、县级基本财力保障机制奖补资金等，主要用于均衡地区间财力配置，保障地方日常运转和加快区域协调发展。共同财政事权转移支付主要包括城乡义务教育补助经费、学生资助补助经费、就业补助资金、困难群众救助补助资金、基本公共卫生服务补助资金、城镇保障性安居工程资金等，主要是配合财政事权和支出责任划分改革，用于履行中央承担的共同财政事权的支出责任，保障地方落实相关政策所需财力，提高地方履行共同财政事权的能力。专项转移支付主要包括文化产业发展专项资金、可再生能源发展专项资金、城市管网及污水治理补助资金、农村环境整治资金等，主要用于保障中央决策部署的有效落实，引导地方干事创业。为贯彻党中央、国务院决策部署，2020 年中央财政建立了特殊转移支付机制。纳入特殊转移支付机制管理的资金包括中央财政通过新增赤字 1 万亿元和抗疫特别国债 1 万亿元安排的预算资金。这部分资金属于一次性支出，在保持现行财政管理体制不变、地方保障主体责任不变、资金分配权限不变的前提下，按照"中央切块、省级细化、备案同意、快速直达"原则进行分配，确保资金直达市县基层、直接惠企利民，支持基层政府做好"六稳"工作，落实"六保"任务。

根据目前财政转移支付类型，2020 年中央对地方财政转移支付具体情况如下：一般性转移支付 69557.23 亿元，其中，共同财政事权转移支付 32180.72 亿元；专项转移支付 7765.92 亿元，主要是据实安排的土地指标跨省域调剂收入安排的支出增加；特殊转移支付 5992.15 亿元。2021 年中央对地方财政转移支付的情况为，一般性转移支付 74862.9 亿元（含共同财政事权转移支付），专项转移支付 7353.04 亿元。①

---

① 作者根据财政部公布的决算数据进行整理获得。

第四章 我国减贫实践及财政转移支付政策

第一节 我国减贫实践及重大扶贫举措

一、改革开放以来的扶贫实践

改革开放以来，中国扶贫历程可以分为六个阶段，每一个阶段扶贫目标、扶贫任务、扶贫政策均有所不同。通过不同历史阶段的回顾，梳理我国扶贫脱贫政策的演变逻辑，可以更好地总结经验与不足，为2020年之后巩固拓展脱贫攻坚成果和解决相对贫困提供经验借鉴。

（一）1978～1985年：农村经济体制改革减缓农村贫困

1978年召开的党的十一届三中全会具有重要的历史意义，全会提出："必须集中主要精力把农业尽快搞上去……逐步实现农业现代化，才能保证整个国民经济的迅速发展，才能不断提高全国人民的生活水平。为达到此目的，必须首先调动我国几亿农民的社会主义积极性，必须在经济上充分关心他们的物质利益，在政治上切实保障他们的民主权利"[1]。"为了缩小工农业产品交换的差价，全会建议国务院作出决定，粮食统购价格从1979年夏粮上市的时候起提高20%，超购部分在这个基础上再加价百分之五十"[2]。在这次会议之后，关于农村、农业、农民方面的文件密集出台，1982～1985年连续四年将农业发展问题作为中央一号文件，重点支持"三农"事业的发展，各项举措也调动了广大农民生产的积极性，农民人均纯收入增长明显，农村贫困问题得到极大缓解。1978年第一产业生产总值为1027.5亿元，1985年，这一数值已经增加至2564.4亿元。与此同时，农村居民家庭人均纯收入也由1978年的133.6元增加至1985年的

---

[1][2] 《中国共产党第十一届中央委员会第三次全体会议公报》（https://www.gov.cn/test/2009-10/13/content_1437683.htm）。

397.6 元，农村居民家庭人均消费支出由 1978 年的 116.1 元增加至 1985 年的 317.4 元（见表 4.1），在此期间，贫困人口大幅下降，按照 1984 年的贫困线标准，贫困人口由 1978 年的 2.5 亿人下降至 1985 年的 1.25 亿人，贫困发生率由 30.7% 下降至 14.8%，恩格尔系数也由 1978 年的 67% 下降至 1985 年的 57.8%，总体来看，这一时期减贫效果极为明显。[1] 因此，这一阶段又称为减贫效应集中释放期。

表 4.1　　　　　　　　1978 ~ 1985 年农村居民收入支出情况

年份	农村居民家庭人均纯收入（元）	农村居民家庭人均生活消费支出（元）	恩格尔系数（%）
1978	133.6	116.1	67
1979	160.2	134.5	64
1980	191.3	162.2	61.8
1981	223.4	190.8	59.9
1982	270.1	220.2	60.7
1983	309.8	248.3	59.4
1984	355.3	273.8	59.2
1985	397.6	317.4	57.8

资料来源：根据《辉煌的三十年》（2008 年 12 月出版，北京：新华出版社）资料整理获得。

　　总结这一时期的扶贫做法，主要有以下几点：一是改革开放极大提升人民生产的积极性，市场经济开始步入正轨，经济增长本身的"涓滴效应"惠及贫困人口。二是农村实施家庭联产承包责任制，极大提高农民的积极性，生产效率及粮食产量得到极大提升，据统计，农业机械总动力由 1978 年的 11749.9 万千瓦提高至 1985 年的 20912.5 万千瓦，其中大中型拖拉机由 1978 年的 55.7 万台增至 85.2 万台。粮食产量在 1980 年、1981 年出现严重自然灾害的情况下，总体保持增长态势，由 1978 年的 30476.5 万吨增加至 1985 年的 37910.8 万吨。[2] 原本处于贫困线以下的农民通过自力更生，实现了脱贫致富。三是乡镇企业迅猛发展，这一时期国家对农村劳动力流动不再限制，对个体经营的发展不再限制，同时扩大企业经营自主权，根据国家统计局数据，1979 ~ 1985 年，乡镇企业年均增长率达到 30%。四是中央提高农产品收购价格增加农民收入，据统计，因价格提高增加收入占农民新增收入的 15%（谢国力，1988）。五是鼓励农村富余劳动力流动，通过外出务工、经商等方式获取收入。六是中央陆续出台扶贫

---

　　①②　作者根据历年《中国农村贫困监测报告》整理获得。

政策，1984年，中共中央、国务院颁布《关于帮助贫困地区尽快改变面貌的通知》，纠正单纯救济的观念，依靠当地人民自己的力量作为改变贫困地区面貌的根本途径，同时，第一次将扶贫作为国家的一项重要任务。

客观来看，1978~1985年这一时期处于扶贫脱贫政策的萌芽期和探索期，当时关注的重点是广大农村，扶贫工作主要以"面"的形式进行推进，对重点区域、重点人口关注不够，在1984年中共中央、国务院颁布《关于帮助贫困地区尽快改变面貌的通知》中指出："过去国家为解决这类地区的困难，花了不少钱，但收效甚微。原因在于政策上未能完全从实际出发，将国家扶持的资金重点用于因地制宜发展生产，而是相当一部分被分散使用、挪用或单纯用于救济。"可见，当时中央对扶贫战略、扶贫举措以及扶贫资金的使用已经进行系统的总结。另外，当时即使中央希望发动大规模扶贫战略也缺乏相应的财政资金，1978年，全国财政收入1132.26亿元，其中，中央财政收入为175.77亿元，仅占全国财政收入的15.5%，即使到1985年，全国财政收入为2004.82亿元，其中中央财政收入为769.63亿元，占全国财政收入也仅为38.4%，[1] 财政收入主要集中在东部发达省份，由于我国尚未建立横向财政转移支付制度，东部发达地区支援中西部贫困地区的力度也远远不够。

1978~1985年国内生产总值和第一产业生产总值如图4.1所示。

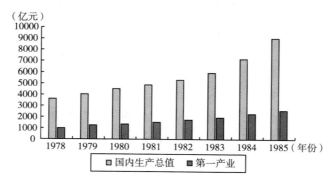

（亿元）

图4.1 1978~1985年国内生产总值和第一产业生产总值

资料来源：根据《辉煌三十年》（2008年12月出版，北京：新华出版社）资料整理获得，图表数值按当年价计算。

（二）1986~1993年：过渡期扶贫开发政策减缓农村贫困

这一时期稳步推进农村、农业发展，第一产业增加值由1986年的

---

① 作者根据历年《中国财政年鉴》整理获得。

2788.7亿元增加至1993年的5860.6亿元，同时，农村居民家庭人均纯收入稳步增加，根据图4.2的统计结果，农村居民纯收入由1986年的423.8元增加至1993年的921.6元，增幅较为明显。① 在涉及扶贫方面，经过第一阶段减贫效应集中释放期，农村贫困工作开始由"面"向"块"转变，同时，农村经济体制改革释放的红利逐步减弱、优先发展效应逐步消失、城市经济开始快速发展，在城乡二元经济结构体制下，城乡收入差距不断扩大。为适应新时期扶贫需求，中央重新确定扶贫思路及领导方式：一是设立国家扶贫开发重点县，根据经济发展、农村人均纯收入等指标确定331个国家扶贫开发重点县，加大对这些地区的财政支持政策和金融支持政策。二是颁布指导性文件，彻底转变扶贫思路，1987年，国务院颁布《关于加强贫困地区经济开发工作的通知》，文件指出"要实现从单纯救济向经济开发的根本转变"，同时明确县一级领导是搞好贫困地区经济开发工作的关键。三是成立专门从事扶贫的工作机构。例如，国务院设立贫困地区经济开发领导小组，地方设立地方扶贫开发办公室（扶贫办）。通过设立专门的牵头部门，可以有效组织全国的扶贫工作。在这一时期，根据1984年确定的贫困线标准，农村贫困人口由1986年的13100万人（部分地区出现返贫）下降至1993年的7500万人，贫困人口减少5600万人，贫困发生率由1986年的15.2%下降至1993年的8.2%。②

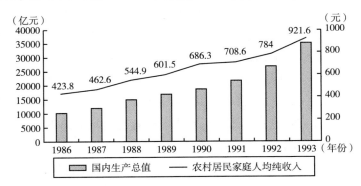

图4.2 1986～1993年国内生产总值和第一产业生产总值

资料来源：根据《辉煌三十年》（2008年12月出版，北京：新华出版社）资料整理获得，图表GDP数值按当年价计算。

总结这一时期的扶贫做法，主要有以下几点：一是中央对贫困地区的

---

① 根据《辉煌三十年》（2008年12月出版，北京：新华出版社）资料整理获得，数值按当年价计算。

② 作者根据历年《中国农村贫困监测报告》整理获得。

战略重点由"面"转向"块",这个"块"主要指中央先后确定的331个国家重点扶持贫困县,同时明确"县一级领导"是搞好贫困地区经济开发的关键。二是扶贫策略由"救济式扶贫"向"开发式扶贫"转变,将解决农民温饱问题与发展商品经济结合起来,不再采取单纯的救济式扶贫和发展单一产业结构,将商品经济与贫困地区实际情况相结合,因地制宜搞发展。三是国家层面设置专门的扶贫机构,指导全国扶贫工作,说明中央开始对"贫困"宣战,力争早日解决贫困问题,使贫困人口脱贫致富。四是扶贫资金管理具有一定的突破性,例如,扶贫资金要根据"统一规划、统筹安排,渠道不乱、用途不变,相对集中、重点使用的原则,将各方面扶贫资金有机结合,形成整体效益"①。

客观而言,经过上一阶段的探索期,这一阶段我国扶贫工作开始进入正轨,但仍存在一些问题,第一,国家为支持贫困县的发展,对这些地区实施大规模财政转移支付,同时在金融、项目审批等方面给予政策倾斜,因此扶贫县"帽子"本身成为地方政府竞相争取的"政绩",造成一段时间内县级政府为贫困县的"帽子"而发生异常的经济行为。第二,这一时期,国家虽然将扶贫重点由"面"向"块"转变,但仍然存在扶贫靶向不精准的问题,例如,一些达到贫困标准的贫困户生活在国家扶贫开发重点县之外,无法享受针对扶贫地区的优惠政策,同时,贫困县内部仍存在"精英俘获"的行为。第三,国家虽然设立专门的扶贫机构,但并未赋予实际权力,各部门资金仍然按照过去的资金管理方式进行,造成全国扶贫工作整体进展缓慢。第四,脱贫成效主要依赖农业发展,返贫现象较为严重,1986年农村经济发展增速放缓,加上自然灾害造成农作物减产,相较于1985年1.25亿贫困人口,1986年贫困人口增加至1.31亿人。这说明这一时期脱贫成效非常脆弱,脱贫人口很容易返贫。第五,中央在这一时期仍然没有足够的财政资金对贫困地区给予支持,1986年全国财政收入2122.01亿元,中央财政收入为778.42亿元,占全国财政收入的比重为36.7%,1993年,全国财政收入4348.95亿元,中央财政收入为975.51亿元,占全国财政收入的比重仅为22%(见图4.3)。扣除中央本级财政支出之外,中央没有充足的财政资金支持贫困地区的发展。

(三)1994~2000年:"八七扶贫攻坚计划"减缓农村贫困

为进一步解决农村贫困问题,缩小东西部之间的差距,1994年4月,国务院颁布《国家八七扶贫攻坚计划》,该计划以"任务"的形式开展,

---

① 1987年10月30日《国务院关于加强贫困地区经济开发工作的通知》。

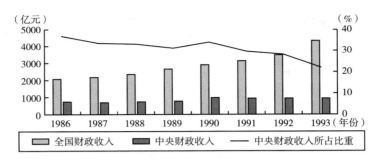

图 4.3　1986~1993 年中央财政收入及比重

资料来源：根据历年《中国财政年鉴》整理获得。

力争用 7 年左右时间，基本解决全国农村 8000 万贫困人口的温饱问题。同时，国家也相继推出一系列扶贫政策，如在全国范围内重新确定 592 个国家重点扶持贫困县、组织实施东西协作帮扶模式、鼓励和引导社会资本参与扶贫等。在此期间，农村居民家庭纯收入由 1994 年的 1221 元提升至 2000 年的 2253.4 元，总体增幅明显，但从增长速度来看，年均增值率持续下降，2000 年增值率仅为 1.95%。① 究其原因，这一时期自然灾害频繁，农作物减产，造成农村居民收入下降。

按照 1984 年确定的贫困线标准，1994 年农村贫困人口为 7000 万人，贫困发生率为 7.7%，2000 年，农村贫困人口为 3209 万人，贫困发生率为 3.5%，这一时期，贫困人口及贫困发生率下降也较为明显，但这一时期"返贫"现象异常突出，以国家扶贫开发重点县为例，2000 年脱贫人口 863.8 万人，当年返贫人口达到 789.8 万人，净脱贫人口仅为 74 万人。②

1994~2000 年各类经济指标如表 4.2 所示。

表 4.2　　　　　　　　　　　**1994~2000 年各类经济指标**

年份	国内生产总值（亿元）	第一产业（亿元）	农村居民家庭人均纯收入（元）	农村居民家庭人均纯收入增值率（%）	农村居民家庭人均生活消费支出（元）	恩格尔系数（%）
1994	48197.9	9572.7	1221	32.49	1016.8	58.9
1995	60793.7	12135.8	1577.7	29.21	1310.4	58.6
1996	71176.6	14015.4	1926.1	22.08	1572.1	56.3
1997	78973	14441.9	2090.1	8.51	1617.2	55.1

---

① 作者根据历年《中国财政年鉴》整理获得。

② 作者根据历年《中国农村贫困监测报告》整理获得。

年份	国内生产总值（亿元）	第一产业（亿元）	农村居民家庭人均纯收入（元）	农村居民家庭人均纯收入增值率（%）	农村居民家庭人均生活消费支出（元）	恩格尔系数（%）
1998	84402.3	14817.6	2162	3.44	1590.3	53.4
1999	89677.1	14770	2210.3	2.23	1577.4	52.6
2000	99214.6	14944.7	2253.4	1.95	1670.1	49.1

资料来源：根据《辉煌三十年》（2008年12月出版，北京：新华出版社）资料整理获得。

客观来看，虽然这一时期受自然灾害影响返贫现象突出，但整体减贫成效依然明显，主要原因主要有以下几个方面。

一是贫困地区基础设施得到极大改善，以国家扶贫开发重点县为例，1997~2000年，国家扶贫开发重点县公路里程增长17.2%，2000年，国家扶贫开发重点县95.4%的村通了电，通电话和通邮的村分别达到72.2%和75.6%。①

二是1994年实行分税制改革，中央财政收入占比有较大提升，有利于财政收入的再分配，1994~2000年，全国财政收入由5218.1亿元增至13395.23亿元，"提升两个比重"的目标逐步实现。其中，财政收入占GDP的比重由12.2%增加至13.4%；中央财政收入占全国财政收入的比重实现跳跃式增长，1997年这一比重高达51.1%。中央政府扣除本级财政支出之外，大部分财政支出通过税收返还和财政转移支付支持中西部地区的发展，据统计，1994年中央对地方税收返还及财政转移支付规模为2389.09亿元，2000年已经增至到4665.31亿元，增长近2倍②。大部分资金流向中西部贫困地区，根据2021年《中国农村贫困监测报告》的数据，"八七扶贫攻坚计划"之初，国家贫困县人均财政收入仅为77元，2020年，人均财政收入达到141元，年均增速9.2%。

三是全国统一领导，"八七扶贫攻坚计划"是全国范围内第一次明确以任务形式采取的扶贫减贫行动，从中央到地方高度重视，从表4.3可以看到，中央和地方专门设置扶贫资金项目，同时要求地方政府予以配套，从规模来看，1998~2000年虽都有所增长，但大部分资金来自中央政府，地方政府虽然有配套，但规模较小，大部分扶贫资金流向农业、基本农用田建设、人畜饮水工程、道路修建、技术培训和技术推广，这部分资金占

① 作者根据历年《中国农村贫困监测报告》整理获得。
② 作者根据历年《中国财政年鉴》整理获得。

全部扶贫资金70%以上。

表4.3 扶贫投资规模及各项目比重 单位:%

项目	1998 年	1999 年	2000 年
总额（亿元）	232	260	243
具体项目占比:			
中央扶贫专项贷款	33	43	42.9
扶贫专项贷款收回再贷款	4	5.2	6.6
中央财政扶贫资金	8.7	8.8	11.4
地方财政扶贫资金	4	3.7	3.7
地方配套中央扶贫资金	2.3	1.4	1.7
国家以工代赈资金	16.2	15.1	15.9
地方为国家以工代赈配套资金	6.9	5.7	5

注：表中资金规模为中央和地方专门列支的专项扶贫资金，与目前大扶贫概念统计下的扶贫资金不同。

资料来源：2001 年《中国农村贫困监测报告》(2001 年 12 月出版，北京：中国统计出版社）。

（四）2001~2010 年：新时期综合开发减缓农村贫困

为巩固"八七扶贫攻坚"成果，2001 年 6 月，国务院颁布《中国农村扶贫开发纲要（2001—2010 年)》，这是新世纪第一个 10 年扶贫开发纲要，文件明确提出："奋斗目标为解决少数贫困人口的温饱问题，巩固温饱成果，提高贫困人口的生活质量和综合素质，逐步改善贫困地区生产生活条件。"

根据前述可知，这一时期贫困线的划定有两条标准：一是绝对贫困标准（1984 年贫困线），二是低收入标准（2008 年贫困线）。按照 1984 年贫困线标准，2001 年贫困线标准为 625 元，贫困人口为 3209 万人，贫困发生率为 3.5%；2008 年贫困线标准为 895 元，贫困人口为 1004 万人，贫困发生率下降至 1%。按照 2008 年贫困线标准，倒推 2001 年的数据，2001 年贫困线标准为 865 元，贫困人口为 9422 万人，贫困发生率为 10.2%；2010 年，贫困线标准为 1274 元，贫困人口为 2688 万人，贫困发生率下降至 2.8%。不同标准下的整体趋势如图 4.4 所示。

从两个标准来看，减贫效果均较为明显，需要说明的是，提高贫困线标准是为了将低收入群体纳入帮扶对象中，从而可以有效减少徘徊在贫困线周围的人群，提高脱贫质量。从减贫速度看，随着开发式扶贫的不断推进，扶贫经验不断丰富，2004 年之后，按照 2008 年标准的脱贫速度明显加快，2004~2010 年，年均脱贫增速为 14.9%，其中 2007 年和 2010 年，

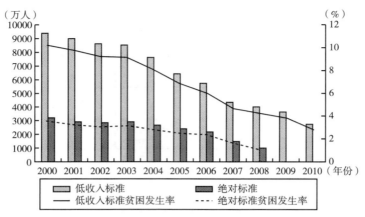

图 4.4　贫困人口及贫困发生率

资料来源：2011 年《中国农村贫困监测报告》（2012 年 4 月出版，北京：中国统计出版社）。

减贫速度均超过 25%。①

　　为更好开展扶贫工作，考虑到我国 86% 以上的农村贫困人口集中在中西部地区，因此，这一时期中央将中西部地区作为扶贫开发重点，这一时期中央对国家扶贫开发重点县的名单再次进行调整，东部地区国家扶贫开发重点县全部退出，退出指标数全部用于中西部地区，总数仍然为 592 个国家扶贫开发重点县。

　　总体来看，这一时期无论在减贫人口还是在减贫速度方面均取得显著成效，主要原因有以下几个方面：一是中央高度重视，自 2004 年以来，中央连续以中央一号文件的形式聚焦"三农"发展，2010 年全国农林水务支出 8129.58 亿元，较上年增长 21%，农村生产生活条件明显改善，2010 年贫困户所在村通电的比重为 99.8%，通公路的比重为 96.9%，通电话的比重为 96.9%，能接收电视节目的比重为 97.7%。② 二是经济高速增长。这一时期，我国经济迅猛发展，2001～2010 年，我国 GDP 年均增长速度可以达到 10.5%，远超世界主要国家平均发展速度，成为世界第二大经济体。经济发展可以带动就业，同时通过"涓滴效应"和"扩散效应"惠及贫困人口，而且历史经验告诉我们，经济的健康发展有利于减少贫困。三是强农惠农举措不断完善，根据全国农村住户抽样调查的数据，2000 年贫困农户人均纯收入为 707 元，2005 年为 740 元，2010 年为 2003 元，可见 2005 年之后，贫困农户人均纯收入得到快速增加，部分原因归

---

　　①②　作者根据历年《中国农村贫困监测报告》整理获得。

功于中央颁布的减免政策等，例如，2001～2004 年，实征农业税收取的粮食分别为 143.8 亿千克、302.65 亿千克、319.89 亿千克以及 232.75 亿千克，2005 年之后农业税取消后，农民收入相应增加；这一时期不仅取消农业税，各种农业生产补贴不断增加，例如粮食直补、退耕还林补贴、良种补贴等，2010 年，贫困农户人均可获得 79.6 元补贴，此外，这一时期国家出台农村义务教育阶段免费、农村最低生活保障等措施，这些举措可以直接提高贫困农户的收入水平。四是强大的财政实力。2010 年我国财政收入突破 8 万亿大关，比 2000 年增长 5.2 倍，年均增长速度超过 20%。此外，在这一时期，中央财政继续发挥财政收入再分配职能，中央对地方税收返还和财政转移支付规模不断增加，2000 年中央对地方税收返还和财政转移支付规模为 4665.31 亿元，2001 年增加至 6001.95 亿元，1 年时间增加了 1336.64 亿元，2010 年，中央对地方税收返还和财政转移支付规模为 32341.09 亿元，2001～2010 年，财政转移支付年均增长规模达到 21.6%。伴随着西部大开发政策，大部分财政资金流向中西部地区，特别是中西部地区中的国家扶贫开发重点县。

（五）2011～2020 年：经济高质量发展与精准扶贫融合推进全面建成小康社会

这一时期的扶贫工作可以进一步细分为两个时期，第一个时期为 2011～2012 年。2011 年，中共中央、国务院颁布实施《中国农村扶贫开发纲要（2011—2020 年）》，这是 21 世纪第二个 10 年扶贫开发纲要，也是第一个 10 年扶贫开发纲要的延续与拓展。这一时期的目标为："到 2020 年，稳定实现扶贫对象不愁吃、不愁穿，保障其义务教育、基本医疗和住房（两不愁，三保障）。贫困地区农民人均纯收入增长幅度高于全国平均水平，基本公共服务主要领域指标接近全国平均水平，扭转发展差距扩大趋势。"2012 年，国家对扶贫开发重点县进行调整，同时在全国新增 11 个集中连片特困地区，加上之前划定的西藏、四省藏区、新疆南疆三地州，共计 14 个集中连片特困地区，涉及贫困县总数为 832 个。在这一时期，国家再次提高贫困县标准（2010 年贫困线），新的标准为农民人均纯收入 2300 元，之后按照物价指数进行调整。根据农村住户调查和住户收支与生活状况调查数据，根据新的贫困线标准（2010 标准），2010～2012 年，贫困人口分别为 16567 万人、12238 万人、9899 万人，贫困发生率分别为 17.2%、12.7% 和 10.2%，可见，即使在新的扶贫线标准下，年均减贫人口依然超过 2000 万人，减贫取得巨大成效。

第二个时期为 2013～2020 年。这一时期主要以党的十八大作为新起点，在这一时期，中国扶贫工作进入新时期，国家不仅出台和制定一系列制度性文件，如《中共中央、国务院关于打赢脱贫攻坚战的决定》《国务院关于印发"十三五"脱贫攻坚规划的通知》《关于建立贫困退出机制的意见》《脱贫攻坚责任制实施办法》等，而且提出一系列重大扶贫理论，例如"六个精准""五个一批"。2017年，党的十九大报告提出"确保到二〇二〇年我国现行标准下农村贫困人口实现脱贫，贫困县全部摘帽，解决区域性整体贫困，做到脱真贫、真脱贫"。我国扶贫脱贫思路发生重大变化，过去虽然中央也鼓励贫困县"脱贫摘帽"，但难以有效实施，贫困县数量基本保持稳定，但党的十九大之后，要求在2020年实现全部"脱贫摘帽"，力度之大，任务之巨，前所未有，扶贫脱贫工作真正进入攻坚拔寨的决胜阶段。

这一时期，贫困地区农村居民收入不断攀升，表4.4为2013～2020年贫困地区农村常住居民收入情况，2013年，贫困地区农村常住居民可支配收入为6080元，2020年已经提高至12588元，增长1.07倍。在收入结构中，2013年工资收入为1919元，占比31.56%，经营净收入2788元，占比45.86%，财产净收入62元，占比1.02%，各类转移净收入1311元，占比21.56%。2020年贫困地区农村常住居民可支配收入结构中，工资收入为4445元，占比35.3%，经营净收入4391元，占比34.9%，前两项收入增速比全国农村高2.7个百分点，财产净收入185元，占比1.5%，增速比全国农村高6.2个百分点，各类转移净收入3567元，占比28.3%，增速比全国农村高3.4个百分点。

表4.4　　　　　2013～2020年贫困地区农村常住居民收入结构　　　　单位：元

项目	2013年	2014年	2015年	2016年	2017年	2018年	2019年	2020年
人均可支配收入	6080	6852	7653	8452	9377	10371	11567	12588
工资收入	1919 (31.56)	2240 (32.7)	2556 (33.4)	2880 (34.1)	3210 (34.2)	3627 (35)	4082 (35.3)	4445 (35.3)
经营净收入	2788 (45.86)	3033 (44.3)	3282 (42.9)	3443 (40.7)	3723 (39.7)	3888 (37.5)	4163 (36)	4391 (34.9)
财产净收入	62 (1.02)	82 (1.2)	93 (1.2)	107 (1.3)	119 (1.3)	137 (1.3)	159 (1.4)	185 (1.5)
转移净收入	1311 (21.56)	1497 (21.8)	1722 (22.5)	2021 (23.9)	2325 (24.8)	2719 (26.2)	3163 (27.3)	3567 (28.3)

注：（1）贫困地区，包括集中连片特困地区和片区外的国家扶贫开发工作重点县。（2）2012年国家统计局实施了城乡住户调查一体化改革，贫困地区开始使用农村常住居民人均可支配收入。（3）括号内数字为所占比重。

资料来源：2021年《中国扶贫开发年鉴》（2022年3月，北京：知识产权出版社）。

从各项收入占比来看，工资收入与转移性净收入比重不断增加，工资收入增加主要源于务工收入，说明对贫困劳动力进行各类培训可以起到一定的作用，转移性收入增加主要来自各类补贴。需要注意的是，转移性收入主要依赖上级政府的财政转移支付，目前这一比重已经达到28.3%，说明贫困户可支配收入中，有超过1/4来自转移性收入，当然这里也包含一定的风险，一旦财政转移支付下降，贫困户的转移性收入必然下降，很有可能导致贫困人口再次返贫。

此外，贫困人口及贫困发生率依然是衡量减贫成效的主要指标。在图4.5中，笔者将2012年作为参考数据，可以发现2013~2020年，在现行标准下，无论是贫困人口还是贫困发生率均呈明显下降趋势，每年减贫人口分别为1650万人、1232万人、1442万人、1240万人、1289万人、1386万人、1109万人、551万人，可见，我国每年减贫人口均超过1000万人，2020年底现行标准下农村贫困人口全部脱贫，真正实现了全面建成小康社会的宏伟目标。

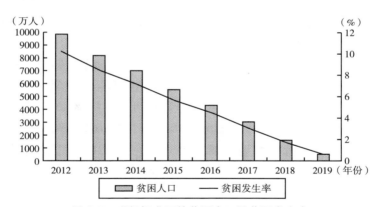

图4.5 现行标准下的贫困人口及贫困发生率

资料来源：2020年《中国农村贫困监测报告》（2020年12月出版，北京：中国统计出版社）。

2020年我国全面建成小康社会，回顾这一时期的扶贫举措，主要包括以下几个方面：一是在中央的统一领导下，实施精准扶贫，精准帮扶，与之前的扶贫措施不同，这一时期的扶贫不再注重"条"和"块"，而是注重"精准"，直接帮扶到贫困户和贫困个人，实施一户一策，竭尽全力帮助困难群众摆脱贫困。二是全社会广泛参与，例如行业扶贫中包括教育部、水利部、交通运输部、工业和信息化部、民政部、文旅部、中国邮政等，在社会扶贫中，开展"千企帮千村""万企兴万村"等活动，鼓励企业和个人参与扶贫工作，同时加强东西部协作、定点扶贫等活动。三是财政金融等各项扶贫政策保驾护航，财政方面，中央和地方不断加大对贫困地区的资金支持力度，并对中西部地区实施税收优惠政策；金融方面，对贫困地区实施差异化金融信贷政策，中央继续实施贴息贷款，鼓励各类金融机构对贫困地区和贫困户开展特色化金融服务，同时积极发展农村保险业务和农村信用社建设。投资方面，加大对贫困地区基础设施的投入力度，完善"村村通"建设和农村水电网信等方面的建设。

（六）2021 年之后：巩固拓展脱贫攻坚成果与乡村振兴有效衔接

《中共中央　国务院关于实现巩固拓展脱贫攻坚成果同乡村振兴有效衔接的意见》指出，脱贫摘帽不是终点，而是新生活、新奋斗的起点。虽然我国已经实现全面建成小康社会宏伟目标，解决了绝对贫困问题，但脱贫地区经济基础依然薄弱，返贫风险仍然存在。2021 年中央一号文件明确提出："对摆脱贫困的县，从脱贫之日起设立 5 年过渡期，做到扶上马送一程"。严格落实"四个不摘"①。2022 年中央一号文件提出："牢牢守住保障国家粮食安全和不发生规模性返贫两条底线。"

我国完成脱贫攻坚任务之后，"三农"工作的重点已经开始向乡村振兴转变，这是一个历史性的转移，2020 年 12 月，中共中央、国务院颁布《关于实现巩固拓展脱贫攻坚成果同乡村振兴有效衔接的意见》，文件提出："从解决建档立卡贫困人口'两不愁三保障'为重点转向实现乡村产业兴旺、生态宜居、乡风文明、治理有效、生活富裕，从集中资源支持脱贫攻坚转向巩固拓展脱贫攻坚成果和全面推进乡村振兴。"同时，为支持经济基础较为薄弱的脱贫县，在西部 10 省区确定 160 个国家乡村振兴重点帮扶县，继续支持这些地区的发展。此外，2021 年习近平同志提出"扎实推进共同富裕"，共同富裕是社会主义的本质要求，也是脱贫攻坚和乡村振兴战略的共同目标。

二、改革开放以来我国扶贫模式的演变

自改革开放以来，我国在不同时期提出不同的减贫模式，这些模式印证着我国在减贫方面战略转变。本书将根据时间节点，把我国减贫模式主要分为以下几个方面：全面减贫模式、区域开发式扶贫模式、以（扶贫）县为中心的开发式扶贫模式、整村推进模式、以贫困户为中心的精准扶贫模式。

（一）全面减贫模式

改革开放初期，我国虽然没有明确提出对农村减贫方面的重要纲领性

---

① 摘帽不摘责任，防止松劲懈怠；摘帽不摘政策，防止急刹车；摘帽不摘帮扶，防止一撒了之；摘帽不摘监管，防止贫困反弹。

文件，但随着家庭联产承包责任制的实施，农产品价格放开以及乡镇经济发展，极大调动原先生活在贫困线以下广大农民的生产积极性。因此，这一时期的减贫可以认定为从"面"上解决农村贫困问题，是建立在一系列农村改革基础上的减贫。接下来本书将简要分析这一时期的改革举措对减贫带来的积极影响。

首先，家庭联产承包责任制，打破过去"吃大锅饭"的生产方式，使农民可以拥有自己的土地，充分释放农村生产力。粮食产量不断攀升，农民收入不断提高，农业的健康发展自然而然使得过于处于贫困线以下的农户通过自己的"双手"实现脱贫致富。

其次，开放市场，提高农产品价格。一段时期，我国不允许农产品流入市场，甚至被认为"资本主义尾巴"，改革开放之后，国家对农产品开放市场，农民通过农产品交易提高收入，此外，这一时期国家也多次提高农产品的收购价格，例如，1983 年粮食价格比 1977 年高出 15% 以上，油料价格和生猪价格均高出 27%，这些举措，极大调动了农民的生产积极性，农民收入相应增加。

再次，放开劳动力流动限制。一段时期，农村劳动力不可以随便流动到城市，农村富余劳动力较多，加上土地有限，造成家庭人均收入较低。改革开放后，劳动力可以自由流动，加上城市第二产业和第三产业发展对劳动力的需求，很多农村劳动力向城市流动，这不仅为城市发展贡献自己的力量，更重要的是通过进城务工，使农民收入得到快速增长。即使在今天，外出务工劳动力对农民家庭收入的影响以及对贫困地区当地经济的发展都带来了重要影响（例如务工人员过年回家消费、回到县城买房等）。

最后，鼓励乡镇企业快速发展。开放市场不仅提高农民生产的积极性，也极大提高乡镇企业发展的积极性。这一时期应该是乡镇企业发展的"春天"。从减贫视角看，乡镇企业对减贫最大的贡献在于提供更多的就业机会，据统计，1978～1985 年，我国乡镇企业的就业人员由 2826.6 万人增加 6976 万人，大部分农民通过在乡镇企业就业获得收入，相应降低贫困人口规模。

当然，这一时期的政策绝不仅仅包括以上四类，但这四类对农民减贫的作用最为直接，也最为明显。

（二）区域性开发式扶贫

从"面"上解决贫困问题，面对的是全国广大农村，随着家庭联产承包责任制的实施，农产品价格以及农村劳动力流动等政策不断放开，"制度红利"逐步消失，通过自身努力可以实现富裕的农户已经实现富裕，但仍有部分家庭仍处于贫困线以下水平,而且主要集中在中西部地区。因此,国家扶贫策略由原先的"面"上向"块"上转变。本书主要介绍三类区域性开发式扶贫战略。

首先,针对"老、少、边、穷"地区实施特殊扶持政策。这些地区,自然环境恶劣、经济基础薄弱,贫困人口规模较大,贫困发生率较高,很多农户甚至连基本的温饱问题都无法解决。自 1986 年开始,中央开始重视对"老、少、边、穷"地区的帮扶力度。例如,通过提高特殊地区权重的方式增加一般性转移支付规模,对这些特殊地区设立特殊类型财政转移支付等举措。

其次,针对西部地区,2000 年开始,我国开始实施"西部大开发"战略。当然,这个西部不是一个地理概念,而是一个经济概念,更多体现经济发展落后的地区。因此,"西部大开发"战略也包括部分中部省份,重点在于促进中西部地区的发展,同时改善贫困地区经济面貌,减少贫困人口,降低贫困发生率。2000 ~ 2010 年,国家对西部地区实施超过 100 项重点工程建设,西部地区的居民收入水平及基础设施水平得到极大提高,例如,在此期间,西部地区农村居民人均纯收入以及贫困发生率下降速度均超过全国平均水平,西部地区新增公路 88.8 万公里,铁路 19617 公里,乡镇通公路比重达 98%,建制村通公路比重达 88%(谭振义和赵凌云,2013)。2011 年之后,虽然"西部大开发战略"不再成为"热词",但基本延续最初西部大开发在财税、金融、投资等优惠政策。

最后,东北振兴计划。东北老工业基地,曾经为共和国的发展创造一个个辉煌的成就,但近些年,资本、人力出现大量外流情况,经济发展相较于其他地区相对滞后,这也造成东北地区仍然存在较为严重的贫困问题。为促进东北地区发展,国家对东北地区实施东北老工业基地振兴计划,例如增加东北三省的农业补贴和良种补贴、增加企业转型升级补贴、增加税收优惠政策等。经过近些年的发展,东北地区在基础设施等方面也得到极大改善。

客观来看,相对于"面"上的战略,"块"上的战略更具有针对性,对区域性集中的"老、少、边、穷"地区、中西部地区、东北地区实施集中的优惠政策,这些政策为解决绝对贫困、相对贫困、区域间发展不平衡方面均起到重要作用,广大农村居民得益于基础设施的完善、财政税收补贴、金融贴息等措施,实现脱贫致富。

(三)以(扶贫)县为中心的开发式扶贫

自 1986 年以来,国家开始以"县"为中心确定扶贫"抓手",并明确"县级政府"在减贫中要起到关键作用。从前述可知，从最初的331个国家扶贫开发重点县，到后期调整的592个国家扶贫开发重点县，这些县作为国家实施减贫措施的重要"阵地"，成为减贫扶贫工作的主要责任和落实单位。此外，2011年，考虑到很多贫困人口居住在国家扶贫开发重点县之外，中央划定14个连片特困地区，并明确将集中连片特困地区作为扶贫工作的主要"阵地"。但从实施情况来看，无论是以国家扶贫开发重点县作为中心，还是以集中连片特困地区作为中心，本质上都是围绕贫困县和连片特困地区中的非贫困县的贫困人口开展扶贫工作，因此，仍然是以县为中心的开发式扶贫模式。

为更好监测国家扶贫开发重点县的减贫成效，1997年国家统计局开始对贫困地区进行数据统计，1997~2010年，贫困监测报告中的贫困地区特指国家扶贫开发重点县，而2011年之后，贫困监测报告中的贫困地区特指国家扶贫开发重点县以及连片特困地区中的非贫困县。

国家为鼓励贫困县发展，降低贫困人口和贫困发生率，国家出台一系列优惠政策，例如在财政方面，给予贫困县实施大规模财政转移支付，除一般性转移支付外，还包括各类扶贫专项资金（扶贫贴息贷款、以工代赈资金、发展资金）和促进贫困县经济建设的专项转移支付。在税收支持政策方面，企业所得税享受"三免三减半"、15%企业所得税优惠税率等政策。在金融支持政策方面，鼓励金融企业重点投向贫困县本地以及农业经营主体、鼓励开发和补贴农业保险等。民生支持方面，国家在贫困县开展"雨露计划"培训，提升农民生产技能，提高就业水平，大力发展义务教育，将"扶智"与"扶志"相结合，高等教育招生资源向贫困地区倾斜，加大医疗及社会保障投入，加快贫困地区"五通"建设。

（四）整村推进

相对于以贫困县为中心，整村推进的"靶向"更为精准，因为在国家扶贫开发重点县内部，一些村集体经济发展较好，可能并不是贫困村，如果仅仅以贫困县为中心，则容易将贫困村和富裕村同等对待，造成"精英俘获"，导致扶贫工作不精准。为有效识别贫困村，中央也出台一系列指导性文件和识别指标体系，例如根据贫困村生产生活条件（自然环境是否恶劣）、农民生活状况（农户通电、通路、通水情况、农户居住情况）、卫生教育状况（卫生所，文盲率）、农户人均纯收入情况、贫困人口和贫困发生率情况等综合评价。

整村推进，顾名思义即是以"整村"作为扶贫对象，对贫困村进行帮扶。例如，改善贫困村的生产生活条件，修建道路、水利、加强"五通"

建设等，完善贫困村基础设施建设。针对贫困村特点，发展农村集体经济和特色产业，让贫困户参与到产业发展中来，提高贫困户收入水平。为保障整村推进取得较好效果，各级政府也纷纷创新扶贫新模式，例如鼓励农村集体经济发展而设立的相互担保的新型金融支持，创新财政投资资金股权投资收益等。据统计，2001～2010年，每个贫困村平均财政扶贫资金投入达63万元（战成秀和韩广富，2013）。通过整村推进，贫困村生产生活条件得到极大改善，贫困村农户的人均纯收入也相应提高，部分贫困人口因为整村推进实现了脱贫致富。

（五）以贫困户为中心的精准扶贫

在之前的扶贫模式中，虽然在扶贫方面取得巨大成效，但也存在不少问题，最明显的在于扶贫的靶向并不精准，以国家扶贫开发重点县为例，大部分财政资金投入到扶贫县，但很多贫困户居住在贫困县之外，虽然后续政策针对连片特困地区实施扶贫过程中包括了非国家扶贫开发重点县，但仅限于14个连片特困地区。客观来看，即使贫困县内部又有很多贫困户和非贫困户，大量扶贫政策往往存在"精英俘获"，一些贫困户并未获得真正的好处。在"整村推进"中，虽然目标靶向由"县"向"村"转变，但也仍然存在目标靶向不准确的问题，根据汪三贵等（2007）调查数据，贫困村的瞄准错误率为48%，在一些非贫困村中，70%以上的农户收入在贫困线以下，相反，在一些贫困村中，75%以上的农户收入反而超过的贫困线，原因在于贫困村的遴选中采用过多非收入指标。总之，精准问题一直没能得到有效解决。

2013年，习近平同志在湖南湘西考察期间，第一次提出"精准扶贫"理念①，之后，党中央将精准扶贫事业上升至国家战略②。精准扶贫理论

---

① 湖南十八洞村：以"首倡之地"行"首倡之为"[EB/OL]．（2022－06－25）．http：//cpc. people. com. cn/n1/2022/0625/c444826－32456402. html.

② 党的十八大以来，党中央把精准扶贫事业上升到国家战略高度。包括四个方面："扶持谁""谁来扶""怎么扶""如何退"。在"扶持谁"问题上，主要是从三个层面对扶贫对象进行了界定，第一是"收入"，第二是"不愁吃、不愁穿"、第三是"义务教育、基本医疗、住房安全有保障"。这三个层面可总结为"一有、二不愁、三保障"。我国对扶贫对象的确认从收入、能力、权利等方面进行了多层次全方位的界定，做到了精准帮助扶贫对象实现脱贫；在"谁来扶"方面，我国坚持五级书记抓扶贫，任务清晰，分工明确，坚持各尽其责，考核到位，各村派有驻村干部，帮扶对象与扶贫干部一一对应，责任到人；关于"怎么扶"的问题，我国因人因地施策，实施"五个一批"工程，发展生产脱贫一批、易地搬迁脱贫一批、生态补偿脱贫一批、发展教育脱贫一批、社会保障兜底一批；关于"如何退"的问题，贫困户在达到"一有、二不愁、三保障"标准之后也就达到了脱贫标准。习近平总书记也提出了退出流程的规范：设定时间表、留出缓冲期、实行严格评估、实行逐户销号，保障精准退出贫困。

的提出，解决了长期以来扶贫靶向不精准的问题。因此，这一时期，扶贫模式以"贫困户"为中心，首先进行"精准识别"，建档立卡，确定真正的"贫困户"。其次进行"精准帮扶"，根据贫困户致贫原因，"一户一策"，各类帮扶政策"精准滴灌"。再次进行"精准管理"，对贫困户进行实时的关心，对帮扶项目进行准确的评估，对扶贫资金使用进行准确的评估和管理。最后进行"精准退出"，达到脱贫标准的贫困户要"精准退出"，确保2020年全面建成小康社会。在精准脱贫理论下，我国在减贫扶贫方面取得明显成效，贫困人口和贫困发生率下降明显，农村生产生活条件得到极大改善。

需要注意的是，精准扶贫理论是中国改革开放以来扶贫模式发展到一定阶段的产物，在实施精准脱贫模式过程中，国家扶贫开发重点县、连片特困地区、整村推进等模式依然发挥着重要作用。不同模式之间更重要的是相互促进，相互补缺，而非相互替代。

三、改革开放以来我国重大扶贫举措

改革开放以来，我国减贫取得巨大成效。在现行标准下，所有贫困县全部脱贫摘帽，贫困户全部实现脱贫，2020年全面建成小康社会。回顾我国的减贫历程，不禁要问，为什么全世界只有中国可以实现这一重大历史成就，中国在减贫方面实施哪些重大举措，中国的减贫经验能否为全世界其他国家贡献中国智慧。因此，本书在这一节重点阐述我国在减贫方面的重大举措，并总结中国在减贫方面的成功经验。

中国减贫事业取得的巨大成就，离不开具体的减贫举措，按照2010年中共中央、国务院颁布的《中国农村扶贫开发纲要（2010—2020年）》，可以分为专项扶贫、行业扶贫、大扶贫格局中的社会扶贫以及国际合作等。

（一）专项扶贫

专项扶贫主要包括易地扶贫搬迁、整村推进、以工代赈、产业扶贫、就业促进以及革命老区建设。由于革命老区建设属于针对特殊地区的特殊政策，本节不作为主要介绍内容。因此，在专项扶贫中主要针对地扶贫搬迁、整村推进、以工代赈、产业扶贫、就业促进五个方面进行详细介绍。

1. 易地扶贫搬迁。据统计，我国有超过50%以上的贫困户生活在自然环境比较恶劣的地区，传统的扶贫方式无法改变贫穷落后的面貌，同时，这些地区自然生态环境脆弱，为从根本上解决"一方水土养活不了一方人"的状况，我国从20世纪80年代开始实施易地扶贫搬迁，即在农民自愿的原则下，搬迁至生产生活条件较好的地区。截至"十三五"时期，

"全国累计建成集中安置区约 3.5 万个，建成易地扶贫搬迁安置住房 266 万多套，约 960 万贫困搬迁群众已乔迁新居，绝大多数搬迁群众已实现脱贫"①。易地扶贫搬迁在减贫脱贫方面起到重要作用。

早期，我国易地扶贫政策主要在"三西（甘肃河西地区、定西地区、宁夏西海固地区）"地区实施，例如，"三西吊庄移民"，电视剧《山海情》就是描述宁夏地区贫困人口移民搬迁的故事。1994 年，国家实施"八七扶贫攻坚计划"，正式将易地扶贫搬迁作为扶贫工作的重要抓手，但当时易地扶贫搬迁对象主要针对极少数生存和发展特别困难的农户和村庄，实施范围小，投入资金少。2001 年，国家制定 21 世纪第一个 10 年扶贫纲要《中国农村扶贫开发纲要（2001—2010 年）》，文件提出："稳步推进自愿移民搬迁。对目前极少数居住在生存条件恶劣、自然资源贫乏地区的特困人口，要结合退耕还林还草实行搬迁扶贫。要在搞好试点的基础上，制定具体规划，有计划、有组织、分阶段地进行"，可见，在这一时期易地扶贫对象仍然是极少数贫困户，而且主要以试点为主。2011 年国家制定 21 世纪第二个 10 年扶贫纲要《中国农村扶贫开发纲要（2010—2020 年）》，文件要求："坚持自愿原则，对生存条件恶劣地区扶贫对象实行易地扶贫搬迁。引导其他移民搬迁项目优先在符合条件的贫困地区实施，加强与易地扶贫搬迁项目的衔接，共同促进改善贫困群众的生产生活环境。充分考虑资源条件，因地制宜，有序搬迁，改善生存与发展条件，着力培育和发展后续产业。有条件的地方引导向中小城镇、工业园区移民，创造就业机会，提高就业能力。加强统筹协调，切实解决搬迁群众在生产生活等方面的困难和问题，确保搬得出、稳得住、能发展、可致富"。在这一时期，从文件表述上已经发生重大变化，要求其他项目要配套好易地扶贫搬迁工作，确保搬得出、稳得住、能发展、可致富。可见，这一时期，易地扶贫搬迁已经成为脱贫攻坚的主要方式之一，据统计，2012 ~ 2015 年，中央财政累计安排易地扶贫搬迁经费 404 亿元，带动各类投资 1412 亿元，591 万贫困人口进行扶贫搬迁（中国扶贫事业与人权进步，2016）。党的十八大之后，为实现"精准扶贫、精准脱贫"，确保实现全面建成小康社会的目标，国家进一步推动易地扶贫搬迁工作，2015 年国家发展改革委、国务院扶贫办等部门制定《"十三五"时期易地扶贫搬迁工作方案》，2016 年国家发展改革委专门制定《全国"十三五"易地扶贫

① "十三五"易地扶贫搬迁：伟大成就与实践经验［EB/OL］．（2021 - 06 - 30）．https：//www.ndrc.gov.cn/xwdt/xwfb/202106/t20210630_1285081.html.

搬迁规划》，2019 年人力资源社会保障部、国家发展改革委、财政部、国务院扶贫办制定《关于做好易地扶贫搬迁就业帮扶工作的通知》，这些文件的密集出台，充分体现国家对易地扶贫搬迁的重视。在财税政策支持方面，对参与易地扶贫搬迁的贫困居民按照规定所获得的安置住房免征契税；对参与易地扶贫搬迁的贫困居民按照规定所取得的住房建设补助资金、拆旧复垦奖励资金等与易地扶贫搬迁相关的货币化补偿免征个人所得税；对易地扶贫搬迁贫困户进行财政补贴等。这一时期，主要解决 1000 万贫困人口的易地扶贫搬迁工作，计划总投资 6000 亿元，其中，中央预算 800 亿元。在具体规划方案中，详细介绍资金的测算与筹集、政策的支持、监督管理以及考核机制，同时对易地扶贫搬迁的住房标准、配套设施、宅基地处理等内容进行详细的规定。

案例——云南宁蒗县：实行城镇化集中安置建设易地扶贫搬迁幸福城

截至 2022 年，云南省丽江市宁蒗彝族自治县（以下简称宁蒗县）总投入资金 20 亿元，将全县 10400 户 4.2 万人搬出大山，易地扶贫搬迁率达 18.3%。

宁蒗县实施多样化的惠民政策，保障搬迁群众各项权益，调动群众搬迁积极性。一是坚持按照靠近城镇、产业园区、旅游景区、中心村的"四个靠近"原则选择安置地，确保安置社区地理位置优越，方便搬迁群众生活。宁蒗县政府在就业就学就医购物近、基础设施完善的"黄金"地段，安置搬迁群众 2708 户 11772 人；在乡镇，选择交通、就学、就医便利区域，建设 7 个集镇安置点，共安置 396 户 1540 人。二是严守住房面积"标线"、搬迁举债"底线"、项目管理"红线"，保障搬迁群众的住房质量。集中安置点实行统规统建，住房面积实际造价控制在每平方米 1800 元以内，从严抓好质量监管，把搬迁安置房建成群众满意的优质工程。三是对照"两不愁三保障"安全问题，充分考虑水、电、路、讯、环卫等基础设施和教育、医疗、文化、养老、休闲等公共服务设施，确保最好的设施配套给群众。

宁蒗县因村因点因户施策开展产业扶持做到带贫减贫机制全覆盖搬迁群众，带动群众参与产业发展劳动致富。一是政府发放小额信贷，目前累计发放产业扶贫小额信贷 1.9 亿元扶持 2205 名搬迁群众创业兴业。大力发展"2700 蜂蜜"苹果、丽川花椒、宁蒗黑绵羊等高原特色农业。二是扶持壮大宁蒗县内 19 家农业产业化龙头企业，通过"公司（合作社）+基地+搬迁农户"的利益联结机制，带动搬迁群众增收致富。三是进一步加强帮扶车间建设，解决易地扶贫搬迁群众及附近农户就近务工716人。此外，基地运营公司每年向政府缴纳租金500万元，租金用于建立以奖代补帮扶机制；设立进城安置搬迁户滚动发展基金。

资料来源：国家乡村振兴局（http://www.nrra.gov.cn/art/2022/8/19/art_28_196303.html）。

2. 整村推进。整村推进主要是以"贫困村"为单位作为扶贫开发的重点，核心仍然是改善贫困村生产生活条件，完善基本公共服务，提高农村居民收入。2001年，《中国农村扶贫开发纲要（2001—2010年）》明确提出："整村推进作为国家扶贫的主要方式。"2005年联合发出国务院扶贫办等《关于共同做好整村推进扶贫开发构建和谐文明新村工作的意见》，明确提出："整村推进不仅仅为解决贫困问题，还是构建社会主义和谐社会的有效途径。"2011年，《中国农村扶贫开发纲要（2011—2020年）》也明确提出："加强整村推进后续管理，健全新型社区管理和服务体制，巩固提高扶贫开发成果。贫困村相对集中的地方，可实行整乡推进、连片开发。"可见，中央高度重视整村推进工作。在扶贫方式上主要以改善贫困村的生产生活条件，修建道路、水利、加强"五通"建设等，完善贫困村基础设施建设。针对贫困村特点，发展农村集体经济和特色产业，让贫困户参与到产业发展中来，提高贫困户收入水平。通过整村推进，贫困村生产生活条件得到极大改善，贫困村农户的人均纯收入也相应提高，有效减少贫困人口并降低贫困发生率。

虽然"整村推进"主要以贫困村为核心，但仍然存在较大的错漏率，2013年之后，随着"精准扶贫、精准脱贫"的推进，扶贫对象更加精准，整村推进的重要性有所下降，不过，即使如此，在"十三五"规划中针对贫困村仍然给予较大的支持力度，例如"百万公里农村公路工程""厕所革命""农村电网改造升级工程"等。

案例——贫困农村"旧貌换新颜"

全南县为江西省新农村建设先进县，该县在扶贫过程中，牢牢以"整村推进"为抓手，因地制宜，一村一策进行分类规划，并结合乡村旅游、美好乡村建设，改善农村生产生活条件。在具体举措上，对全县8个省级贫困村，67个非贫困村和570个新农村建设点，完善相应的基础设施，实施"厕所革命"，拆除"空心房"，开展农户庭院美丽示范项目，改善农村生产生活环境。

在资金投入上，充分发挥政府财政资金的引导作用，撬动社会资本，例如通过招商引资引进广东、北京、安徽等文旅公司，打造旅游、美食、休闲中心，引导外出务工人员"回乡创业"，鼓励行业龙头企业带动农户从事种植、养殖等特色产业。2017～2019年，全县共投入5.33亿元实施整村推进项目，撬动社会资本150亿元。

资料来源：根据2019年陈志诚，《做好"四篇文章"，贫困乡村换新颜》改编。

3. 以工代赈。以工代赈主要指政府通过一些基础设施建设，吸纳贫困人口参与，从而替代直接赈济的一种救济方式，贫困人口通过项目建设，能够领取一定的报酬。这种方式历史悠久，在扶贫和救济方面发挥着重要作用。我国在20世纪就已经开始采用以工代赈方式，但考虑到贫困户能够参与到项目的积极性以及自身的能力，以工代赈主要以农村小型劳动密集型项目为主。在2011年扶贫开发纲要中，也明确大力发展以工代赈，主要从事人畜饮水工程建设、小流域治理和片区综合开发等，每年资金规模在50亿元左右。

不过，从历年国家和地方审计报告看，目前以工代赈问题较多，突出表现为实施对象不精准。以工代赈工程最初设计机制主要是鼓励贫困人口参与项目，从而获取劳动收入，改善自身生活水平，但在实际操作中，往往存在"精英俘获"，而且项目本身并不适合通过以工代赈的方式进行。以农村公路为例，项目采取招投标方式，往往是外地企业中标，参与施工的工人基本不是贫困户，甚至不是当地村民。即使一些项目明确要求贫困户参与，但考虑到贫困户积极性和自身能力问题（生病或残疾），很难真正参与到以工代赈项目中来。此外，一些以工代赈项目本身与贫困户劳动供给不匹配，例如一些技术要求较高的项目，虽然按照以工代赈项目管理，但基本无法吸纳贫困户真正参与到这些项目。

4. 产业扶贫。产业扶贫是促进贫困地区经济发展、激发内在发展动力的根本举措，也是提升贫困地区自身"造血"能力的核心内容。产业扶贫主要结合贫困地区自身特点，发展特色产业。因此，产业扶贫是专项扶贫中最有效的扶贫方式，也是巩固拓展脱贫攻坚成果中最重要的方式之一。

在《国家八七扶贫攻坚计划》中，虽然没有明确提出产业扶贫的概念，但仍将产业发展作为扶贫的主要途径，例如，文件要求："依托资源优势，按照市场需求，开发有竞争力的名特稀优产品。实行统一规划，组织千家万户连片发展，专业化生产，逐步形成一定规模的商品生产基地或区域性的支柱产业。"在《中国农村扶贫开发纲要（2001—2010年）》中提出："因地制宜发展种养业，是贫困地区增加收入、脱贫致富最有效、最可靠的途径。对具有资源优势和市场需求的农产品生产，要按照产业化发展方向，连片规划建设，形成有特色的区域性主导产业。积极发展'公司加农户'和订单农业。引导和鼓励具有市场开拓能力的大中型农产品加工企业，到贫困地区建立原料生产基地，为贫困农户提供产前、产中、产后系列化服务，形成贸工农一体化、产供销一条龙的产业化经营。加强贫困地区农产品批发市场建设，进一步搞活流通，逐步形成规模化、专业化的生产格局。"在《中国农村扶贫开发纲要（2011—2020 年）》中，专项扶贫类别中单独规定产业扶贫的举措，文件提出："充分发挥贫困地区生态环境和自然资源优势，推广先进实用技术，培植壮大特色支柱产业，大力推进旅游扶贫。促进产业结构调整，通过扶贫龙头企业、农民专业合作社和互助资金组织，带动和帮助贫困农户发展生产。引导和支持企业到贫困地区投资兴业，带动贫困农户增收。"可以看到国家对产业扶贫的重视程度。2013 年，习近平同志提出精准扶贫理论，其中"六个精准"和"五个一批"中就明确提出"项目安排要精准""发展生产脱贫一批"，结合贫困地区实际情况发展特色产业，实施贫困村"一村一品"产业推动行动。

为响应中央积极号召，各地根据自身情况，积极开展产业扶贫，并探索和创新产业扶贫利益联结机制，重点发展特色产业，培育地方传统手工业，鼓励发展旅游业等。同时，为引导贫困人口积极参与产业扶贫，各地在产业扶贫模式方面也进行了大量的探索，例如"公司＋农户""公司＋基地＋农户""公司＋合作社＋农户""政府＋龙头企业＋合作社＋农户""政府＋银行＋企业＋合作社＋农户"等多种模式。

案例——发展澳寒羊特色产业，筑牢脱贫根基

都安瑶族自治县土地贫瘠、干旱少水，在经济作物难以发展的条件下，养殖成为当地群众增收的重要渠道。为提升自我发展能力，都安瑶族自治县依托国家现代农业产业园，优先发展澳寒羊养殖产业，让更多搬迁户分享增值收益，走上了致富"羊"光道。

都安瑶族自治县结合县域自然禀赋及种养基础，提出养羊与"粮改饲"结合的种养模式，改种草食畜牧业需求的青贮玉米，创建 2 个"粮改饲"种植示范基地、24 个"粮改饲"中心加工厂，构筑"以养带种、以种促养、种养结合、又种又养"的种养格局，形成种养一体滚动循环链，带动 431 户搬迁群众从事羊养殖牧草（粮改饲）种植。此外，都安瑶族自治县谋划打造"村民养殖、企业回收、加工冷链、互联网营销、村民再养殖"的滚动发展闭环链。即由企业牵头，以产业基地为纽带，建成 1 个新

型全自动化冷链加工厂、1个澳寒羊新营养膨化颗粒料饲料厂、西南地区最大的冷链物流中心和畜禽交易市场，为21户搬迁群众提供了就业岗位。同时，拓展新型业态"主力销"、广西市场"全面销"、粤桂协作"定向销"、社会组织"助力销"、机关采购"定点销"五大销售渠道，组织各养殖场参加东盟博览会、广西农产品交易博览会、广东深圳农产品交易会等产销活动，鼓励搬迁群众开展直播带货等促销活动，通过仓储、冷链、物流无缝衔接将"雪花和羊"高端肉羊产品销往全国各地，实现从养殖到销售滚动式"一条龙"。在此产销模式的推动下，截至2022年3月，都安瑶族自治县的澳寒羊产业累计增收1440.46万元。参与养殖及管理的社员每户均获得分红1000元以上。

资料来源：国家乡村振兴局（http://www.nrra.gov.cn/art/2022/6/14/art_28_195513.html）。

5. 就业促进。就业是最大的民生，也是扶贫工作的重点内容。在巩固拓展脱贫攻坚成果、实施乡村振兴战略、实现共同富裕方面，就业在"减贫""阻返"方面仍发挥着重要作用。

就业促进是"五个一批"的重要内容。我国很多贫困户之所以仍然生活在贫困线以下，其中一个重要原因就是无法实现就业。在中西部贫困地区，自然环境恶劣，有效耕地面积较少，如果仅仅依靠农作物收入，很难实现脱贫致富。早在"八七扶贫攻坚"时期，中央就提出：积极发展能够充分发挥贫困地区资源优势、又能大量安排贫困户劳动力就业的资源开发型和劳动密集型的乡镇企业劳动部门要为贫困地区的劳动力开拓外出就业门路，做好就业服务和技术培训工作，努力扩大合理有序的劳务输出规模。2001年之后，就业以及劳动力转移作为我国农村开发贫困的三项重点措施之一，而且实践证明，为扶贫户提供就业扶持是提高贫困户收入水平，实现脱贫致富的有效途径。2005年，国务院扶贫办正式启动"雨露计划"，主要以提高贫困地区劳动力的就业技能为主要目标，扶持对象主要包括16~45岁建档立卡青壮年劳动力、贫困户中复员退伍士兵、村干部以及带动贫困户脱贫致富骨干，也包括参加中等职业教育和高等职业教育的建档立卡贫困户子女。此外，在产业扶贫发展中，地方政府也在积极开展产业发展＋就业创收模式，发展贫困地区发展特色产业，产业结构往往为劳动密集型产业，这本身对劳动力的需求较大，无论是采取何种创新发展模式，均可吸引当地贫困户参与到产业发展中来。

案例——培训送下乡，农民好就业

安徽省宿州市泗县为国家扶贫开发重点县，为促进贫困户就业，针对缺乏劳动技能和身体残疾无法外出务工的人员，泗县开展"培训送下乡"活动，根据贫困户自身特点和市场需求，主要提供保洁、手工编织、电工、焊工、育婴、养老服务、护理服务等内容的培训课程。在贫困户掌握培训技能之后，泗县政府主动帮助贫困户推荐就业，对于无法外出务工人员，则是安排在家门口创业就业，例如手工编织，政府提供原料、负责收购销售。同时，鼓励居家农户开展"互联网＋"销售活动，目前，很多农户直接通过微信、淘宝等网络平台实现产品销售。2020年，泗县计划完成440人次的技能脱贫培训，巩固脱贫成果，实现居民收入快速增长，真正实现全面建成小康社会的宏伟目标。

资料来源：根据2020年6月5日《安徽日报》改编。

（二）行业扶贫

行业扶贫主要指各行各业在制定行业发展规划中，向贫困地区倾斜，从而完成国家确定的扶贫任务。行业扶贫实质上是从各个"条"上助力脱贫攻坚，发挥各行各业的专业优势。2011年《中国农村扶贫开发纲要（2011—2020年）》将行业扶贫确定为四大举措之一，具体内容包括科技扶贫、基础设施完善、教育扶贫、金融扶贫、财税扶贫、生态扶贫、社保兜底等。本书将对这些内容进行简要介绍。

1. 科技扶贫。贫困地区发展较慢的一个重要原因就是科技滞后，大力推广和普及农业先进生产技术，培育优良农产品，是提高农民收入，促进贫困地区发展的重要举措。

科技扶贫本质上将治穷与治愚相结合，通过提高农民的科技素养，积极推广良种良法，提高农产品自身市场竞争力。2001年，《中国农村扶贫开发纲要（2001—2010年）》中提出："加大科技扶贫力度，在扶贫开发过程中，必须把科学技术的推广和应用作为一项重要内容，不断提高科技扶贫水平。无论是种植业、养殖业、加工业，都必须有先进实用的科学技术作为支持和保证。要充分利用科技资源和科技进步的成果，调动广大科技人员的积极性，鼓励他们到贫困地区创业，加速科技成果转化"。2011年，《中国农村扶贫开发纲要（2011—2020年）》中进一步明确："围绕特色产业发展，加大科技攻关和科技成果转化力度，推动产业升级和结构优化。培育一批科技型扶贫龙头企业。建立完善符合贫困地区实际的新型科技服务体系，加快科技扶贫示范村和示范户建设。继续选派科技扶贫团、科技副县（市）长和科技副乡（镇）长、科技特派员到重点县工作。""2007年以来，农业农村部联合财政部启动建设了现代农业产业技术体系，组织大麦青稞、肉牛牦牛、绒毛用羊、水禽、蜂、特色淡水鱼等18

个体系的专家建立了产业技术顾问制度。在22个省份、832个贫困县组建4100多个产业扶贫技术专家组，帮助贫困地区编制规划、引进技术，对接新型经营主体，开展指导培训，把特色产业打造成支柱产业、富民产业。'十三五'期间，科技部也在国家重点研发计划中部署实施'七大农作物育种''智能农机装备'等重点专项，农业科技创新能力大幅提升，土地产出率、资源利用率、劳动生产率显著提高，农业科技进步贡献率从2015年的56%提高到2020年的60%以上"。①

案例——科学技术助力"三区三州"脱贫致富

2019年，中国农村技术开发中心向"三区三州"深度贫困地区和秦巴山集中连片特殊困难地区推介156项技术成果，涵盖种植业、养殖业、畜禽业、农产品加工等先进技术，这些技术成果主要来自科研院所和大专院校，他们利用自身的专业优势和技术优势，针对贫困地区农业特点，开发各类先进技术，推动当地扶贫产业稳步发展，促进贫困居民收入持续增加，在助力"三区三州"脱贫攻坚中发挥积极作用。为保障这些技术能够落实到位，2020年，科技部农村技术开发中心组织各大科研院所专家实地进行调研并指导科技服务。例如对怒江傈僳族自治州福贡县草果产业进行调研，指导草果种植、病虫防治、科技人才队伍建设等。目前，通过引进新技术，福贡县大力发展草果产业，全县80%的建档立卡贫困户受益。

资料来源：科技部网站（https：//www.most.gov.cn/kjbgz/201911/t20191128_150170.html）。

2. 完善基础设施。贫困地区基础设施落后，给居民生产生活带来诸多不便，也是贫困地区致贫的重要原因之一。为改善贫困地区基础设施，我国自开展大规模扶贫以来，均将完善基础设施作为重要扶贫内容。1994年"八七扶贫攻坚"时期，提出加强贫困地区基础设施建设，解决人畜饮水困难问题，2001年，配合西部大开发，国家在《中国农村扶贫开发纲要（2001—2010）》中提到，2010年前，基本解决贫困地区人畜饮水困难，力争做到绝大多数行政村通电、通路、通邮、通电话、通广播电视，这一时期瞄准的方向更加精准，主要聚焦贫困乡村，内容也更加丰富，由过去的饮水、通电、通公路扩展到通邮、通电话、通广播、通电视等。2011年，在《中国农村扶贫开发纲要（2011—2020年）》中进一步提出

① 对十三届全国人大四次会议第4897号建议的答复［EB/OL］.（2021-01-21）. https：//www.nrra.gov.cn/art/2022/1/21/art_2202_193594.html.

完善基础设施的要求，文件提出："加快贫困地区通乡、通村道路建设，积极发展农村配送物流。继续推进水电新农村电气化、小水电代燃料工程建设和农村电网改造升级，实现城乡用电同网同价。普及信息服务，优先实施重点县村村通有线电视、电话、互联网工程。加快农村邮政网络建设，推进电信网、广电网、互联网三网融合。"可见，这一时期相对于以往，由"加强基础设施建设"转变为"完善基础设施建设"，说明贫困地区的基础设施建设已经得到极大改善。

截至 2018 年末，贫困地区通电的自然村接近全覆盖；通电话、通有线电视信号、通宽带的自然村比重分别达到 99.2%、88.1%、81.9%，比 2012 年分别提高 5.9 个、19.1 个、43.6 个百分点。2018 年，贫困地区村内主干道路面经过硬化处理的自然村比重为 82.6%，比 2013 年提高 22.7 个百分点；通客运班车的自然村比重为 54.7%，比 2013 年提高 15.9 个百分点。

案例——江西：铺就"致富路"，催开"幸福花"

"要想富，先修路；要快富，修大路"。"十三五"以来，江西全省交通运输系统贯彻新发展理念，狠抓工作落实，当好交通先行官，扎实推进"三大攻坚行动、三大提升工程"和水运改革发展等中心工作，全省交通运输高质量跨越式发展取得显著成效。

安福县山庄乡连村村坐落在群山环绕之中，是江西省公路管理局定点帮扶村，五年来，通过筑路建桥完善基础设施、改善人居环境推进美丽乡村建设，发展集体产业助力脱贫攻坚，连村村年人均收入由 2015 年不到 2600 元，上升到 2020 年 17656 元，人均收入增长了 6 倍多，实现了整村脱贫，走上了"致富路"。连村发生的故事只是江西公路行业助力脱贫攻坚的一个缩影。近年来，全省各级公路部门广泛推行"交通＋特色产业""交通＋生态旅游"等扶贫模式，用心用情架起扶贫的"连心桥"，一条条资源路、旅游路、产业路让百姓走上了致富路。

安远县曾经是国家扶贫开发重点县，交通闭塞一度严重制约当地发展。近年来，在交通运输部倾情关怀和各级交通部门大力支援下，安远县交通运输局全面提升农村公路网等级，形成以高速、国省干线为主，县乡道和村村通为辅的综合交通网络，为当地脐橙、百香果等特色产业发展提供保障，让物流运输车可以直接开到村民家门口，黄澄澄的脐橙成了农民致富的"黄金果"。

万安县窑头镇横塘村是当地远近闻名的脐橙之乡，由于交通不便，当地果农一直不敢扩大种植面积。路修通后，摘下来的脐橙可以直接打包快递到全国各地，当地许多村民把种植脐橙当作致富的"金钥匙"。如今，脐橙漫山遍野，脐橙种植规模增长到1.2万亩，比2016年翻了一番，年产量达1000余万公斤，产值达4000余万元。脐橙多了，名气大了，村民们的致富想法也跟上了新潮流。横塘村举办的"脐橙采摘节"，成了当地旅游的热门项目，不但吸引了众多周围县市游客及村民游玩、采摘，还为横塘村的农家乐带来可观收入，带动当地乡村旅游业发展，水果产业成为横塘村农民增收的活水源头。从"村村通"到"组组通"，平坦宽阔的农村公路纵横交错，串起千家万户，牵紧了交通扶贫的"牛鼻子"，鼓起了村民"钱袋子"。

在绵延数百里的罗霄山脉南段东麓遂川县汤湖镇，茶业是当地经济的支柱产业。"以前交通不便，制约茶业发展。这两年路好走了，茶叶运输不愁了，茶叶生产企业都在扩规模，争相发展茶旅产业，实现了绿色生态茶园，推动茶业高质量发展。"当地公路部门负责人说。目前，汤湖镇建成了千亩以上生态观光茶园7个、美丽乡村9家。每年接待茶园观光游客10万余人次，带动500多户农户吃上旅游饭，200多户贫困户就业脱贫。

新余市公路管理局充分利用省公路管理局的扶贫项目资金修建了一条长8.14公里，宽7米的高岚至操场旅游扶贫公路，让藏在深山的山泗村"天官第""大夫第"成了旅游"打卡地"。"路通了，好日子就来了。"操场乡山泗村村民钟爱生感慨地说，我准备买辆车专门跑旅游班次，乡村的美景被越来越多人看到。

五年来，江西各级公路部门组成的驻村扶贫工作队深入293个帮扶村，启动各类帮扶项目314个，投入资金1.455亿元，修建公路481.8公里，桥梁27座（785.9延米），进一步延伸"乡间路"、打通"断头路"、疏通"梗阻路"，构成了城乡贯通、纵横交错、四通八达的农村路网，提高农村公路覆盖面和路面硬化率，着力改善群众出行环境，打通脱贫攻坚"快车道"，帮助5054户贫困户，2万余人彻底脱贫。五年来，江西省路网结构得到极大提升，川流不息的车流在日趋完善的公路网络上行驶，全省1.85万公里普通国省道，18.4万公里农村公路连接着繁华城市与广袤乡村的每一个角落，不但圆了村民出行梦，更成为农民奔小康的"致富路"和"幸福路"。

资料来源：江西省交通运输厅（http：//nrra. gov. cn/art/2021/1/22/art＿22＿186382. html）。

3. 教育扶贫。一直以来，教育扶贫均作为扶贫攻坚的主要内容，"治贫先治愚""扶贫与扶智相结合"等。教育扶贫不仅可以扫除文盲，提高技能，而且可以阻断代际之间的传递。对于贫困地区而言，教育扶贫就是要保障义务教育、发展学前教育、普及高中阶段教育、加快职业教育、政策倾斜高等教育等。基础教育方面，重点对教学环境、师资力量、生活补贴等方面加大投入，在民族地区，积极探索"十五年义务教育"（三年学期教育＋九年义务教育＋三年高中教育）。发展职业和技能培训教育，主要针对贫困对象开展各项技能培训，提升人力资本，从而满足就业市场的需求。目前我国针对技能培训教育，推出"两后生培训""雨露计划""阳光工程""春潮行动"等专项行动。政策倾斜高等教育，主要针对贫困地区和贫困家庭给予政策倾斜。政策倾斜高等教育方面，实施普通高校招生优惠政策，包括单列招生计划、开办民族班、增加建档立卡和民地区招生人数等。

我国一直以来都将教育扶贫作为脱贫致富的重要举措，1994 年"八七扶贫攻坚"时期，明确提出："改变贫困地区教育文化落后的情况，在20 世纪末普及初等教育、扫除青壮年文盲，开展成人职业技术教育和技术培训。"[①] 在此期间，国家开始实施第一期"国家贫困地区义务教育工程"，总投入 126 亿元。2001 年，在《中国农村扶贫开发纲要（2001—2010 年）》中明确提出："确保在贫困地区实现九年义务教育，进一步提高适龄儿童入学率。切实加强基础教育，普遍提高贫困人口受教育的程度。实行农科教结合，普通教育、职业教育、成人教育统筹，有针对性地通过各类职业技术学校和各种不同类型的短期培训，增强农民掌握先进实用技术的能力。"在此期间，国家开始实施第二期"国家贫困地区义务教育工程"，总投入 73.6 亿元。2011 年，在《中国农村扶贫开发纲要（2011—2020 年）》中，将"保障义务教育"作为"两不愁，三保障"的重要内容，主要目标为："到 2015 年，贫困地区学前三年教育毛入园率有较大提高；巩固提高九年义务教育水平；高中阶段教育毛入学率达到80%；保持普通高中和中等职业学校招生规模大体相当；提高农村实用技术和劳动力转移培训水平；扫除青壮年文盲。到 2020 年，基本普及学前教育，义务教育水平进一步提高，普及高中阶段教育，加快发展远程继续教育和社区教育。"在具体举措上："加快寄宿制学校建设，加大对边远贫困地区学前教育的扶持力度，逐步提高农村义务教育家庭经济困难寄宿生

---

① 八七扶贫攻坚计划［EB/OL］. (2020 – 11 – 25). http：//www. nmgdj. gov. cn/fccommon/home/index? plate _ id = 499&cid = 1555726&viewType = 2&detail _ type = 1&wd = &eqid = a89826d000a1275600000002644e5000.

生活补助标准。免除中等职业教育学校家庭经济困难学生和涉农专业学生学杂费，继续落实国家助学金政策。在民族地区全面推广国家通用语言文字。推动农村中小学生营养改善工作，关心特殊教育，加大对各级各类残疾学生扶助力度，继续实施东部地区对口支援中西部地区高等学校计划和招生协作计划。"

案例——乐山市：书写时代赋予答卷阻隔贫困代际传递

乐山市教育系统紧紧围绕"两不愁、三保障、四个好"的脱贫攻坚目标，在"贫智双扶，穷愚双治"的扶贫思路引领下，坚持"干在实处、走在前列"的工作取向，通过找准切入点、抓好关键点和薄弱点、突出结合点，集中发力、全力攻关，全力推进教育专项扶贫，探索出具有乐山特色的教育扶贫模式，市教育局连续三年被市委、市政府评为脱贫攻坚先进集体。三年来，全市教育扶贫专项共投入资金 12.67 亿元，四个贫困县先后通过义教均衡达标验收，教育发展硬件、软件实现快步升级。

（一）抓义务教育，均衡发展有序推进。一是"控辍保学"执行有力。完善"六长责任制"，落实县级相关部门、教育行政部门、乡镇（街道）、村（社区）、学校和适龄儿童父母或其他监护人"控辍保学"责任。二是惠民政策落地生根。三年共为各级各类学校学生提供资助 34.21 万人，发放资助金 5.53 亿元，实现了不让一名学生因贫失学的目标。三是办学条件持续提升。扎实推进"全面改薄""两房建设"等项目，三年共投入 4.62 亿元改善办学条件，彻底消除彝区"两人一铺"现象。四是改革创新激励机制。在"三县一区"扩面实施"青少年教育促进计划"，114 所义务教育学校、29848 名学生参与，其中，2018 年春季学期，发放各类奖励资金 247.24 万元，奖励学生、教师、贫困户共 22835 人次；组织 40 名品学兼优的贫困学生代表参加市级暑期研学活动。

（二）抓民族教育，扶贫协作纵深推进。一是对口帮扶美姑教育。着力办好乐山一中"美姑班"，逐步建设网络同步课堂；两地 47 所中小学校实现全覆盖结对帮扶，选派支教老师和管理干部 100 余人，开展送培送教、工作坊研修、心连心、手拉手等活动 500 余次。二是加大东西协作力度。浙江省投入 948 万元帮扶我市 20 个建设项目，惠及 1.32 万名学生；浙江来乐山考察、支教教师 51 人次，乐山赴浙江交流学习 172 人次。三是统筹实施民族地区教育扶贫项目建设。实施民族教育发展"十年行动计划"，三年共投入 3755 万元；实施教育扶贫提升工程，三年共投入 6844 万元。

（三）抓职业教育，技能培训成效显著。一是全面实施"9＋3"免费职业教育。三年来，彝区"9＋3"免费职业教育项目共招收学生2799人。"9＋3"毕业生就业率由96%提高到100%。二是全面实施"市县联动，名校引领"战略。深化乐山一职中对峨边职中的帮扶引领，推荐遴选干部到峨边职中任校长，组织骨干教师赴峨边支教，两校联合开展交流培训活动。乐山职业技术学院先后与马边、沐川县政府签署院地合作协议，正式托管两县职中。马边、峨边、沐川职中纳入东部职教援建项目，与浙江4所重点职业院校达成协作援建协议，签订"1＋2"分段合作培养协议，双方互派管理团队、骨干教师等交流学习。

资料来源：中华人民共和国教育部（http://www.moe.gov.cn/jyb_xwfb/xw_zt/moe_357/jyzt_2019n/2019_zt27/jyjs/sichuan/201910/t20191031_406215.html）。

4. 金融扶贫。金融资金往往能起到"四两拨千斤"的作用，金融扶贫主要对贫困地区、贫困户实施差别化的信贷政策，支持贫困户自身发展，帮助贫困户解决资金困难的问题。金融企业为农户建立金融信息档案，可以发挥财政金融"组合拳"，让农户既可以享受金融小额贷款，又可以享受财政的贷款贴息，真正发展普惠式金融，提升贫困户自身"造血"能力。

在金融信贷扶持种类中，目前主要形式为小额信贷扶贫，具体包括四类，分别为农村小额信贷、贫困地区村级发展互助资金、农村资金互助社、社区发展基金等。自实施脱贫攻坚以来，小额信贷扶贫资金累计发放7100亿元，扶贫再贷款累计发放6688亿元，金融精准扶贫贷款发放9.2亿元，累计支持贫困人口9000多万人次。同时，大力发展普惠金融，推动贫困地区和贫困人口信用体系建设，截至2020年，贫困地区支付服务村级行政区覆盖率达99.7%，全国累计为1.9亿农户建立信用档案。[1]

我国自20世纪80年代就已经开始大力发展金融扶贫，在"八七扶贫攻坚"时期，"中央明确提出继续提供10亿元扶贫贴息贷款，原来由人民银行和专业银行办理的国家扶贫贷款，从1994年起全部划归中国农业发展银行统一办理"[2]。2001年，《中国农村扶贫开发纲要（2001—2010年）》中明确提出："继续安排并增加扶贫贷款。中国农业银行要逐年增加扶贫贷款总量，主要用于重点贫困地区，支持能够带动贫困人口增加收

---

① 国务院新闻办就2021年上半年金融统计数据情况举行发布会［EB/OL］.（2021-07-14）. https：//www.gov.cn/xinwen/2021-07/14/content_5624979.htm.

② 八七扶贫攻坚计划［EB/OL］.（2020-11-25）. http：//www.nmgdj.gov.cn/fccommon/home/index？plate_id=499&cid=1555726&viewType=2&detail_type=1&wd=&eqid=a89826d000a1275600000002644e5000.

入的种养业、劳动密集型企业、农产品加工企业、市场流通企业以及基础设施建设项目。对各类企业到贫困地区兴办的有助于带动贫困户增加收入的项目，应视项目效益给予积极支持。在保障资金安全的前提下，适当放宽贫困地区扶贫贷款项目的条件，根据产业特点和项目具体情况，适当延长贷款期限。积极稳妥地推广扶贫到户的小额信贷，支持贫困农户发展生产。扶贫贷款执行统一优惠利率，优惠利率与基准利率之间的差额由中央财政据实补贴。"据统计，2001~2010年，中央财政累计安排扶贫贷款贴息资金达54.15亿元，贷款接近2000亿元。2011年，《中国农村扶贫开发纲要（2011—2020年）》中继续指出："继续完善国家扶贫贴息贷款政策。积极推动贫困地区金融产品和服务方式创新，鼓励开展小额信用贷款，努力满足扶贫对象发展生产的资金需求。继续实施残疾人康复扶贫贷款项目。尽快实现贫困地区金融机构空白乡镇的金融服务全覆盖。引导民间借贷规范发展，拓宽贫困地区融资渠道。鼓励和支持贫困地区县级法人金融机构将新增可贷资金70%以上留在当地使用。"

在金融扶贫的各类信贷中，农村小额信贷主要来自国家财政资金的扶贫贴息贷款，2016年至2020年末，全国累计发放扶贫再贷款7501亿元；在金融扶贫政策引导下，截至2020年底，全国发放贫困人口贷款余额7881亿元。[1] 此外，国家也在鼓励发展一批新型互助组织，社区发展资金是我国农村自发性融资扶贫模式，主要利用外部财政资金或援助资金，同时吸纳当地社区居民入股；农村资金互助社，主要依靠"信用"将各类生产者联结在一起，"一荣俱荣，一损俱损"，各级政府为支持农村互助社的发展，主要利用财政专项扶贫资金作为互助社启动资金。自2004年，银监会批准首家农村资金互助社以来[2]，在国家大力支持下，农村互助社得到迅速发展，2008年底，全国在28个省4122个村建立农村资金互助社，规模达6.6亿元。2013年，农村互助社进一步发展，全国在28个省2.07万个村建立农村互助社，覆盖194.54万人，资金总额达49.63亿元（岳要鹏，2015）。

案例——人民银行屯留支行积极推动金融精准扶贫

屯留县地处上党盆地西部边沿，全县294个行政村建档设卡的贫困人

---

① 交出金融助力脱贫攻坚的精彩答卷［EB/OL］．（2021-07-01）．https：//www.financialnews.com.cn/ncjr/focus/202107/t20210701_222315.html.

② 第一家为梨树县闫家村百信农村资金互助社。

口有 7842 名，占全县 26.9 万人口的 3%。为推动金融精准扶贫，屯留支行主动作为，积极调研摸实情，以低利率、低成本引导信贷投向贫困村贫困户，多措并举帮助贫困户脱贫。

屯留支行牵头起草《屯留县关于全面推进金融精准扶贫工作的实施意见》，成立以分管金融工作的副县长为组长，由县扶贫办、经信局、财政局、发改局、人民银行、金融办、银监办及各金融机构、保险公司负责人为成员的领导组。领导组办公室设在县人行，专门抽调一名股长干部担任办公室主任，负责金融扶贫沟通联系、协调汇总等日常事务。全县组建了八个金融扶贫小分队，提出了"三结合、四到位"的工作要求。"三结合"即：一是政策与目标相结合。就是要根据扶贫项目的要求，选择相应的金融政策进行结合，充分用足用活各项扶贫贷款政策。二是机构与村户相结合。就是各金融机构要对所分包的村和户进行结合做好对接，精准扶贫到户到人，做好示范效应。三是服务与需求相结合。就是要深入到村到户，摸清扶贫工作的具体需求，有针对性地开展全方位金融服务。"四到位"即：精准识别到位，资金投入到位，扶贫措施到位，金融服务到位。

根据意见要求，主动深入各金融机构，共同下乡调研，共同商讨对策，在推进扶贫的实践中探索了四类金融扶贫模式。

模式一：公司＋合作社＋贫困户。屯留农商行首批选择余吾镇小常村、上莲乡神渠村、张店镇河西村、河神庙乡圪套村、吾元镇庙儿脚村、李高乡北宋村 6 个行政村进行帮扶，与屯留县绿海丰农业开发有限公司签署了合作协议，为该企业授信 400 万元。目前，已为该公司发放支农贷款 280 万元，带动了周边 5 个村、22 户农村贫困户进行土地流转、蔬菜种植和打工，人均年收入可增收 3000 元左右。

模式二：光伏扶贫。屯留三禾村镇银行在该行帮扶的张店镇河西村，为该村建档设卡的 9 户贫困户，统一以 3.85% 的年优惠贷款利率、每户 3 万元的信贷额度与石家庄科林电器股份有限公司合作，安装光伏太阳能发电，截至 10 月末，全县光伏扶贫 336 户，发放贷款 1247.8 万元，户均贷款 3.71 万元，预计贫困户每户每年可增收 3400 多元。

模式三：易地搬迁脱贫。由农业发展银行总行与国务院扶贫办签订的扶贫搬迁人员资金，涉及屯留县贫困户 96 人，第一批 30.24 万元、第二批 46.84 万元，县农发行提前介入，深入了解，边核实边拨付，目前资金已全部拨付到户。

模式四：保险扶贫。中国人寿屯留支公司，通过与当地政府的协调合作，已为屯留县建档立卡的贫困人员参加了每人 68 元，共计 53.33 万元的重大疾病保险。

资料来源：太原中心支行（http：//taiyuan.pbc.gov.cn/taiyuan/133958/3268418/index.html）。

5. 财政资金支持。针对贫困地区，中央一直采用"资金 + 政策"的方式支持当地发展，特别是分税制改革以来，中央不断加大对贫困地区的转移支付力度。贫困地区自身经济基础薄弱，财政能力有限，主要依靠上级政府的财政转移支付。

从表 4.5 可以看出，国家扶贫开发重点县财政转移支付已经由 2001 年的 608.35 亿元增加至 2009 年的 4473.02 亿元，年均增加 483 亿元，年平均增长率高达 28.6%，特别是 2006 年之后，每年都有超过千亿元的绝对规模在增长。在扣除上解之后，净转移支付总额也在不断增加，2001 年国家扶贫开发重点县净转移支付总额仅为 579.18 亿元，到 2009 年这一规模也已经达到了 4362.64 亿元，增长较为明显。人均净转移支付由 2001 年的 271.39 元增长至 1911.76 元。2010 年之后，国家也不断加大对国家扶贫开发重点县的财政转移支付规模，但《全国地市县财政统计资料》仅统计至 2009 年。为弥补这一缺陷，笔者重新对国家扶贫开发重点县财政转移支付进行统计，经手工整理测算，2010 ~ 2018 年国家扶贫开发重点县财政转移支付分别为 5767.02 亿元、6337.53 亿元、7800.5 亿元、9433.77 亿元、10448.2 亿元、11261.64 亿元、12290.78 亿元、13571.93 亿元、14736.37 亿元。

表 4.5　　　　2001 ~ 2009 年国家扶贫开发重点县财政转移支付概况

年份	转移支付总额（亿元）	净转移支付总额（亿元）	人均转移支付总额（元）	人均净转移支付总额（元）	转移支付总额增长速度（%）	净转移支付总额增长速度（%）
2001	608.35	579.18	285.06	271.39	—	—
2002	770.25	743.22	359.14	346.54	26.61	28.32
2003	858.01	828.55	397.04	383.41	11.39	11.48
2004	1121.15	1079.17	514.31	495.05	30.67	30.25
2005	1390.46	1337.55	634.28	610.14	24.02	23.94
2006	1805.62	1749.64	813.21	788.00	29.86	30.81
2007	2386.93	2317.76	1067.45	1036.52	32.19	32.47

年份	转移支付总额（亿元）	净转移支付总额（亿元）	人均转移支付总额（元）	人均净转移支付总额（元）	转移支付总额增长速度（%）	净转移支付总额增长速度（%）
2008	3372.33	3283.09	1488.62	1449.23	41.28	41.65
2009	4473.02	4362.64	1960.13	1911.76	32.64	32.88

注：净转移支付为转移支付总额扣除上解的部分。目前官方公开的县级财政收支平衡最新数据为2009年。

资料来源：《全国地市县财政统计资料》（北京：中国财政经济出版社）。

在各类财政转移支付中，中央财政专门设置专项扶贫资金，具体包括扶贫贴息贷款、以工代赈、各类发展资金等，表4.6详细介绍了2001～2010年专项资金结构。

表 4.6   **专项扶贫资金的结构**   单位：亿元

年份	资金合计	扶贫贴息贷款累计发放额	中央财政扶贫资金	以工代赈	中央专项退耕还林还草工程补助	省级财政安排的扶贫资金	利用外资	其他资金
2001	229.8	105.7	32.4	39.7	—	8.3	18.2	25.5
2002	250.1	102.5	35.8	39.9	22.6	9.9	17.6	22.0
2003	277.6	87.5	39.6	41.8	37.4	10.4	31.5	29.4
2004	292.0	79.2	45.9	47.5	45.2	11.6	34.5	28.0
2005	264.0	58.4	47.9	43.3	44.0	9.6	29.0	31.8
2006	278.3	55.6	54.0	38.5	46.1	10.8	30.9	42.5
2007	316.7	70.5	60.3	35.4	63.2	14.2	19.1	54.0
2008	367.7	84.0	78.5	39.3	51.5	18.9	14.1	81.4
2009	456.7	108.7	99.5	39.4	64.2	23.4	21.3	100.2
2010	515.1	116.1	119.9	40.4	52.1	25.4	20.1	141

资料来源：《全国地市县财政统计资料》（北京：中国财政经济出版社）。

从表4.6可以看到，2001年专项扶贫资金为229.8亿元，2010年已经达到515.1亿元，其中，扶贫贴息贷款和重要财政扶贫资金占比较大，2010年扶贫贴息贷款116.1亿元，占整个专项扶贫资金22.54%，其次为中央财政扶贫发展资金，2010年此项资金规模为119.9亿元，以工代赈整体规模不大，基本维持在 40 亿元左右。

2012 年中央专项扶贫资金为 332.05 亿元，2020 年已经提升至 1460.45 亿元，增长近 4.4 倍。2016 年增长率最高，达到 42.79%，2016～2020 年，中央专项扶贫资金年平均增长率超过 25%，可见中央对贫困地区的财政支持力度不断增加（见图 4.6）。

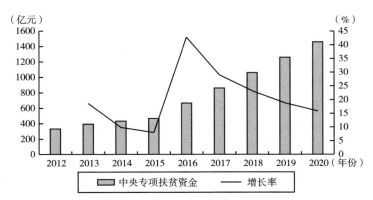

图 4.6　2012～2020 年中央专项扶贫资金及增长率

资料来源：根据 2021 年《中国扶贫开发年鉴》整理获得（北京：知识产权出版社，2022 年 3 月）。

当然，在大扶贫格局中，各类支农财政转移支付均起到扶贫的作用，专项扶贫资金仅是其中一小部分。表 4.7 详细介绍专项扶贫资金的用途，包括生产项目、基建项目、培训及教育项目等，专项扶贫资金专款专用，"直达病灶"，能够很好实现精准扶贫的目的。

表 4.7　　　　　　　　　　专项扶贫资金的用途　　　　　　　　　单位：亿元

指标名称	2002 年	2003 年	2004 年	2005 年	2006 年	2007 年	2008 年	2009 年	年均增长（%）
扶贫资金总额	250.1	276.7	290.8	263.4	280.6	313.8	364.9	453.9	8.9
一、生产项目									
种植业	25.2	22.2	26.2	23.6	31.5	39.4	48.8	68.9	15.5
林业	27.0	37.4	45.9	46.2	48.1	53.6	55.7	69.9	14.6
养殖业	22.9	24.7	25.5	23.2	27.0	31.5	40.5	52.4	12.5
农产品加工	15.6	17.3	15.3	10.2	13.0	11.0	17.1	19.7	3.4

指标名称	2002 年	2003 年	2004 年	2005 年	2006 年	2007 年	2008 年	2009 年	年均增长（%）
其他生产行业	22.0	22.3	19.0	21.8	16.5	18.7	16.0	17.3	-3.4
二、基建项目									
基本农田建设	15.3	16.8	16.8	15.5	14.5	13.9	16.0	21.4	4.9
人畜饮水工程	12.2	12.1	11.1	10.2	11.2	13.7	15.3	21.2	8.2
道路修建及改扩建	49.5	36.1	34.6	35.2	38.6	47.6	62.6	67.8	4.6
电力设施	14.5	37.0	26.9	16.6	12.1	10.1	9.7	7.5	-9.0
电视接收设施	1.6	1.7	1.4	1.1	0.9	1.0	0.9	1.8	2.1
学校及设备	6.3	5.6	5.6	6.4	3.9	3.6	5.6	7.3	2.3
卫生室及设施	3.5	3.7	3.9	2.9	3.1	2.9	3.4	4.4	3.3
三、培训及教育项目									
技术培训及推广	2.0	2.1	2.7	3.5	4.2	4.0	4.5	5.2	15.1
资助儿童入学	1.8	2.0	2.3	2.4	2.5	2.9	2.3	3.5	10.2
四、其他	30.8	35.8	53.5	44.7	53.6	60.1	66.5	85.5	15.7

资料来源：《全国地市县财政统计资料》（北京：中国财政经济出版社）。

中央除在财政资金上给予扶持以外，在财税政策方面也给予较多的优惠政策，重点支持中西部地区以及特困地区的发展，特别是西部大开发之后，国家一直以来在政策与资金上都给予特殊照顾，支持力度不断加大。而大部分国家扶贫开发重点县属于中西部地区，也属于特困地区，所以这些地区可以享受大量优惠政策。在 2020 年完成脱贫攻坚任务之后，国家发展改革委、财政部、国家税务总局、人力资源和社会保障部等一方面针对巩固拓展脱贫攻坚成果与乡村振兴有效衔接工作部署，出台新的相关财税优惠政策，另一方面针对之前西部大开发和贫困地区的税收优惠政策，继续延长实施期限，包括易地扶贫搬迁、贫困人口等重点人群就业等，本书在此简要列举一些政策（见表4.8）。

表 4.8 　　　　　　　　西部大开发及贫困地区税收优惠政策（节选）

政策类别	政策内容	政策来源
增值税	1. 建档立卡贫困人口、持《就业创业证》（注明"自主创业税收政策"或"毕业年度内自主创业税收政策"）或《就业失业登记证》（注明"自主创业税收政策"）的人员从事个体经营的，自办理个体工商户登记当月起，在 3 年（36 个月）内按每户每年 12000 元为限额依次扣减其当年实际应缴纳的增值税、城市维护建设税、教育费附加地方教育附加和个人所得税。限额标准最高可上浮 20%，各省、自治区、直辖市人民政府可根据本地区实际情况在此幅度内确定具体限额标准。 2. 企业招用建档立卡贫困人口，以及在人力资源和社会保障部门公共就业服务机构登记失业半年以上且持《就业创业证》或《就业失业登记证》（注明"企业吸纳税收政策"）的人员，与其签订 1 年以上期限劳动合同并依法缴纳社会保险费的，自签订劳动合同并缴纳社会保险当月起，在 3 年内按实际招用人数予以定额依次扣减增值税、城市维护建设税、教育费附加、地方教育附加和企业所得税优惠。定额标准为每人每年 6000 元，最高可上浮 30%，各省、自治区、直辖市人民政府可根据本地区实际情况在此幅度内确定具体定额标准。城市维护建设税、教育费附加、地方教育附加的计税依据是享受本项税收优惠政策前的增值税应纳税额。 3. 自 2019 年 1 月 1 日至 2022 年 12 月 31 日，对单位或者个体工商户将自产、委托加工或购买的货物通过公益性社会组织、县级及以上人民政府及其组成部门和直属机构，或直接无偿捐赠给目标脱贫地区的单位和个人，免征增值税。在政策执行期限内，目标脱贫地区实现脱贫的，可继续适用上述政策。 4. 边境地区居民通过互市贸易进口的生活用品（列入边民互市进口商品不予免税清单的除外），每人每日价值在人民币 8000 元以下的，免征进口关税和进口环节增值税、消费税	《财政部　税务总局　人力资源和社会保障部　国务院扶贫办关于进一步支持和促进重点群体创业就业有关税收政策的通知》《财政部　税务总局　国务院扶贫办关于扶贫货物捐赠免征增值税政策的公告》《边民互市贸易管理办法》
企业所得税	1. 自 2021 年 1 月 1 日至 2030 年 12 月 31 日，对设在西部地区的鼓励类产业企业减按 15% 的税率征收企业所得税。本条所称鼓励类产业企业是指以《西部地区鼓励类产业目录》中规定的产业项目为主营业务，且其主营业务收入占企业收入总额 60% 以上的企业。 2. 自 2019 年 1 月 1 日至 2022 年 12 月 31 日，企业通过公益性社会组织或者县级（含县级）以上人民政府及其组成部门和直属机构，用于目标脱贫地区的扶贫捐赠支出，准予在计算企业所得税应纳税所得额时据实扣除。在政策执行期限内，目标脱贫地区实现脱贫的，可继续适用上述政策。"目标脱贫地区"包括 832 个国家扶贫开发工作重点县、集中连片特困地区县（新疆阿克苏地区 6 县 1 市享受片区政策）和建档立卡贫困村。企业同时发生扶贫捐赠支出和其他公益性捐赠支出，在计算公益性捐赠支出年度扣除限额时，符合上述条件的扶贫捐赠支出不计算在内。	《关于延续西部大开发企业所得税政策的公告》《财政部　税务总局 国务院扶办关于企业扶贫捐赠所得税税前扣除政策的公告》

政策类别	政策内容	政策来源
企业所得税	3. 自 2008 年 1 月 1 日起至 2010 年底，对国内外经济组织作为投资者，以其在境内取得的缴纳企业所得税后的利润，作为资本投资于西部地区开办集成电路生产企业、封装企业或软件产品生产企业，经营期不少于 5 年的，按 80% 的比例退还其再投资部分已缴纳的企业所得税税款。 4. 对设在中西部地区的国家鼓励的外商投资企业，在 5 年的减免税期满后，还可延长 3 年减半征收所得税。对外商投资设立的先进技术型企业，可享受 3 年免税、6 年减半征收企业所得税待遇；对出口型企业，除享受上述两免三减所得税优惠外，只要企业年出口额占企业总销售额的 70% 以上，均可享受减半征收企业所得税的优惠；对外商投资企业在投资总额内采购国产设备，如该类进口设备属进口免税目录范围，可按规定抵免企业所得税	《财政部 国家税务总局关于企业所得税若干优惠政策的通知》《国务院关于实施企业所得税过渡优惠政策的通知》
个人所得税	1. 个人将其所得对教育、扶贫、济困等公益慈善事业进行捐赠，捐赠额未超过纳税人申报的应纳税所得额 30% 的部分，可以从其应纳税所得额中扣除。 2. "国际青少年消除贫困奖"，免征个人所得税。 3. 对易地扶贫搬迁贫困人口按规定取得的住房建设补助资金、拆旧复垦奖励资金等与易地扶贫搬迁相关的货币化补偿和易地扶贫搬迁安置住房（以下简称安置住房），免征个人所得税	《个人所得税法》《财政部 国家税务总局关于易地扶贫搬迁税收优惠政策的通知》
契税	1. 对易地扶贫搬迁贫困人口按规定取得的安置住房，免征契税。 2. 对易地扶贫搬迁项目实施主体（以下简称项目实施主体）取得用于建设安置住房的土地，免征契税、印花税。 3. 对项目实施主体购买商品住房或者回购保障性住房作为安置住房房源的，免征契税、印花税	《财政部 国家税务总局关于易地扶贫搬迁税收优惠政策的通知》
土地增值税	除保障性住房外，东部地区省份预征率不得低于 2%，中部和东北地区省份不得低于 1.5%，西部地区省份不得低于 1%	《关于加强土地增值税征管工作的通知》
其他	1. 对安置住房建设和分配过程中应由项目实施主体、项目单位缴纳的印花税，予以免征。 2. 对安置住房用地，免征城镇土地使用税。 3. 在商品住房等开发项目中配套建设安置住房的，按安置住房建筑面积占总建筑面积的比例，计算应予免征的安置住房用地相关的契税、城镇土地使用税，以及项目实施主体、项目单位相关的印花税	《财政部 国家税务总局关于易地扶贫搬迁税收优惠政策的通知》

6. 生态扶贫。我国超过 70% 的贫困地区也是生态脆弱县，在可持续发展理念下，必须构建扶贫与生态环境之间的良性循环机制，在扶贫过程中，必须将扶贫与生态结合起来，通过"生态补偿脱贫一批"。一方面既要帮助

贫困人口脱贫致富，又要保护脆弱的生态环境。目前，我国已经出台很多生态扶贫的举措，例如退耕还林还草补贴、森林生态效益补偿、草原生态保护补助奖励、跨省流域生态保护补偿试点等。因此，在扶贫过程中，不能破坏生态环境，必须坚持"绿水青山就是金山银山"的理念，确保经济社会可持续、高质量发展。

此外，国家在"十三五"规划中明确提出十一个重大生态建设扶贫工程和四个生态保护补偿机制。《国民经济和社会发展第十四个五年规划和2035年远景目标纲要》（以下简称"十四五"规划）提出："实施可持续发展战略，完善生态文明领域统筹协调机制，构建生态文明体系，推动经济社会发展全面绿色转型，建设美丽中国。"这些举措在实践中已经取得可喜的成绩。例如，"十二五"时期以来，云南贫困县退耕还林还草达421万亩，内蒙古荒漠化、沙漠化面积分别减少625万亩和515万亩（张永军，2017）。

案例——践行"两山理论"，乡村旅游助脱贫

隆冬时节，大别山麓万木葱茏，风景如画。信阳地处鄂豫皖三省交界，依山傍水，豫风楚韵，红色与绿色在此交相辉映。

2019年9月，带着对老区人民的牵挂，习近平总书记来到信阳，留下了殷殷嘱托：要把革命老区建设得更好，让老区人民过上更好生活。

年末岁尾，在巩固拓展脱贫攻坚成果与乡村振兴有效衔接第一年，带着"两个更好"嘱托，沿着总书记视察的足迹，走访信阳新县、光山等地，感受老区人民的生活变化。

冬日午后，新县田铺大湾古朴祥和。沿着村间小路，走进"老家寒舍"民宿店，韩光莹的爱人正在忙着。"总书记来了之后，民宿生意很红火，电话不断。"韩光莹兴奋地说。

自巩固拓展脱贫攻坚成果以来，新县田铺乡田铺大湾依托丰富的红色历史、绿色生态及乡村旅游资源，大力发展旅游产业，延伸旅游产业链条，带动农户和脱贫群众发展民宿、农家乐。

"去年，把民宿旁边的小厨房改造成了6平方米的小店，主营茶叶、糍粑、葛根饼等土特产，也做线上营销。"韩光莹腼腆地笑着说。随着新县乡村旅游持续升温，特色农业、土特产品加工业、教育培训业等产业快速发展。"民宿生意加上小店营生，一年算下来收入将近二十万吧。"接下来，韩光莹有着自己的打算：来年，收拾村后闲置空地，打造"老家寒舍"小花园，对外销售盆景栽培、木雕，又多一条创收路。

在韩光莹带动下，10多户乡亲开办民宿。在老家寒舍旁边，有一家叫

"易田铺"的民宿，主人叫韩光礼。起初，房子是土坯房，一直闲置，无人问津。在韩光莹的帮助下，韩光礼把屋里屋外进行了修缮，如今，家具家电、网线、独立卫生间一应俱全。

"现在一个月至少有4000多元收入，比原来日子强太多了。"韩光礼高兴地说。

田铺大湾群山环抱，一排排土坯房错落有致。漫步在村里，路面干净，环境优美，基础设施和公共服务完善齐全，处处是风景、路路皆景廊，宜居宜游。

"我们大力实施基础设施建设和旅游服务提升工程，在'全域旅游、全景田铺'上做文章。"新县田铺乡副乡长徐再志介绍，旅游发展带动脱贫户发展民宿、农家乐，目前有旅游从业人员1800余人，户均增收4000余元。

"把乡镇作为一个景点来构图，把村庄作为一个小品来设计，乡村旅游'串珠成链'。"近年来，新县按照"魅力县城、特色小镇、美丽乡村"的发展思路，致力于打造"全域旅游+产业融合"的生态旅游模式。

"我们立足'红绿古'优势，千方百计促脱贫户稳定增收。"新县乡村振兴局局长黄成光介绍，全县打造"九镇十八湾"乡村旅游品牌，带动32个乡村旅游扶贫重点村11321户脱贫户实现稳定脱贫，84.34%的建档立卡脱贫群众在全域旅游发展各环节受益。

今日的田铺大湾已成为大别山里一个充满朝气、富有活力、极具魅力的幸福山村。

资料来源：人民网河南频道（http://nrra.gov.cn/art/2022/1/4/art_4316_193264.html）。

7. 社保兜底。社会保障，从字面理解兼具社会性和保护性，本质上具有保护社会弱势群体的作用。改革开放以来，我国积极发展社会保障制度，并将社会保障兜底职能作为"五个一批"中的重要内容之一。

在扶贫领域，社会保障也一直被赋予重要职能，早在"八七扶贫攻坚"时期明确提出："建立和健全社会保障体系，为贫困人口中优抚、救济对象创造基本生活条件。"在2011年《中国农村扶贫开发纲要（2011-2020年)》中，文件要求："逐步提高农村最低生活保障和五保供养水平，切实保障没有劳动能力和生活常年困难农村人口的基本生活。健全自然灾害应急救助体系，完善受灾群众生活救助政策。加快新型农村社会养老保险制度覆盖进度，支持贫困地区加强社会保障服务体系建设。加快农村养老机构和服务设施建设，支持贫困地区建立健全养老服务体系，解决广大老年人养老问题。""十四五"规划中提出："完善农村社会保障和救助制度，健全农村低收入人口常态化帮扶机制。"

在实践中，民政部、人社部、卫健委等部门积极发挥自身优势，发挥社会保障的扶贫职能，例如为建档立卡贫困户代缴养老保险、为贫困户购买"防贫保险"以抵御自然灾害带来的返贫、为建档立卡贫困户就医与报销设置"绿色通道"、提高农村最低生活保障水平、为失业人员提供失业补助、为贫困人口就业人员提供就业奖励等措施。特别是党的十八大以来，我国农村社会保障制度不断健全，以农村低保为例，农村低保范围不断扩大，保障水平不断提升。截至 2018 年，全国农村低保对象 2038 万户，涉及 3695 万人。

案例——精准识别代缴人员　持续注入账户资金

近年来，人社部门积极发挥"社保扶贫保生活"职能优势，调整优化社保扶贫政策、创新工作方法，推动贫困人口基本养老保险应保尽保，防止贫困劳动力因年老、工伤、失业等原因返贫致贫。三个方面发力，成效看得见。

首先，政策发力，帮助贫困人员参加城乡居民养老保险，切实发挥社会保障的兜底功能，制定实施代缴政策，明确各级财政为建档立卡未标注脱贫的贫困人员、低保对象和特困人员等困难群体代缴城乡居民基本养老保险保费等，为解决贫困人员的参保问题打开了政策通道。之后又进一步明确政策，将年满 60 周岁但未领取基本养老保险待遇的贫困人员纳入城乡居民基本养老保险制度，按月发放待遇。其次，实施大数据找人，实现贫困人口基本养老保险应保尽保。通过全民参保登记计划，基本摸清了全国应参保人员的底数，建立了含有 13 亿多人口数据的全民参保数据库，为社保精准扶贫打下了基础。与国务院扶贫办建立社保扶贫信息共享机制，定期将国务院扶贫办提供的建档立卡贫困人员信息与基本养老保险联网数据和全民参保数据进行比对，依托人社扶贫信息平台，直接将有关数据发给基层经办机构，为精准参保提供数据支持，减轻了各地的工作负担。各地人社部门通过跨地区、跨部门的信息比对，依靠社保协办员、村委会、扶贫工作队等基层工作力量，像"过筛子"一样，把建档立卡贫困人员一个一个都找出来，从根子上解决"找不到人"的问题。过去几年，人社部先后开展了 3.2 亿人次的数据比对，核实完成率 100%。同时，加大宣传力度，改进宣传方式，向贫困人员宣传党的好政策，使贫困人员认识到参保的好处，增强了参保积极性。目前，全国建档立卡贫困人员参加基本养老保险人数 6098 万人，参保率长期稳定在 99.99%。2017 年代缴政策实施以来，共为 1.19 亿困难人员代缴城乡居民基本养老保险费 129 亿元，基本实现了建档立卡贫困人员应保尽保。2020 年底，超过 3014 万贫困老年人按月领取基本养老保险待遇，其中建档立卡贫困老人 1735 万人。

最后，协调推进，织密扎牢社会保障安全网。建立城乡居民基本养老保险待遇确定和基础养老金正常调整机制，目前全国城乡居民养老保险待遇水平是月人均 170 元。通过推动工伤保险按项目参保、失业保险扩围提标等，帮助贫困劳动力按规定参加工伤、失业保险，防止因工伤、因失业等陷入贫困。同时，加强贫困地区社保经办服务能力建设，为群众提供方便快捷的社保经办服务。下一步，人社部门将着力巩固人社扶贫成果，拓展政策帮扶效应，加强与乡村振兴的有效衔接。

资料来源：根据人力资源和社会保障部网站资料改编（http://www.mohrss.gov.cn/SYrlzyhshbzb/ztzl/rsfp/rsddfp/202101/t20210120_408014.html）。

（三）大扶贫格局社会扶贫

为打赢脱贫攻坚战，全国上下积极参与到扶贫工作，形成大扶贫格局，包括定点扶贫、东西部协作、企业和社会各界社会帮扶等。

1. 定点扶贫。定点扶贫是我国特色扶贫开发工作的重要组成部分，是指党政军机关、企业以及社会团体，利用自身资源优势，对贫困地区进行定点帮扶（汪三贵，2005）。定点扶贫最早可追溯至 1986 年，当时中央提出从机关中挑选优秀干部支持贫困地区，第一个实践定点扶贫省份为贵州省，该省从党政机关挑选 3300 名优秀干部参与贫困地区扶贫工作。

1994 年中央颁布《国家八七扶贫攻坚计划》中提出"中央和地方党政机关及有条件的企事业单位，都应积极与贫困县实施定点挂钩脱贫，一定几年不变，不脱贫不脱钩"。这标志着定点扶贫的正式形成。2001 年《中国农村扶贫开发纲要（2001—2010 年）》明确提出："继续开展党政机关定点扶贫工作。党政机关定点联系、帮助贫困地区，对支持贫困地区的开发建设，解决我国的贫困问题，以及转变机关作风，提高办事效率，密切党群关系，培养锻炼干部都有重要意义。要把这种做法作为一项制度，长期坚持下去。从中央到地方的各级党政机关及企事业单位，都要继续坚持定点联系、帮助贫困地区或贫困乡村。有条件有能力的，要结合干部的培养和锻炼继续选派干部蹲点扶贫，直接帮扶到乡、到村，努力为贫困地区办好事、办实事。"

2011 年《中国农村扶贫开发纲要（2010—2020 年）》，其中在第六条社会扶贫中明确提到："中央和国家机关各部门各单位、人民团体、参照公务员法管理的事业单位和国有大型骨干企业、国有控股金融机构、国家重点科研院校、军队和武警部队，要积极参加定点扶贫，承担相应的定点扶贫任务。支持各民主党派中央、全国工商联参与定点扶贫工作。积极鼓励、引导、支持和帮助各类非公有制企业、社会组织承担定点扶贫任务。定点扶贫力争对重点县全覆盖。各定点扶贫单位要制定帮扶规划，积极筹措资金，定期选派优秀中青年干部挂职扶贫。地方各级党政机关和有关单位要切实做好定点扶贫工作，发挥党政领导定点帮扶的示范效应。"相较于以往，这一时期的定点扶贫发生了一些变化，例如，将定点扶贫纳入社会扶贫大框架中，定点扶贫的单位进一步扩大，包括军队和武警部队、民主党派中央、非公有制企业、社会组织等。2012 年，国开办颁布《关于做好新一轮中央、国家机关和有关单位定点扶贫工作的通知》，明确 310 个中央及国家党政机关帮扶结对工作，第一次实现定点扶贫工作对扶贫开发重点县的全覆盖。

党的十八大以来，中央进一步深化和健全定点扶贫，2015 年，国务院颁布《关于进一步完善定点扶贫工作的通知》，文件要求："中央直属机关工委、中央国家机关工委、中央统战部、教育部、人民银行、国务院国资委、解放军总政治部分别牵头联系中直机关、中央国家机关、民主党派中央和全国工商联、高校、金融机构、中央企业、解放军和武警部队的定点扶贫工作。中央组织部牵头联系各单位选派挂职扶贫干部和第一书记工作。国务院扶贫办负责定点扶贫的综合协调工作。各牵头组织部门每年召开工作会议，开展工作考核，统计汇总有关情况，报国务院扶贫开发领导小组，每年定期向中央报告。"2017 年，中央相继发布《关于加强中央单位定点扶贫工作的指导意见》以及《中央单位定点扶贫扶贫工作考核办法（试行）》，明确定点扶贫不是简单地送钱送物，而要围绕"选派干部、深入调研、宣传动员、督促检查、帮扶成效、工作创新"等方面开展定点扶贫工作。

在中央的号召下，定点扶贫工作取得显著成效，表 4.9 为中央、国家机关和有关单位定点扶贫工作情况，从表 4.9 中可知，2002 年，参加定点扶贫的单位数为 272 个，之后参与的单位数有所增加，2016 年，参加定点扶贫的单位数达到 320 个，2020 年参加定点扶贫的单位数为 307 个。2002 年定点帮扶的国家扶贫开发重点县为 481 个，2012 年定点帮扶的国家扶贫开发重点县为 592 个，开始覆盖全部国家扶贫开发重点县。2002 年定点单位挂职干部数为 298 人，之后逐步增加，2016～2020 年五年期间共参与挂职干部 5643 人、直接投入资金 343.43 亿元、帮助引进各类资金 636.3 亿元（缺 2017 年数据）、累计培训人数 334.58 人次，此外，参加定点扶贫的单位还帮助扶贫开发重点县上项目，资助贫困学生等。

表 4.9 中央、国家机关等定点扶贫情况

年份	参加定点扶贫单位数（个）	扶持的重点县（个）	挂职干部数量（人）	直接投入资金（万元）	帮助引进各类资金（万元）	帮助上项目数（个）	资助贫困学生数（人）	培训班（期）	培训人数（人次）
2002	272	481	298	84583	129602	1031	31227	823	102123
2004	272	481	564	70821	184342	1498	48538	1185	192882
2006	272	481	396	66415	674861	1519	34313	1546	203670
2008	272	481	361	152257	332985	941	32199	1317	247694
2010	272	481	415	148381	615157	1130	36554	1338	199064
2012	310	592	357	190230	903386	939	39988	764	96321
2014	310	592	458	302704	2186918	998	74458	1301	104788
2016	320	592	957	437967	2325498	4000	71495	1770	144005
2017	310	592	1202	688283	—	5006	—	4442	342740
2018	288	592	1131	555460	1152350	—	—	—	423000
2019	286	592	1164	823797	698250	—	—	—	814819
2020	307	592	1189	928796	938401	—	—	—	1621261

资料来源：根据《中国扶贫开发年鉴》整理获得（北京：知识产权出版社）。

案例——教育部定点扶贫纪实

2012 年以来，按照中央的统一部署，44 所综合类和理工科为主的直属高校承担了 44 个国家扶贫开发重点县定点扶贫任务，2019 年根据工作需要又新增 20 所直属高校参与定点扶贫，再加上其余的 11 所承担滇西专项扶贫任务的直属高校，教育部 75 所直属高校尽锐出战，全面投入脱贫攻坚战，成为中央单位定点扶贫的一支重要力量，走出了一条特色鲜明、成效显著的高校扶贫道路。

一是提高政治站位，加强高校扶贫顶层设计。直属高校定点扶贫是党中央、国务院交给的光荣而艰巨的重大政治任务。教育部成立部脱贫攻坚工作领导小组，教育部部长任组长，认真履行直属高校定点扶贫牵头职责，两次印发做好直属高校定点扶贫工作的指导意见，强化工作指导，明确直属高校定点的"规定动作"和"自选动作"。每年召开扶贫工作推进

会，组成签订定点扶贫责任书，开展年度扶贫成效考核，压实高校扶贫责任。

二是坚持尽锐出战，选优派强扶贫援派干部。教育部认真贯彻落实党中央关于脱贫攻坚重大决策部署，指导直属高校做好扶贫挂职干部选派工作，加大对援派挂职干部人才的关心关爱力度，印发了《教育部直属系统援派挂职干部人才生活保障暂行办法》。各高校按照总书记"尽锐出战"的要求，坚持"硬选人、选硬人"，突出政治标准，选派扶贫干部到贫困县、村挂职。截至目前，直属高校共选派挂职干部 800 余人次，有的干部在贫困地区连续工作了三到四年。高校挂职干部怀着对祖国、对人民的深厚情谊，怀着希望通过自己努力让贫困地区人民早日脱贫致富奔小康的高尚情怀，主动担当扶贫工作任务，舍小家为大家，克服生活和工作上的困难，深入贫困地区一线调研考察，与贫困群众同吃住，立足贫困县发展短板和需求，直接对接学校资源，落实落地扶贫项目，提供精准扶贫，起到了关键性作用。

三是压实扶贫责任，汇聚高校扶贫工作合力。2018 年起组织高校签订定点扶贫责任书，责任书任务书逐年增加，确保扶贫力度不减。各高校自签订定点扶贫责任书以来，广泛组织动员校内外各方面力量，累计投入帮扶资金 5.2 亿元，引进帮扶资金 20.5 亿元，培训基层干部 14.1 万人，培训技术人员 19.1 万人，购买贫困地区农产品 5.25 亿元，帮助销售贫困地区农产品 12.9 亿元。

四是发挥高校优势，打造高校扶贫特色路径。各直属高校积极发挥优势，创新帮扶形式，把高校人才优势、科技优势、资源优势与贫困地区扶贫短板结合起来，把先进的理念、人才、技术、经验等要素传播到贫困地区，推进扶贫与扶智、扶志相结合，让脱贫具有可持续的内生动力。发动全校力量，调动校友资源和社会资源，引导各类资金、管理要素等向定点县聚集，创新开展各类特色扶贫项目，形成了教育扶贫、智力扶贫、健康扶贫、科技扶贫、产业扶贫、消费扶贫、文化扶贫七大类高校扶贫特色路径。

资料来源：中国教育在线（http://www.nrra.gov.cn/art/2020/11/27/art_40_185541.html）。

2. 东西部扶贫协作。党的十四大指出，我国东西部经济发展存在一定的差距，为实现共同富裕，经济比较发达地区要采取多种形式帮助贫困地区加快发展。1996 年，中央正式作出"东西部扶贫协作"的重大决策。制定《关于组织经济发达地区与经济欠发展地区开展扶贫协作的报告》，确定 9 个东部省市和 4 个计划单列市与西部 10 个省区开展扶贫协作。在这个报告中,东西部协定的主要内容包括以下几个方面:一是资金支持;二是产业扶持,帮助贫困地区发展特色产业,发展劳动密集型和资源开发型产业;三是人才支持,帮助贫困地区培训和引进人才;四是开展劳务合作,帮助贫困地区剩余劳动力转移;五是发挥社会力量参与扶贫。2016年,东西部协作20周年之际,中共中央办公厅、国务院颁布《关于进一步加强东西部扶贫协作工作的指导意见》,进一步明确东西部扶贫协作和对口支援工作,推动西部贫困地区与全国一道迈入全面小康社会。东西部协作对接省份如表4.10所示。

表4.10 东西部协作对接省份

1996年结对帮扶关系	东部	北京	上海	天津	山东	辽宁	江苏	浙江	福建	广东
	西部	内蒙古	云南	甘肃	新疆	青海	陕西	四川	宁夏	广西
2016年结对帮扶关系	东部	北京	上海	天津	山东	辽宁	江苏	浙江	福建	广东
	西部	内蒙古;河北	云南,贵州	甘肃;河北	重庆;湖南;贵州;甘肃	贵州	陕西青海;贵州	四川;湖北;贵州;吉林	宁夏;甘肃	贵州;四川;云南

注:2016年帮扶关系中,涉及部分城市之间的对接,在表中仍按照省份进行统计。
资料来源:《关于进一步加强东西部扶贫协作工作的指导意见》。

从1996~2020年,东西部扶贫协作可以分为三个阶段:第一阶段为1996~2000年,这一阶段东西部协作的重点为东部省份(含计划单列市)支持西部省份的扶贫工作,在这一时期,东西部协作通过干部交流、资金和项目支持、人才培训等方面进行全方位合作。据统计,这一时期东西部共签订5745个合作项目,协议投资资金280亿元,转移西部地区劳动力51.7万人,贫困地区新建、改建中小学1400所,救助失学儿童4万人(国务院新闻办公室2001;李勇,2012)。第二阶段为2001~2015年,这一时期扶贫的中心工作帮助贫困地区实现自我发展能力,因此,东西部协作的重点相应发生较大变化,由过去省支持省转变为东部省向西部贫困县以及连片特困的州、县转移,这样扶贫的锚定更加精准,资金的使用更具针对性。此外,为使东西部协作更具针对性,国务院扶贫办还相应限定支持计划,例如浙江定点帮扶四川甘孜、阿坝以及凉山州木里藏族自治县,珠海帮助四川凉山彝族自治州、山东帮扶重庆市国家扶贫开发重点县。这一制度安排除维持省级帮扶计划外,对国家扶贫开发重点县、民族地区增加了定点帮扶。这一时期,东西部协作也取得丰硕成果,例如东部为西部地区培训各类专业技术人才 22.6 万人次，组织西部贫困地区劳务输出 467.2 万人。第三阶段为 2015～2020 年，这一时期东西部协作重点进一步下沉，根据 2016 年国办和中办印发的《关于进一步加强东西部协作工作的指导意见》，"要求帮扶资金和项目瞄准对象调整至贫困村和贫困户，其中重点以建档立卡贫困户为对象"。同时为实现东西部地区"携手奔小康行动"，国家进一步完善帮扶计划，一方面，将 30 个民族区域自治州重点贫困市州进行全覆盖，实现一对一帮扶；另一方面，将东部发达县乡村对接西部贫困县、乡镇以及行政村。明确东部地区 267 个市、县、区与西部地区 390 个贫困县（区）结对。

表 4.11 为 2011～2020 年东西部协作情况统计表，从表 4.11 中可知，东西部之间开展了多方面的合作，其中 2011～2020 年，政府援助资金达到 822.3 亿元，协作企业数量从 2011 年的 267 个增加至 2020 年的 2691 个，其中 2018 年达到最大值，协作企业数为 15245 个，企业实际投资总额累计达到 20273 亿元，社会帮扶方面，捐款及赠物折款累计达到 194.3 亿元，人才交流 13.76 万人次，其中党政干部交流 1.76 万人次，专业技术人才交流人次 12 万人次，在此期间共举办培训班 47881 期，培训人 428.63 万次，帮助中西部地区输出劳动力 605.89 万人。

表 4.11   2011～2020 年东西部扶贫协作情况统计

指标名称	2011 年	2012 年	2013 年	2014 年	2015 年	2016 年	2017 年	2018 年	2019 年	2020 年
一、政府援助资金（万元）	84026	88220	118058	133769	145097	292595	587600	1776078	2289260	2708185
二、企业协作										
1. 企业数量（个）	267	454	311	427	221	360	2121	15245	2045	2691
2. 投资总额（亿元）	648	2336	3400	3131	2103	1306	1221	3647	1060	1421
3. 就业人数（人）	49314	21703	16636	13806	14890	58928	61338	46325	53262	79007
三、社会帮扶										
1. 捐款（万元）	5999	11942	8486	7058	5109	18711	—	386684	528702	504551

指标名称	2011 年	2012 年	2013 年	2014 年	2015 年	2016 年	2017 年	2018 年	2019 年	2020 年
2. 赠物折款（万元）	4558	4298	6558	3675	2387	14540	—	87890	122180	219657
四、人才交流										
1. 党政干部交流（人次）	354	361	341	404	398	508	2578	4569	4196	3949
2. 专业技术人才交流（人次）	1035	1266	1148	1534	1591	3219	12368	27874	34414	35526
五、人员培训										
1. 培训班期数	3249	498	488	403	409	487	2303	6370	15417	18257
2. 培训人次	454933	330562	35709	35662	31190	63451	338267	615965	1026629	1353906
六、输出劳动力（人）	284662	1215200	212412	258543	431541	17186	192085	1442153	982319	1022786

资料来源：根据《中国扶贫开发年鉴》整理获得（北京：知识产权出版社）。

东西部扶贫协作是我国扶贫事业的创新举措，也充分体现我国社会主义的制度优势，通过东西部帮扶举措，实现区域间发展不平衡不充分的问题。特别是党的十八大以来，东西部协作在特点、力度以及创新方面均有所突破。一是目标更加明确，新时期以"精准扶贫、精准脱贫"为核心，加强对贫困县、贫困村、贫困户的支持力度，并实现深度贫困地区全覆盖。二是方式更加多样，东西部在产业合作、资金支持、人才技术、劳动力转移、社会扶贫等方面开展广泛合作，在具体类别中，方式也更加多样化，例如产业合作方面，发达地区引导贫困地区发展特色产业，同时将发达地区部分产业转移到贫困地区，鼓励合作社、龙头企业、社会资本参与贫困地区的产业合作中。三是机制更加有效，在新时期，为实现"精准扶贫、精准脱贫"，中央提出"携手奔小康"，发达地区县（市、区）对接贫困地区县（市、区），并探索乡镇、村层级的对接工作，确保"精准扶贫"，另外，将建档立卡贫困人口作为核心指标考核东西部协作成效，并相应出台《东西部扶贫协作考核办法（试行）》，保障东西部协作高质量的有序开展。

案例——山海共潮生，情系"山海情"

武夷山连着六盘山，闽江水连着黄河水。1996 年，在党中央推进东西部对口协作的战略部署下，福建省和宁夏回族自治区建立起对口协作关系。

截至 2022 年，闽宁协作的"山海情"已经持续了 26 年。26 年来，福建累计派出 12 批 200 多名援宁干部到宁夏挂职，更有数千名教师、医生和科技工作者接力帮扶，助推宁夏 80.3 万贫困人口全部脱贫、1100 个贫困村全部出列、9 个贫困县全部摘帽。

2020 年 11 月，随着最后一个贫困县西吉县脱贫出列，宁夏中南部九个贫困县区全部"摘帽"，西海固历史性告别绝对贫困。然而，闽宁协作并未因贫困的终结而结束。

2021 年 4 月，全国东西部协作和中央单位定点帮扶工作推进会在银川召开，会议强调要适应形势任务变化，聚焦巩固拓展脱贫攻坚成果、全面推进乡村振兴，深化东西部协作和定点帮扶工作。

如今已有近 6700 家福建企业（商户）扎根宁夏，8 万多福建人在这里从业，闽宁产业协作成为宁夏高质量发展的硬核支撑；今年 1 月，宁夏在福建投资建设的第一个重大能源项目——哈纳斯莆田液化天然气接收站项目核准建设，标志着闽宁协作开始由单向投资转为双向互助……

资料来源：根据国家乡村振兴局提供资料整理（https://nrra.gov.cn/zdgz/ggtzt-pgjcg/tpdqfz/）。

3. 企业和社会各界社会帮扶。2011 年，《中国农村扶贫开发纲要（2011—2020 年）》对企业和社会各界参与扶贫提出明确要求："大力倡导企业社会责任，鼓励企业采取多种方式，推进集体经济发展和农民增收。加强规划引导，鼓励社会组织和个人通过多种方式参与扶贫开发。积极倡导扶贫志愿者行动，构建扶贫志愿者服务网络。鼓励工会、共青团、妇联、科协、侨联等群众组织以及海外华人华侨参与扶贫。"文件中涉及的企业和社会各界主要指非政府的组织和人员。结合定点扶贫和东西部协作，说明我国为打赢脱贫攻坚战，实现 2020 年全面建成小康社会的目标，已经发动一切可以发动的力量，帮助贫困人口脱贫致富。这既是我国扶贫济困优良传统的集中体现，也是我国社会主义制度优越性的完美诠释。其实，我国非政府组织一直在扶贫方面发挥重要作用，例如1989年成立的中国扶贫基金会、中国青少年发展基金会、1994年成立的中华慈善总会等。只是相对于目前大扶贫格局下的社会扶贫而言，以往非政府组织社会扶贫的规模和力度相对较弱，例如"春蕾计划""希望工程""大学生西部志愿者计划"等。

为推动和鼓励企业和社会各界参与扶贫，形成大扶贫格局，中央相继出台相关政策支持社会力量参与扶贫攻坚，真正实现"携手奔小康"，具体政策详见表4.12。

表4.12　　　　　　　　　构建社会扶贫大格局相关文件（节选）

年份	文件	内容
2014	《创新扶贫开发社会参与机制实施方案》	民营企业是社会扶贫的重要力量，要积极履行社会责任，参与扶贫开发。鼓励各类企业通过到贫困地区投资兴业、招工就业、捐资助贫、技能培训等多种形式，参加村企共建、结对帮扶等扶贫工作，促进贫困地区经济社会发展，带动贫困群众增收致富。各级国资委、工商联和扶贫部门要加强沟通协调，建立联系机制，做好支持、服务和宣传工作。发挥工会、共青团、妇联、残联等单位组织动员优势，依托各类社会组织，创新服务支撑体系，鼓励和引导广大社会成员和港澳同胞、台湾同胞、华人华侨及海外人士捐助款物，开展助教、助医、助学等扶贫活动，倡导志愿服务精神，构建中国特色的扶贫志愿者网络和服务体系
2015	《"万企帮万村"精准扶贫行动方案》	以民营企业为帮扶方，以建档立卡的贫困村为帮扶对象，以签约结对、村企共建为主要形式，力争用三到五年时间，动员全国一万家以上民营企业参与，帮助一万个以上贫困村加快脱贫进程
2016	《网络扶贫行动计划》	发挥互联网在助推脱贫攻坚中的作用，推进精准扶贫、精准脱贫，让更多困难群众用上互联网，让农产品通过互联网走出乡村，让山沟里的孩子也能接受优质教育，为实现"两个确保"和贫困人口"两不愁、三保障"脱贫攻坚目标作出应有的贡献。实施"网络覆盖工程、农村电商工程、网络扶智工程、信息服务工程、网络公益工程"五大工程，到2020年，网络扶贫取得显著成效，建立起网络扶贫信息服务体系，实现网络覆盖、信息覆盖、服务覆盖。宽带网络覆盖90%以上的贫困村，电商服务通达乡镇，带动贫困地区特色产业效益明显，网络教育、网络文化、互联网医疗帮助提高贫困地区群众的身体素质、文化素质和就业能力，有效阻止因病致贫、因病返贫，切实打开孩子通过网络学习成长、青壮年通过网络就业创业改变命运的通道，显著增强贫困地区的内生动力，为脱贫摘帽和可持续发展打下坚实基础

年份	文件	内容
2016	《"十三五"脱贫攻坚规划》	实施扶贫志愿者行动计划，每年动员不少于1万人次到贫困地区参与扶贫开发，开展扶贫服务工作。以"扶贫攻坚"志愿者行动项目、"邻里守望"志愿服务行动、扶贫志愿服务品牌培育行动等为重点，支持有关志愿服务组织和志愿者选择贫困程度深的建档立卡贫困村、贫困户和特殊困难群体，在教育、医疗、文化、科技领域开展精准志愿服务行动。以空巢老人、残障人士、农民工及困难职工、留守儿童等群体为重点，开展生活照料、困难帮扶、文体娱乐、技能培训等方面的志愿帮扶活动。通过政府购买服务、公益创投、社会资助等方式，引导支持志愿服务组织和志愿者参与扶贫志愿服务，培育发展精准扶贫志愿服务品牌项目
2017	《关于支持社会工作专业力量参与脱贫攻坚的指导意见》	发挥中国社会工作联合会、中国社会工作教育协会、中国社会工作学会等全国性社会团体和各省级社会工作领域社会组织的枢纽作用，促进贫困地区社会工作领域社会组织发展。加快贫困地区社会工作服务机构发展，鼓励社会工作领域社会团体、志愿服务组织、公益慈善类社会组织、企事业单位和个人通过对口援建、项目合作、定向帮扶、捐资创办等方式扶持发展一批面向贫困地区的社会工作服务机构，依托乡（镇）社会救助站、综合服务设施等建设一批社会工作服务站点
2017	《关于广泛引导和动员社会组织参与脱贫攻坚的通知》	社会组织是联系爱心企业、爱心人士等社会帮扶资源与农村贫困人口的重要纽带；是动员组织社会力量参与脱贫攻坚的重要载体；是构建专项扶贫、行业扶贫、社会扶贫"三位一体"大扶贫格局的重要组成部分；支持社会组织积极参与产业扶贫、教育扶贫、健康扶贫、易地扶贫搬迁、志愿扶贫等重点领域脱贫攻坚，支持社会组织参与其他扶贫行动
2021	《国民经济和社会发展第十四个五年规划和2035年远景目标纲要》	坚持和完善东西部协作和对口支援、中央单位定点帮扶、社会力量参与帮扶等机制，调整优化东西部协作结对帮扶关系和帮扶方式，强化产业合作和劳务协作

案例——拼多多，"拼扶方案"惠万家

近年来，国家积极推进电商精准扶贫工程，拼多多顺应潮流，积极参与社会扶贫，2017年就已经投入34亿元，重点支持贫困地区农产品走出大山。拼多多目前已成为中国最大的农产品销售电商平台，为4.4亿用户提供相关服务，2018年，拼多多实现农副产品订单总额653亿元。在具体销售策略上，针对农产品单笔销量少、应季难库存的特点，以"拼单"为核心，破解农产品销售的一大难题。同时通过"直播带货"等创新方式，实现消费端与原产地的直连，提升消费者的购物体验。拼多多除了在销售方式上实现创新外，在扶贫方面也积极探索电商扶贫新模式，通过积极主动的作为，实现双方共赢，例如，以拼单和去中心化流量作为打破点，打破了过来电商以搜索和橱窗作为中心体验的短板，通过新农商机制，拼多多通过资金支持、技术支持、渠道支持，引导贫困户参与高品质特色产业，让贫困户参与合作社分红。

在助农扶贫的路途上，电商还可以发挥更大的作用，毕竟跟几万亿农产品规模相比，电商浸透率还不到5%，拼多多只是起了个早而已，将来还需要更多的电商参与出去，发掘更多的助农新形式，应用商业化的力气，让中国几千万贫困农民完成增收减产，这是比扶助金发放，更为久远和可持续的战略。

资料来源：根据国家乡村振兴局提供资料整理（https://nrra.gov.cn/zdgz/ggtzt-pgjcg/tpdqfz/）。

4. 国际合作。《中国农村扶贫开发纲要（2011—2020 年）》中明确提出："通过走出去、引进来等多种方式，创新机制，拓宽渠道，加强国际反贫困领域交流。借鉴国际社会减贫理论和实践，开展减贫项目合作，共享减贫经验，共同促进减贫事业发展。"

其实，在 20 世纪八九十年代，国际和国外组织就开始对我国实施各方面的援助，其中包括世界银行、亚洲开发银行、联合国粮农组织等。据统计，从 20 世纪 90 年代到 2010 年，共利用国外组织和政府扶贫资金达 14 亿美元，实施 110 个扶贫项目，覆盖中西部 200 多个县，受益的贫困人口达到 2000 万（国务院新闻办公室，2011）。表 4.13 列举了 2018 年以来世界银行支持中国的各类项目。

表 4.13　　　　　　　世界银行支持我国扶贫援建项目

编号	国家	进展	项目名称	承诺金额（百万）	批准日期
P168061	中国	启动	HuBei Smart and Sustainable Agriculture Project	150	2020/5/21
P169758	中国	启动	Henan Green Agriculture Fund Project	300	2020/3/26
P168025	中国	启动	Sichuan Water Supply and Sanitation PPP Project	100	2020/3/3
P164047	中国	启动	Forest Ecosystem Improvement in the Upper Reaches of Yangtze River Basin Program	150	2019/12/17
P163679	中国	启动	China Renewable Energy and Battery Storage Promotion Project	300	2019/6/11

编号	国家	进展	项目名称	承诺金额（百万）	批准日期
P158215	中国	启动	Gansu Revitalization and Innovation Project	180	2019/6/4
P162623	中国	启动	Shaanxi Sustainable Towns Development Project	100	2019/5/28
P158124	中国	启动	Green Urban Financing and Innovation Project	200	2019/5/21
P162349	中国	启动	Guizhou Aged Care System Development Program	350	2019/3/21
P158733	中国	启动	Anhui Rural Road Resilience Program for Results	200	2018/9/27
P163138	中国	启动	Guangxi Poverty Reduction Program for Results	400	2018/6/22
P154716	中国	启动	Anhui Aged Care System Demonstration Project	118	2018/6/19
P158622	中国	启动	Hezhou Urban Water Infrastructure and Environment Improvement Project	150	2018/6/13
P158713	中国	启动	China：Liaoning Safe and Sustainable Urban Water Supply Project	250	2018/6/6
P158760	中国	启动	Jiangxi Integrated Rural and Urban Water Supply and Wastewater Management Project	150	2018/6/6

资料来源：根据世界银行网站整理获取（https：//data. worldbank. org. cn/）。

案例——世界银行贷款第六期项目

世界银行贷款"中国贫困片区产业扶贫试点示范项目"，是中国政府与世界银行在扶贫领域合作开展的第六个大型综合性扶贫项目，即"世行六期扶贫项目"。截至目前，环县已100%完成所有项目建设内容。

在世界银行贷款支持下，环县共涉及16个项目合作社，均采用"龙头企业＋合作社＋农户"的带贫机制，有效提升农民收入水平。由龙头企业引领，合作社为平台，农户为基础，市场为导向，采取"投羊还羔"滚动发展的模式发展全产业链，带动农户养殖，增加农户收入。16个项目合作社均制定了合作社盈余分配制度。年终合作社盈余首先弥补上年亏损，再将5%～10%提取公益金、公积金，剩余部分为可分配盈余，可分配盈余至少60%按照社员与合作社交易量（额）返还给社员，剩余的可分配盈余按照成员股份分配给社员。每年的盈余分配方案通过社员大会向全体社员公布、公示，接受社员监督。截至 2021 年底，环县 16 个项目合作社全部实现盈利，总盈利额为 57.4 万元，提取公益金、公积金后 16 个合作社完成分红 51.64 万元。

世行项目在环县启动实施以来，为环县草畜产业发展注入了强劲动力，对有效破解农户养羊成本高、效益低、产业链条短、市场竞争力不足等问题提供了更加有力的支撑。探索出了一条产业资金跟着穷人走，穷人跟着能人走，能人跟着产业走，产业跟着市场走的环县产业振兴新路子，同时也为世行六期扶贫项目呈现了一个成功的典型案例，并为其他国家贫困地区通过产业减贫贡献了环县方案。

资料来源：根据庆阳市乡村振兴局资料整理（https://fpb.zgqingyang.gov.cn/gzdt/content_223415）。

除了"引进来"，我国也积极探索"走出去"，2015 年，习近平同志在联合国总部出席"南南合作"圆桌会议时提出："未来 5 年中国将向发展中国家提供 6 个 100 项目支持，包括 100 个减贫项目，100 个农业合作项目，100 个促贸援助项目，100 个生态保护和应对气候变化项目，100 所医院和诊所，100 所学校和职业培训中心。未来 5 年，中国将向发展中国家提供 12 万个来华培训和 15 万个奖学金名额，为发展中国家培养 50 万名职业技术人员。中国将设立南南合作与发展学院，并向世界卫生组织提供 200 万美元的现汇援助。"① 可见，中国不仅仅将国内脱贫攻坚作为主要任务，而且关心和积极援助其他发展中国家的贫困问题，例如，启动《国际减贫示范合作项目操作指南》和《东亚减贫合作项目案例故事》、支持非洲国家和东南亚国经济发展等。在资金支持、项目支持、技术支持、人才支持方面共享中国智慧和中国经验，这充分体现中国作为一个大国的担当。

案例——国际微笑儿童项目

2020 年，新冠疫情全球蔓延，许多国家宣布中小学暂停上学，常态下的供餐活动被迫中止。为了纾解疫情下微笑儿童项目受益人的实际困难，经过与新老捐赠人沟通，中国扶贫基金会适时调整微笑儿童项目执行方式，将学校供餐模式调整为粮食包发放模式。项目执行模式调整获得阿

---

① 习近平在南南合作圆桌会上发表讲话，阐述新时期南南合作倡议，强调要把南南合作事业推向更高水平 [EB/OL]. (2015-09-27). http://tv.cctv.com/2015/09/27/VIDE1443347040 831508.shtml.

里巴巴公益平台的认可，也获得捐赠人福特基金会、施永青基金、全球赠与、广州天南、长江商学院、善心莲心等新捐赠人的支持。该项目全年累计支出 713 万元，受益 28197 人次。与此同时，该项目也从埃塞、苏丹拓展到尼泊尔、缅甸和巴基斯坦。截至 2020 年底，微笑儿童项目累计投入资金 3073 万元，惠及苏丹、埃塞俄比亚、尼泊尔、缅甸和巴基斯坦 5 个国家贫困地区小学生，受益人数超 66361 人次。

资料来源：2021 年《中国扶贫开发年鉴》（北京：知识产权出版社）。

第二节　我国财政转移支付政策

一、我国财政转移支付体系

我国的财政转移支付制度是在分税制改革之后才正式确立，因此，本书主要对现阶段财政转移支付体系进行简要的介绍。在这一过程中，财政转移支付口径进行了多次调整，2009 年之前，主要包括税收返还、原体制补助、财力性转移支付（一般性转移支付）、专项转移支付等，2009 年之后，税收返还的规模和比重不断下降，财政转移支付主要分为一般性转移支付（含均衡性转移支付）和专项转移支付。近年来，为确保事权与支出责任相匹配，一般转移支付中，增设共同财政事权转移支付，2020 年因新冠疫情暴发，中央设置特殊转移支付。我国财政转移支付概况如表 4.14 所示。

表 4.14　　　　　　　　我国财政转移支付概况　　　　　　　单位：亿元

指标名称	2018 年	2019 年	2020 年	2021 年
中央对地方税收返还和转移支付	69673.99	74359.86	83217.93	82152.34
其中：税收返还	7987.86	11251.78	11275.64	
一般性转移支付	38759.04	66798.16	69459.86	
专项转移支付	22927.09	7561.7	7765.92	
特殊转移支付			5992.15	
中央税收返还和转移支付占地方财政支出的比重（%）	37.02	36.5	39.52	38.91

注：财政部对 2018 年和 2019 年一般性转移支付和专项转移支付口径进行调整，对转移支付项目进行重新的归类。

资料来源：财政部网站数据整理。

（一）税收返还

1994 年分税制改革，重新确定了中央和地方（省一级政府）之间收入划分，为保障改革顺利进行，中央主要通过税收返还的方式维护地方政府的既得利益。例如，1994 年，国务院颁发《关于分税制财政管理体制税收返还改为与本地区增值税和消费税增长率挂钩的通知》："一九九四年以后，税收返还额在一九九三年基数上逐年递增，递增率按本地区增值税和消费税的平均增长率的 1∶0.3 系数确定，即上述两税地区增长 1％，中央财政对地方的税收返还增长 0.3％"。

除增值税和消费税税收返还外，还包括 2002 年所得税税基返还以及成品油价格和税费改革税收返等。由于税收返还具有浓厚的行政色彩，其目的主要维护地方既得利益，因此，在财政转移支付制度建立之初，税收返还规模较大，而从税收返还资金分配来看，东部地区基数较大，获得的税收返还也较多，西部地区基数较小，获得的税收返还也较少。在实证研究过程中，很多学者认为税收返还不仅没有缩小地区间的财力差距，反而会扩大地区间的财力差距，不利于基本公共服务均等化。

近年来，随着一般性转移支付和专项转移支付规模的增加，税收返还比重有所下降，从表 4.15 可知，所得税税基返还和成品油价格以及税费改革返还基本保持不变，税收返还的小规模增加主要来自消费税和增值税的税收返还。

表 4.15　　　　　　　　　　　税收返还规模及结构　　　　　　　　　　　单位：亿元

项目	2007 年	2008 年	2009 年	2010 年	2011 年	2014 年	2016 年	2017 年	2019 年	2020 年
中央对地方税收返还	4121.02	4282.16	4886.7	4993.37	5039.88	5081.55	6868.57	8022.83	11251.78	11275.64
其中：消费税和增值税税收返还	3214.75	3371.97	3422.63	3602.18	3783.3	4017.48	5777.92	7124.45		
所得税基数返还	906.27	910.19	910.19	910.19	910.19	910.19	910.19	910.19		
成品油价格和税费改革税收返还			1531.1	1531.1	1531.1	1531.1	1531.1	1531.1		
地方上解			−977.22	−1050.1	−1184.71	−1377.22	−1530.64	−1542.91		

资料来源：财政部网站数据整理。

2009 年，为简化中央与地方财政结算关系，将地方上解与中央对地方税收返还做对冲处理，相应取消地方上解中央收入科目。同时，增加"成品油价格和税费改革税收返还"科目，用来反映实施成品油税费改革后，按照有关规定相应返还给地方的消费税等收入。因此，从 2009 年开始，税收返还科目口径与以前年度有较大变化。

（二）一般性转移支付

一般性转移支付的前身是过渡期财政转移支付和财力性转移支付，一般性转移支付一般不规定具体的使用用途，主要是弥补纵向财政失衡和横向财政失衡，如果一般性转移支付规模较少，往往很难满足地方政府的支出需求，而一般性转移支付规模较大，则很可能造成地方政府对转移支付产生依赖性，因此，需要合理、科学、有效的确定一般性财政转移支付的规模。一般性转移支付方法主要通过公式测算的方法，例如，根据指标体系计算地方标准收入和标准财政支出，同时兼顾"老、少、边、穷"地区，适当增加指标权重。地方政府收支缺口越大，一般性转移支付规模也越大。因此，一般性转移支付承担着弥补地方政府财力缺口的重任，也是财政转移支付体系中的重要组成部分。

自财政转移支付制度建立以来，一般性转移支付口径进行多次调整，目前，一般性转移支付主要包括均衡性转移支付、县级基本财力保障机制奖补资金、老少边穷地区转移支付以及共同财政事权转移支付。2020 年，中央对地方一般性转移支付为 69459.86 亿元，其中，均衡性转移支付17192 亿元、县级基本财力保障机制奖补资金 2979 亿元、老少边穷地区转移支付 2790.92 亿元、共同财政事权转移支付 32180.72 亿元，四项转移支付占一般性转移支付的比例接近 80%。需要注意的是，共同财政事权转移支付主要是为了确保地方政府事权与支出责任相匹配，例如，对于央地共同的事权，需要中央对地方政府实施转移支付，这种类型的财政转移支付就属于共同事权财政转移支付。2020 年中央对地方政府财政转移支付决算表中，共同事权财政转移支付包括 54 个项目，涉及教育、医疗卫生、养老等社会保障、文化建设、农业补贴等。

（三）专项转移支付

专项转移支付一般也被称为"戴帽资金"，这类转移支付最大的特征是"专款专用"，这是与一般转移支付最大的不同。专项转移支付往往承担上级政府的特殊目的，能够直接体现上级政府的意图。例如，为支持部分地区的发展，设置雄安新区建设发展补助资金、东北振兴专项转移支付；为协助地方改善外部性较强的公共产品，设置大气污染防治资金、重大传染病防控经费等。一般性转移支付和专项转移支付比较如表4.16所示。

表4.16 一般性转移支付和专项转移支付比较

指标名称	一般性转移支付	专项转移支付
体现上级政府意图	中	强
行政干预成分	弱	中
影响地方政府的决策	弱	中
地方政府运用资金自由度	强	弱
促进特定效果的提高	弱	强

资料来源：樊丽明．公共财政概论［M］．北京：高等教育出版社，2021.

在实务中，专项转移支付往往"滴漏较多"，广受诟病，而且专项转移支付由于"专款专用"，地方政府在完成特定项目后，一些项目会形成大量结余资金，地方政府无法有效整合，造成财政资金的闲置和浪费。近些年，国家在扶贫重点县，开展涉农资金整合以及在全国加强结余结转资金的管理，正是解决专项转移支付存在的问题。因此，理论界普遍认为应提高一般性转移支付的比重，降低专项转移支付的比重，同时规范财政转移支付项目归类，在专项转移支付项目中，具有一般转移支付的项目要调整至一般性转移支付项目，同时缩减专项转移支付项目。2020年中央对地方财政转移支付决算表中，专项转移支付为7765.92亿元，规模和比重均显著下降。

二、中央对欠发达地区财政转移支付政策介绍

由于"老、少、边、穷"地区经济基础薄弱，相对其他地区较为特殊，因此，国家对这些地区给予一定的特殊照顾。例如，在均衡性转移支付中，在公式测算中会涉及艰苦边远系数、冬季温度系数、海拔系数、运距系数、路况系数、民族系数、贫困系数等。此外，国家针对这些地区还专门设置特殊类型财政转移支付，本书在此对各个地区的特殊类型的财政转移支付给予简要的介绍。

"老、少、边、穷"地区转移支付包括革命老区转移支付、边境地区转移支付、民族地区转移支付、财政专项扶贫资金等四部分。

1. 革命老区转移支付。为体现党中央、国务院对老区人民的关怀，促进老区各项社会事业发展，中央财政于2001年设立了革命老区转移支付，补助对象主要是对中国革命作出较大贡献、财政较为困难的革命老区县（市、区）。在国家扶贫开发重点县中，共有146个县为革命老区县。

2001～2015 年中央财政累计安排革命老区转移支付 412 亿元。根据《革命老区转移支付资金管理办法》有关规定，转移支付资金主要用于革命老区专门事务和民生事务，促进革命老区各项社会事业发展，支持革命老区改善生产生活条件。

2. 民族地区转移支付。为配合西部大开发战略的实施，2000 年，中央财政设立民族地区财政转移支付。2000～2005 年，民族地区财政转移支付对象为内蒙古、广西、西藏、宁夏、新疆 5 个民族自治区和青海、云南、贵州 3 个财政体制上视同民族地区对待的省份，以及吉林延边、甘肃临夏、重庆等 8 个非少数民族省区管辖的民族自治州，涉及 16 个省、自治区、直辖市，267 个（不含西藏）国家扶贫开发重点县。

2006 年，为统一民族地区政策，进一步体现党中央、国务院对民族地区的关怀，经国务院批准，又将非民族省区及非民族自治州管辖的民族自治县纳入民族地区转移支付范围。2000～2015 年，中央财政累计下达民族地区转移支付 3955 亿元。根据《民族地区转移支付办法》，该项转移支付资金提高了民族地区财力水平，有力促进民族地区的稳定和发展。

3. 边境地区转移支付。边境地区在维护国家稳定，保护国土安全方面起到十分重要的作用。为体现党中央、国务院对边境地区人民群众的关怀，促进边境地区社会事业发展，中央财政于 2001 年设立边境地区财政转移支付，补助对象主要是 9 个陆地边境省区和部分沿海省市。2001～2015 年，中央财政已累计下达边境地区转移支付 723 亿元。根据《边境地区转移支付资金管理办法》有关规定，转移支付资金使用方向主要包括建立边民补助机制、建立护边员补助机制、保障口岸正常运转、支持边境贸易发展和边境小额贸易企业能力建设等。

4. 财政专项扶贫资金。对特困地区来说，国家没有专门设置相应的财政转移支付，这些地区无法享受类似革命老区、民族地区以及边疆地区优惠的政策，所以一直以来条件都非常艰苦。为帮助经济基础较差的地区加快发展生产，经国务院批准，1980 年，中央财政设立了支援经济不发达地区发展资金。明确要求对这些地区的转移支付要进行相应的倾斜，例如提高财政转移支出系数等。随着财政预算改革不断深入，该资金的内涵不断丰富，2011 年统一表述为财政专项扶贫资金，2015 年该资金由专项转移支付转列一般性转移支付。2011～2015 年，中央财政不断加大投入力度，累计安排财政专项扶贫资金 1898 亿元。资金管理办法为《中央财政专项扶贫资金管理办法》。围绕脱贫攻坚的总体目标和要求，精准扶贫、精准脱贫的基本方略，财政专项扶贫资金主要用于围绕培养和壮大贫困地区特色产业、改善小型公益性生产生活设施条件、增强贫困人口自我发展能力和抵御风险能力，因户施策、因地制宜。

从图4.7中可以看到，1994年中央财政专项扶贫资金为52.35亿元，党的十八大之后，中央财政专项扶贫资金增加较快，由2013年的394亿元增加至2020年的1460.95亿元，增长3.7倍。

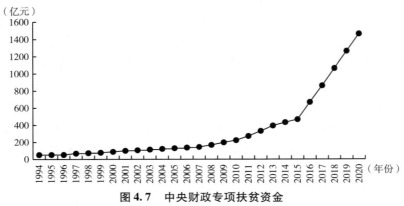

图4.7　中央财政专项扶贫资金

资料来源：中国扶贫开发年鉴（2021年）［M］. 北京：知识产权出版社，2021.

表4.17为"老、少、边、穷"扶贫开发重点县财政转移情况，2001年四个地区的人均净转移支付分别为276.47元、388.69元、561.91元以及199.91元，2009年四个地区人均净转移支付分别为2008.27元、2388.04元、3087.19元以及1605.04元，可以看出，四个地区人均净转移支付增加均较为明显，但不同地区之间的人均净转移支付差距也较为明显，扶贫开发重点县内部之间的财政转移支付差异较大。

表4.17　2001~2009年"老、少、边、穷"扶贫县财政转移支付概况

年份	革命老区扶贫县		民族地区扶贫县		边疆地区扶贫县		特困地区扶贫县	
	人均净转移支付总额（元）	净转移支付总额增长速度（%）	人均净转移支付总额（元）	净转移支付总额增长速度（%）	人均净转移支付总额（元）	净转移支付总额增长速度（%）	人均净转移支付总额（元）	净转移支付总额增长速度（%）
2001	276.47	—	388.69	—	561.91	—	199.91	—
2002	368.68	33.47	470.17	21.39	652.07	16.92	264.13	32.76
2003	410.34	12.48	560.92	20.10	721.28	12.40	291.92	10.93
2004	541.06	32.47	638.92	16.00	868.74	21.38	388.97	34.24
2005	664.69	23.42	780.55	23.34	1021.00	18.88	472.69	22.50

年份	革命老区扶贫县		民族地区扶贫县		边疆地区扶贫县		特困地区扶贫县	
	人均净转移支付总额（元）	净转移支付总额增长速度（%）	人均净转移支付总额（元）	净转移支付总额增长速度（%）	人均净转移支付总额（元）	净转移支付总额增长速度（%）	人均净转移支付总额（元）	净转移支付总额增长速度（%）
2006	862.94	32.05	985.03	26.67	1316.75	29.94	631.61	34.82
2007	1115.17	30.34	1302.57	33.61	1699.13	30.66	851.38	35.27
2008	1472.46	33.82	1811.26	41.35	2241.32	34.41	1242.57	47.53
2009	2008.27	37.59	2388.04	33.30	3087.19	39.03	1605.04	30.52

注：（1）特困地区为国家扶贫开发重点县排除革命老区、民族地区、边疆地区之外的国家扶贫开发重点县。（2）2009年之后《全国地市县财政统计资料》不再更新，所以最新分类数据为2009年。

资料来源：根据《全国地市县财政统计资料》整理（北京：中国财政经济出版社）。

表4.18为2017～2022年中央针对革命老区、民族地区以及边境地区特殊类型财政转移支付概况。其中，2017年革命老区转移支付为87.03亿元，2022年为225亿元，增长2.58倍，2017年民族地区转移支付为704亿元，2022年为1107亿元，增长1.57倍，2017年边境地区转移支付为167.42亿元，2022年为224.52亿元，增长1.34倍。可见，中央对革命老区、民族地区以及边境地区支持力度不断增加。

表4.18　　　2017～2022年"老、少、边"特殊类型转移支付　　　单位：亿元

年份	革命老区转移支付	民族地区转移支付	边境地区转移支付
2017	87.03	704	167.42
2018	97.08	770.9	200.42
2019	162.6	847	217.85
2020	180.6	914.7	236.67
2021	198.6	1006	261.62
2022	225	1107	224.57

资料来源：根据财政部网站资料整理。

案例——循化撒拉族自治县脱贫攻坚换新颜

循化撒拉族自治县是全国唯一的撒拉族自治县，已于2018年脱贫摘帽，2013年有建档立卡贫困人口2.26万人，目前已经全部脱贫。

中央一直对民族自治县加大资金和政策支持力度，2020年，中央财政安排下达水利发展资金24.51亿元，用于包括青海省在内的贫困地区农

村饮水工程维修养护，助力解决农村饮水安全问题。2020年，国家能源局安排农网改造升级投资计划15.4亿元，其中中央预算资金7.7亿元，并要求青海省将中央预算内投资向包括循化撒拉族自治县在内的国家扶贫开发重点县、集中连片特困地区及其他贫困地区倾斜。"十三五"期间，国家电网有限公司持续加大循化撒拉族自治县电网建设投入，安排资金2.6亿元，完成23个中心村、39个建档立卡贫困村电网改造升级，为15个村通了动力电，保障4个易地扶贫搬迁安置点供电，完成1.43万千瓦村级光伏扶贫电站接网任务，循化县电网供电能力有效提升。

2016~2020年，累计向人口较少民族地区投入中央财政专项扶贫资金（少数民族发展支出方向）39.4亿元，中央预算内投资人口较少民族发展专项37亿元，推动改善人口较少民族聚居村的乡村道路、农田水利等基础设施条件，提升基本公共服务、民族文化传承保护发展水平。积极支持民族文化发展。文化和旅游部会同扶贫办等部门积极开展"非遗+扶贫"工作，印发《关于推进非遗扶贫就业工坊的通知》等政策文件，指导设立一批特色鲜明、示范带动作用明显的非遗扶贫就业工坊。青海省在循化撒拉族自治县设立了扶贫就业工坊，帮助贫困人口学习传统工艺，促进就业增收。大力支持包括撒拉族在内的少数民族非遗保护，目前国务院公布的国家级非物质文化遗产代表性项目目录中，撒拉族有6项；文化和旅游部公布的国家级非物质文化遗产代表性传承人中，撒拉族有5名。同时积极培养民族地区急需紧缺人才。持续实施重点高校招收农村和贫困地区学生专项计划，实施区域覆盖所有集中连片特困县等边远、贫困、民族等地区，其中循化撒拉族自治县已被列入专项计划的实施范围。教育部近三年每年面向青海省安排少数民族预科班民族班和少数民族高层次骨干人才等计划，国家民委直属高校继续单列预科计划，实施定向招生，培养了一大批人口较少民族人才。

资料来源：根据国家乡村振兴局资料整理（https://nrra.gov.cn/art/2020/11/9/art_2202_185140.html）。

第五章 改革开放以来的减贫成就、经验与挑战

第一节 改革开放以来的减贫成就

扶贫工作取得的成就，需要利用多维指标进行综合评价，本书主要从效果性指标和过程性指标两个角度进行分析，其中效果性指标强调最终减贫成果，具体又分为经济性效果指标和社会性效果指标，经济性效果指标包括经济基础、产业结构、人均财政收支、减贫人口、贫困地区农村居民纯收入、贫困地区农村居民人均消费支出、农业机械总动力等，社会性效果指标，社会性指标包括文盲、文盲率、儿童入学率等。过程性指标强调减贫进程，例如贫困地区"五通"建设，包括通公路、通电、通电话、通电视节目、通宽带等基础设施建设，这些指标为贫困地区减贫脱贫提供重要保障。

一、经济性效果指标取得的成就

（一）经济基础有所提升

对于贫困地区，中央采取"政策＋资金"的方式支持当地的发展，贫困地区经济基础有所提升，表5.1为贫困地区经济发展概况，从表5.1可知，2002年贫困地区生产总值仅为6675亿元，2018年已经增长至69560亿元，增长10.42倍，人均GDP由2002年的2842.6元增长至2018年的22578.6元，增长7.94倍，可见脱贫攻坚增强了贫困地区的经济基础。从产业结构看，2002年第一产业为34.95％，2018年这一比重已经下降至20.37％，第二产业和第三产业由2002年的65.05％上升至2018年的79.63％，第二产业和第三产业的发展既可以吸纳农村富余劳动力，促进就近就业，也可以增加地方政府的税收收入，提升地方政府的财政能力。

从表 5.1 可知，2002 年贫困地区人均一般预算收入为 125.3 元，2018 年贫困地区人均一般预算收入已经达到 1309.6 元，增长 10.45 倍，这说明地方政府本身的财政收入能力较之前有了较大提升，从财政支出来看，2002 年贫困地区人均一般预算支出为 478.7 元，2018 年贫困地区人均一般预算支出已经达到 6773.6 元，增长 14.15 倍，可见，随着国家不断加大贫困地区财政转移支付力度，地方政府的财政支出能力也不断增强。

表 5.1 贫困地区经济发展概况

年份	地区生产总值（亿元）	第一产业增加值（亿元）	第二产业增加值（亿元）	第三产业增加值（亿元）	人均 GDP（元）	人均一般预算收入（元）	人均一般预算支出（元）
2002	6675	2333（34.95%）	2208（33.08%）	2134（31.97）	2842.6	125.3	478.7
2003	7528	2450（32.55%）	2704（35.92%）	2374（31.54%）	3293.8	138.2	533.9
2004	9100	2961（32.54%）	3403（37.40%）	2736（30.07%）	3996.6	152.4	633.9
2005	11062	3282（29.67%）	4144（37.46%）	3636（32.87%）	4792.9	178.2	777.8
2006	13000	3558（27.37%）	5201（40.01%）	4241（32.62%）	5583.9	226.8	979.5
2007	16129	4207（26.08%）	6812（42.23%）	5110（31.68%）	6850.2	284.5	1297
2008	19940	4934（24.74%）	8883（44.55%）	6123（30.71%）	8368.3	354.3	1775.9
2009	22199	5199（23.42%）	9758（43.96%）	7242（32.62%）	9348.7	428.7	2287.5
2010	27074	6054（22.36%）	12462（46.03%）	8558（31.61%）	11169.9	559.0	2861.9
2011	36639	8979（24.51%）	16019（43.72%）	11641（31.77%）	12086.1	604.3	3142.4
2012	42491	10197（24.00%）	18804（44.25%）	13490（31.75%）	14004.9	728.3	3781.3

年份	地区生产总值（亿元）	第一产业增加值（亿元）	第二产业增加值（亿元）	第三产业增加值（亿元）	人均GDP（元）	人均一般预算收入（元）	人均一般预算支出（元）
2013	47773	11108 (23.25%)	21082 (44.13%)	15583 (32.62%)	15710.2	816.9	4555.9
2014	52357	11910 (22.75%)	22560 (43.09%)	17887 (34.16%)	17183.7	910.7	4983.3
2015	55608	12668 (22.78%)	22463 (40.40%)	20477 (36.82%)	18222.0	1020.4	5284.4
2016	60214	13347 (22.17%)	23776 (39.49%)	23091 (38.35%)	19684.2	1122.0	5905.3
2017	64604	13451 (20.82%)	25256 (39.09%)	25897 (40.09%)	20991.0	1196.5	6297.3
2018	69560	14168 (20.37%)	26501 (38.10%)	28891 (41.53%)	22578.6	1309.6	6773.6

注：（1）括号内数字为各产业所占比重。（2）2011年之前的贫困地区主要指国家扶贫开发重点县，2011年之后的贫困地区还包括14个连片特困地区。

资料来源：根据历年《中国农村贫困监测报告》（北京：中国统计出版社）以及EPS数据平台资料整理获得。

（二）全面消除绝对贫困

党的二十大报告提出，完成脱贫攻坚、全面建成小康社会的历史任务，实现第一个百年奋斗目标。这是中国共产党和中国人民团结奋斗赢得的历史性胜利，是彪炳中华民族发展史册的历史性胜利，也是对世界具有深远影响的历史性胜利。回顾脱贫攻坚历程，全面消除绝对贫困所取得的成果来之不易。

根据前面所述，我国在减贫扶贫过程中，共设定过三条贫困标准线，第一条是1978年标准，这也是绝对贫困标准；第二条是2008年标准，将低收入人群纳入扶贫对象；第三条是2010年标准，当年贫困线提升至人均2300元，之后年份根据物价水平进行调整。当然，除了贫困线标准之后，还需要考虑"两不愁，三保障"，因此，我国贫困标准实质上是一个多维指标。表5.2为各个标准下农村贫困人口变化情况。

表 5.2　　　　　　　　　　　　　全国农村贫困人口情况

年份	1978 年标准				2008 年标准				2010 年标准			
	贫困人口（万人）	减少贫困人口（万人）	贫困发生率（%）	贫困发生率下降（%）	贫困人口（万人）	减少贫困人口（万人）	贫困发生率（%）	贫困发生率下降（%）	贫困人口（万人）	减少贫困人口（万人）	贫困发生率（%）	贫困发生率下降（%）
1978	25000		30.7	15.9					77039		97.5	
1985	12500	12500	14.8	-0.7					66101		78.3	
1986	13100	-600	15.5	4.4								
1988	9600	3500	11.1	1.7								
1990	8500	1100	9.4	-1					65849		73.5	
1991	9400	-900	10.4	2.2								
1993	7500	1900	8.2	0.5								
1994	7000	500	7.7	0.6								
1995	6540	460	7.1	1.7					55463		60.5	
1997	4962	1578	5.4	1.9								
2000	3209	1753	3.5	0.3	9422		10.2		46224		49.8	
2001	2927	282	3.2	0.2	9029	393	9.8	0.4				
2002	2820	107	3	-0.1	8645	384	9.2	0.6				
2003	2900	-80	3.1	0.3	8517	128	9.1	0.1				
2004	2610	290	2.8	0.3	7587	930	8.1	1				
2005	2365	245	2.5	0.2	6432	1155	6.8	1.3	28662		30.2	
2006	2148	217	2.3	0.7	5698	734	6	0.8				
2007	1479	669	1.6	1.6	4320	1378	4.6	1.4				
2008					4007	313	4.2	0.4				
2009					3597	410	3.8	0.4				
2010					2688	909	2.8	1	16567		17.2	
2011									12238	4329	12.7	4.5
2012									9899	2339	10.2	2.5
2013									8249	1650	8.5	1.7
2014									7017	1232	7.2	1.3
2015									5575	1442	5.7	1.5
2016									4335	1240	4.5	1.2
2017									3046	1289	3.1	1.4
2018									1660	1386	1.7	1.4

年份	1978 年标准				2008 年标准				2010 年标准			
	贫困人口（万人）	减少贫困人口（万人）	贫困发生率（%）	贫困发生率下降（%）	贫困人口（万人）	减少贫困人口（万人）	贫困发生率（%）	贫困发生率下降（%）	贫困人口（万人）	减少贫困人口（万人）	贫困发生率（%）	贫困发生率下降（%）
2019									551	1109	0.6	1.1
2020									0	551	0	0

资料来源：根据《中国农村贫困检测报告》（北京：中国统计出版社）进行整理。

从表5.2可以看到，1978年我国农村贫困人口达到2.5亿人，贫困发生率高达30.7%，2000年，按照1978年贫困线标准，我国仍有3209万贫困人口，如果按照2008年贫困线标准，贫困人口将提升至9422万人，按照2010年标准，贫困人口将达到4.62亿人。可见，在进入21世纪之初，我国扶贫压力仍然较大。此外，这段时期，由于自然灾害等客观因素，返贫风险较大，一些年度贫困人口不减反增，例如1986年、1991年、2003年等。

2010年，按照2008年贫困线标准，贫困人口为2688万人，按照2010年标准，贫困人口超过1.6亿人。党的十八大之后，我国进入新时代，扶贫力度不断加大，按照现行标准，2013年贫困人口为8249万人，贫困发生率8.5%，2020年随着最后一批551万人完成脱贫，我国实现全面建成小康社会的宏伟目标，2013～2020年，每年平均减贫人口超过1000万。

（三）贫困地区农村居民人均可支配收入大幅增加

贫困地区主要分为国家扶贫开发重点县和14个集中连片特困地区，表5.3为各地区农村居民可支配收入概况。

表5.3　　　　　　　　　贫困地区居民可支配收入概况　　　　　　　单位：元

指标	贫困地区农村居民人均可支配收入							
	2013 年	2014 年	2015 年	2016 年	2017 年	2018 年	2019 年	2020 年
人均可支配收入	6080	6852	7653	8452	9377	10371	11567	12588
其中：工资性收入	1919	2240	2556	2880	3210	3627	4082	4445
经营性收入	2788	3033	3282	3443	3723	3888	4163	4391
财产性收入	62	82	93	108	119	137	159	185
转移净收入	1311	1497	1722	2021	2325	2719	3163	3567
	国家扶贫开发工作重点县农村常住居民人均可支配收入							
人均可支配收入	5944	6717	7543	8355	9255	10284	11524	12499

指标	国家扶贫开发工作重点县农村常住居民人均可支配收入							
	2013 年	2014 年	2015 年	2016 年	2017 年	2018 年	2019 年	2020 年
其中：工资性收入	1861	2175	2480	2797	3136	3595	4040	4424
经营性收入	2711	2944	3212	3385	3633	3782	4105	4311
财产性收入	62	81	89	103	116	131	150	169
转移净收入	1311	1517	1761	2070	2371	2776	3229	3596
	集中连片特困地区农村常住居民人均可支配收入							
人均可支配收入	5956	6724	7525	8348	9264	10260	11443	12420
其中：工资性收入	1885	2188	2503	2846	3163	3550	3990	4340
经营性收入	2746	3019	3264	3429	3715	3915	4226	4412
财产性收入	54	70	84	97	111	128	152	176
转移净收入	1271	1446	1674	1976	2274	2666	3076	3492

资料来源：根据 2021 年《中国扶贫开发年鉴》整理（北京：知识产权出版社，2021 年 12 月）。

党的十八大之后，随着脱贫攻坚工作的不断深入，贫困地区居民人均可支配收入大幅增加，2013 年贫困地区人均可支配收入为 6080 元，2020 年已经达到 12588 元，增长 2.07 倍，其中，国家扶贫开发重点县农村常住居民人均可支配收入由 2013 年的 5944 元增长至 2020 年的 12499 元，增长 2.1 倍；集中连片特困地区农村常住居民人均可支配收入由 2013 年的 5956 元增长至 2020 年的 12420 元，增长 2.08 倍。可见，随着国家对农村贫困地区扶持力度的不断加大，农村居民可支配收入增幅明显。

从收入结构看，2020 年贫困地区农村居民人均可支配收入为 12588 元，其中，工资性收入为 4445 元，占比 35.3%，经营收入为 4391 元，占比 34.9%（第一产业占到 25.4%），财产净收入为 185 元，占比 1.5%，转移性净收入为 3567 元，占比 28.3%。

（四）贫困地区农村居民人均消费支出大幅增加，消费结构明显优化

1997 年贫困地区农村居民人均消费支出仅为 1052.42 元，党的十八大之后，随着贫困地区农村居民人均可支配收入的增加，人均消费支出也随着增加，具体情况详见表 5.4。

表 5.4　　　　2013～2020 年贫困地区农村居民人均消费概况　　　单位：元

项目	2013 年	2014 年	2015 年	2016 年	2017 年	2018 年	2019 年	2020 年
人均消费	5406	6007	6656	7331	7998	8956	10011	10758
其中：食品烟酒	2063 (38.16)	2197 (36.57)	2411 (36.22)	2567 (35.02)	2689 (33.62)	2808 (31.35)	3121 (31.18)	3632 (33.76)

项目	2013 年	2014 年	2015 年	2016 年	2017 年	2018 年	2019 年	2020 年
衣着	333 (6.16)	370 (6.16)	405 (6.08)	423 (5.77)	453 (5.66)	488 (5.45)	549 (5.48)	588 (5.47)
居住	1145 (21.18)	1244 (20.71)	1376 (20.67)	1543 (21.05)	1696 (21.21)	1995 (22.28)	2173 (21.71)	2291 (21.3)
生活用品及服务	333 (6.16)	382 (6.36)	411 (6.17)	448 (6.11)	485 (6.06)	537 (6.00)	585 (5.84)	627 (5.83)
交通通信	515 (9.53)	615 (10.24)	693 (10.41)	803 (10.95)	935 (11.69)	1045 (11.67)	1200 (11.99)	1261 (11.72)
教育文化娱乐	502 (9.29)	590 (9.82)	680 (10.22)	790 (10.78)	883 (11.04)	1017 (11.36)	1163 (11.62)	1128 (10.49)
医疗保健	429 (7.94)	511 (8.51)	567 (8.52)	638 (8.7)	725 (9.06)	919 (10.26)	1054 (10.53)	1061 (9.86)
其他商品和服务	86 (1.59)	99 (1.65)	114 (1.71)	118 (1.61)	134 (1.68)	147 (1.64)	166 (1.66)	171 (1.59)

注：括号内数字为各项目所占比重。

资料来源：根据2021年《中国扶贫开发年鉴》整理（北京：知识产权出版社，2021年12月）。

2013年贫困地区农村居民人均消费5406元，2019年突破万元大关，达到10011元，2020年增加至10758元，较2013年增长近2倍，整体来看，2013~2020年年均增长14.14%，说明贫困地区居民生活状况达到极大改善。

在消费结构方面，占比最大的为食品烟酒支出，1998年食品烟酒占消费支出的60%，2013年这一比重下降至38.16%，2018年为35%，2020年继续下降至33.76%，这说明贫困地区农村居民恩格尔系数不断下降，居民消费结构不断优化。第二大支出为居住支出，1998年居住支出占比为11%，2018年居住支出占比为21%，2020年这一比重为21.3%，基本保持不变。在住房条件方面，1998年贫困地区农村居民居住在竹草土坯房的农户比重高达40.84%，2018年这一比例已经下降至4.5%，说明贫困地区农村居民的住房条件得到极大改善。此外，近年来贫困地区农村居民在交通通信、教育文化娱乐的比重不断增加，分别由1998年的3%和11%上升至2018年的11%和11.3%，2020年这两类支出分别占比11.72%和10.49%。1998年、2018年贫困地区农村居民人均消费结构如图5.1所示。

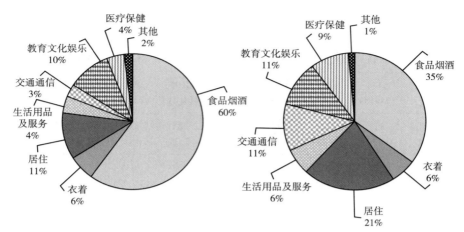

图 5.1　1998 年、2018 年贫困地区农村居民人均消费结构

数据来源：根据《中国农村贫困检测报告》（北京：中国统计出版社）进行整理。

（五）贫困地区粮食生产能力稳步提升

1998 年贫困地区农业机械总动力为 5973 万千瓦特，2015 年贫困地区农业机械总动力达到 25740 万千瓦特。1993 年贫困地区粮食总产量为 6420.04 万吨，占全国粮食总产量的 14.06%，2015 年贫困地区粮食总产量为 14041 万吨，占全国粮食总产量的 22.6%。在人均方面，贫困地区人均粮食产量由 1993 年的 302.4 公斤增加到 2015 年的 579.26 公斤，贫困地区温饱问题基本得到解决。

二、社会性效果指标取得的成就

社会性效果指标同样可以反映减贫效果，具体指标包括文盲、半文盲率、儿童入学率、婴儿死亡率、孕妇死亡率等指标。

在贫困地区，文盲、半文盲严重影响农村居民脱贫致富，2000 年全国文盲、半文盲率已经控制在 10% 以下，但贫困地区文盲、半文盲率仍然在 20% 以上，一些贫困重点村甚至高达 90% 以上。随着教育扶贫以及扫盲工作的开展，贫困地区文盲、半文盲率有所下降，2010 年贫困地区文盲、半文盲率为 10.3%，2016 年这一比例下降至 7.9% 左右。此外，2010 年之后，贫困地区 7 ~ 12 岁儿童入学率均在 98% 以上，13 ~ 15 岁儿童入学率均在 97% 以上，教育扶贫效果较为明显（王嘉毅等，2016）。表 5.5 为贫困地区教育、医疗情况，其中医疗卫生机构床位数由 2002 年的 31.4 万张增加至 2018 年的 128 万张，增长 4.08 倍，医疗卫生技术人员 2002 年为 44.3 万人，其中医生 23.7 万人，2018 年医疗卫生技术人员为 54 万人，其中医生 25.8 万人。

表5.5   贫困地区教育、医疗情况

年份	小学在校学生数（万人）	普通中学在校学生数（万人）	医疗卫生机构床位数（万张）	医疗卫生技术人员（万人）	其中：医生（万人）
2002	2598	1320.8	31.4	44.3	23.7
2004	2427.8	1462.3	31.4	40.5	19.6
2006	2315.6	1482.9	33.4	40.4	20.0
2008	2231.1	1435.5	40.8	43.7	22.1
2010	2106.8	1400.9	49.3	48.6	23.0
2012	2523	1477	76	49.2	23.6
2014	2198	1460	96	51.4	24.8
2016	2191	1444	111	53	25.1
2017	2226	1453	121	53.3	25.6
2018	2237	1490	128	54.0	25.8

数据来源：根据《中国农村贫困检测报告》（北京：中国统计出版社）进行整理。

1997 年农村婴儿死亡率为 37.7‰，2016 年该比率下降至 9‰，1997 年农村孕产妇死亡率为 80.4/10 万，2016 年该比率下降至 20/10 万，1997 年农村 5 岁以下儿童死亡率高达 48.5‰，2016 年该比率下降至 12.4‰（见图 5.2）。这说明，经过 20 年的发展，农村医疗条件得到了一定的改善。

图 5.2　农村孕产妇死亡率、儿童、婴儿死亡率

数据来源：根据《中国农村贫困检测报告》（北京：中国统计出版社）进行整理。

三、过程性指标取得的成就

在过程性指标中，本书选取"五通"建设（通公路、通电、通电话、

通电视节目、通宽带）作为扶贫成效的衡量标准，随着 2020 年脱贫攻坚取得巨大胜利，"五通"指标提升非常明显。

根据表 5.6 所示，公路建设方面，1997 年通公路自然村比重仅为 70.21%，2015 年这一比值达到 90.7%，2013 年主干道经过硬化处理的自然村比重仅为 59.9%，2019 年这一比值达到 99.5%，2018 年自然村通公路的农户比重已经达到 100%。电力建设方面，1997 年通电的自然村比重为 92.85%，2018 年，这一比重达到 100%。通信建设方面，1997 年通电话的自然村比重为 49.43%，2019 年这一比重达到 100%。信息化建设方面，截至 2019 年，通宽带的自然村所占比重为 97.3%。电视节目接受方面，能接收电视节目的自然村由 2002 年的 83.9% 上升到 2010 年的 95.6%，通有线电视节目的自然村由 2012 年的 69% 上升到 2018 年的 88.1%，自然村通有线电视信号的农户比重由 2013 年的 79.6% 上升到 2019 年的 99.1%。可见，贫困地区农村"五通"建设已经取得极大进步，目前没有覆盖的极少数农户主要是分散居住在极其恶劣的自然环境中，针对这些农户，可通过易地扶贫搬迁帮助这些贫困户实现脱贫，同时享受"五通"建设的成果。

表 5.6　　　　　　　　　　贫困地区农村"五通"建设情况　　　　　　　　单位:%

年份	通公路			通电	通电话	通电视节目			通宽带
	通公路自然村比重	主干道经过硬化处理的自然村比重	自然村通公路的农户比重	通电的自然村比重	通电话的自然村比重	能接收电视节目的自然村	通有线电视信号的自然村比重	自然村通有线电视信号的农户比重	自然村通宽带的农户比重
1997	70.21			92.85	49.43				
2002	72.2			92.8	52.6	83.9			
2003	75.1			94.2	59.3	86.7			
2004	77.7			95.3	64.6	88			
2005	79			95.9	74	87.8			
2006	81.2			96	80.2	89.3			
2007	82.8			96.5	85.2	92.2			
2008	84.4			96.8	87.5	92.9			
2009	86.9			98	91.2	94.5			
2010	88.1			98	92.9	95.6			
2012				98.5	93.3		69		
2013		59.9	97.8	99.2	93.3		70.7	79.6	

年份	通公路			通电	通电话	通电视节目			通宽带
	通公路自然村比重	主干道经过硬化处理的自然村比重	自然村通公路的农户比重	通电的自然村比重	通电话的自然村比重	能接收电视节目的自然村	通有线电视信号的自然村比重	自然村通有线电视信号的农户比重	自然村通宽带的农户比重
2014		64.7	99.1	99.5	95.2		75	88.7	
2015	90.7	73	99.7	99.7	97.6		79.3	92.2	71.8
2016			99.8				85.6	94.2	79.8
2018		98.3	100	100	99.9		88.1	98.3	81.9
2019	100	99.5	100	100	100		99.1	99.1	97.3

数据来源：根据《中国农村贫困检测报告》（北京：中国统计出版社）进行整理。

第二节　我国脱贫攻坚中取得的经验

1978 年改革开放以来，我国一直致力于扶贫、减贫，特别是党的十八大以来，在党中央领导下，脱贫攻坚力度之大前所未有，党的二十大报告指出"完成脱贫攻坚、全面建成小康社会的历史任务，实现第一个百年奋斗目标"是党和人民事业具有重大现实意义和深远历史意义的三件大事之一，"我们坚持精准扶贫、尽锐出战，打赢了人类历史上规模最大的脱贫攻坚战，全国八百三十二个贫困县全部摘帽，近一亿农村贫困人口实现脱贫，九百六十多万贫困人口实现易地搬迁，历史性地解决了绝对贫困问题，为全球减贫事业作出了重大贡献"。2020 年，我国全面建成小康社会，贫困地区实现脱贫，农村基本公共服务水平不断提升，减贫事业取得巨大成就，很多成功经验和做法值得总结，同时也可以为其他国家或地区的减贫事业贡献中国智慧、中国方案、中国力量。

一、党中央强大的集中统一领导，完善的扶贫治理体系

中国贫困人口绝对规模较大，致贫原因复杂，扶贫攻坚任务较重，需要强大的统一领导，1984 年首次从国家层面部署扶贫工作，1986 年成立贫困地区开发领导小组，专门负责全国的扶贫工作，之后历届党代会、人代会都将扶贫作为国家重点工作任务。特别是党的十八大以来，中央、省、市、县、乡镇全面加强统一领导，2015 年 11 月，中共中央、国务院

颁布《关于打赢脱贫攻坚战的决定》，文件明确提出："实行中央统筹、省（自治区、直辖市）负总责、市（地）县抓落实的工作机制，坚持片区为重点、精准到村到户。党中央、国务院主要负责统筹制定扶贫开发大政方针，出台重大政策举措，规划重大工程项目。省（自治区、直辖市）党委和政府对扶贫开发工作负总责，抓好目标确定、项目下达、资金投放、组织动员、监督考核等工作。市（地）党委和政府要做好上下衔接、域内协调、督促检查工作，把精力集中在贫困县如期摘帽上。县级党委和政府承担主体责任，书记和县长是第一责任人，做好进度安排、项目落地、资金使用、人力调配、推进实施等工作。"

在党中央强大的集中统一领导下，中国形成一套具有中国特色的反贫困理论体系（见图5.3），地方政府通过发展产业、易地搬迁、教育健康、社会保障兜底等措施，实现扶贫对象全覆盖。

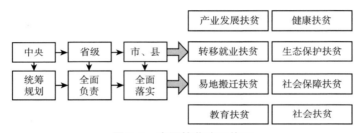

图5.3 中国扶贫治理体系

二、强大的经济实力，完善的财政转移支付体系

经济增长是脱贫攻坚取得全面胜利的前提和保障，一些跨国经验也表明经济增长是解决贫困的根本途径（Ravallion and Chen，2007），从宏观角度，经济增长会增加税收收入，保障财政支出，确保政府有足够的财力开展扶贫减贫工作；从微观角度，经济增长会带来更多的就业岗位，吸纳农村居民外出务工，同时，经济增长还可以通过"涓滴效应"惠及贫困地区。

改革开放之后，我国经济快速增长，已经由1978年的3678.7亿元增长至2021年的114.37万亿元，2010年我国国内生产总值已经跃居世界第二。人均GDP由1978年的385元增加至2021年的80976元，增长210倍。强大的经济实力为扶贫脱贫工作提供坚实的保障。贫困地区生产总值也实现快速增长，1997年贫困地区GDP总量为5549.44亿元，2018年贫困地区GDP总量为69560亿元，增加12.53倍，同时人均GDP也由1997年的2521.32元增加到2018年的22578元。随着中国经济持续稳定增长，我国财政收入能力也不断提升，1978 年全国一般公共预算收入仅为 1132.26 亿元，2021 年全国一般公共预算收入达到 202539 亿元，增长 179 倍。其中，中央一般公共预算收入由 1978 年的 175.77 亿元增加至 2021 年的 91462 亿元，中央财政收入占全国财政总收入的比重由 1978 年的 15.52% 增加到 2020 年的 45.26%，一些年份甚至超过 55%。

1994 年分税制改革之后，中央财政实力稳步增强，中央对财政收入再分配能力进一步提升。中央财政收入能力的提升为脱贫攻坚提供了坚实的基础，据统计，1994 年中央对地方政府财政转移支付仅为 560.75 亿元，2010 年中央对地方政府财政转移支付提升至 30611 亿元，2021 年中央对地方政府财政转移支付达到 82152.34 亿元，1994～2021 年，财政转移支付累计规模超过 68 万亿元，主要投向中西部贫困地区。在财政转移支付结构方面，一般性转移支付比重逐步提升，专项转移支付比重下降幅度较为明显，同时，为配合事权与支出责任相匹配，我国在一般性转移支付中设立共同财政事权转移支付，针对新冠疫情的防治，2020 年我国设置特殊转移支付。

三、强大的理论创新，精准的制度设计体系

2021 年在全国脱贫攻坚表彰大会上，习近平同志首次提出中国特色反贫困理论，这是对我国脱贫攻坚取得全面胜利的深刻总结。[①] 从 1978 年开始，我国扶贫状况发生重大的变化，从解决绝对贫困向解决相对贫困转变、由救济式扶贫向开发式扶贫转移、由区域性扶贫向"精准扶贫"转变，这些变化对扶贫理论发展有着内在的需求，也促使中国形成强大的扶贫理论创新体系（欧阳煌，2017）。在全面建成小康社会之后，我国进一步探索和完善反贫困理论，例如，构建巩固拓展脱贫攻坚与乡村振兴有效衔接的机制、构建解决相对贫困长效机制、实施乡村振兴重点帮扶县等举措。下面，针对我国特色反贫困理论进行简要介绍。

在贫困标准方面，我国一直采用农村居民人均纯收入作为衡量标准，20 世纪 80 年代，根据 21000 大卡/人日的最低营养标准，确定 1978 年贫困线标准，2008 年将低收入人群纳入扶贫对象，确定 2008 年贫困线标准，2010 年，为全面建成小康社会，确定 2010 年贫困线标准，也被称为"现行标准"，2010 年贫困线为 2300 元，之后根据物价进行调整，2020 年贫困线为 4000 元。

---

① 郑有贵. 脱贫攻坚伟大实践孕育中国特色反贫困理论［J］. 红旗文摘，2021（7）.

在脱贫标准方面，我国由单一脱贫指标向多维脱贫指标转变，2016年，中共中央、国务院颁发《关于建立贫困退出机制的意见》，文件明确提出："贫困人口退出以户为单位，主要衡量标准是该户年人均纯收入稳定超过国家扶贫标准且吃穿不愁，义务教育、基本医疗、住房安全有保障；贫困村退出以贫困发生率为主要衡量标准，统筹考虑村内基础设施、基本公共服务、产业发展、集体经济收入等综合因素。原则上贫困村贫困发生率降至2%以下（西部地区降至3%以下）；贫困县退出以贫困发生率为主要衡量标准。原则上贫困县贫困发生率降至2%以下（西部地区降至3%以下）。"此外，各级地方政府在此基础上，又增加一些额外指标，如安全饮水、用电条件等，积极参与脱贫"锦标赛"（王刚和白浩然，2018）。

在扶贫对象方面，中国最初的扶贫对象覆盖全国农村地区，但随着减贫工作的推进，贫困分化现象较为明显，根据这些变化，中央适时作出调整，将原本用于东部地区的国家扶贫开发重点县指标全部用于中西部地区。2011年，在重新确定592个国家扶贫开发重点县的基础上，又划分14个连片特困地区。

在扶贫方式上，改变最初救济式扶贫，坚持实施"开发式扶贫"，我国贫困地区自然环境恶劣，经济基础薄弱，如果仅仅依靠"输血"，贫困状况很难得到根本改变，甚至造成"无血可输"的局面。开发式扶贫强调"造血"功能，进而从根本上解决贫困问题。一是注重贫困地区农产品产业化发展，2016年扶贫资金总额中，投入到农业、林业、畜牧业以及农产品加工的资金占到20%，农产品产业化发展不仅可以带动农民脱贫致富，而且能够提高贫困地区自身的发展能力；二是注重贫困地区人力资本投资，"扶贫先扶智""既要扶志，也要扶智"，均体现对贫困地区人力资本的重视，2016年，扶贫资金总额中，劳动力职业技能培训、农村中小学建设及营养餐计划资金占到11.29%。三是注重贫困地区农村基础设施的建设，2016年，农村"五通"建设等基础设施资金占到20.14%。

在扶贫瞄准上，精准扶贫、精准脱贫理论体系逐步完善，瞄准扶贫对象更加精准，脱贫效果更加明显（陈升等，2016；倪羌莉，2016）。目前，中国扶贫思路与方式已经全面转向"精准滴灌"式扶贫，扶贫工作主要以"六个精准"和"五个一批"作为重要抓手。2020年之后，为巩固拓展脱贫攻坚成果，继续坚持"四个不摘"政策，对于经济薄弱的脱贫县，"扶上马，送一程"，同时在西部地区确定160个乡村振兴重点帮扶县，继续支持这些经济基础薄弱地区的发展。

回顾我国的扶贫脱贫历程，我国的扶贫均是在中央政府的领导下，自上而下开展扶贫工作。在顶层设计方面，中央在不同历史阶段，针对不同贫困状况，国家出台一系列制度性文件，保障扶贫工作顺利开展。

四、强大的社会力量，构建大扶贫格局体系

中国形成了专项扶贫、行业扶贫和社会扶贫的大扶贫格局（张琦和冯丹萌；2016），在经济新常态背景下，社会扶贫深度参与，能够在多个领域有效带动贫困人口脱贫致富（李晓辉，2015）。

我国一直鼓励和动员企业和社会各界参与扶贫工作，包括定点帮扶、东西协作扶贫、企业帮扶、国际交流合作等。例如，在东西部协作中，除提供财政资金援助外，在人才、技术等各个方面进行全面深入合作，并启动经济强县（市）与国家扶贫开发工作重点县"携手奔小康"行动；社会扶贫中，实施扶贫志愿者行动计划，每年动员不少于 1 万人次到贫困地区参与扶贫工作。

这一部分涉及的定点帮扶、东西协作扶贫、企业帮扶、国际交流合作等内容，在第四章有详细的论述，在此不再赘述。

第三节　巩固拓展脱贫攻坚中的挑战

改革开放以来，中国扶贫工作取得巨大成就，2020 年实现了全面建成小康社会宏伟目标，但取得脱贫攻坚胜利的同时，我国在巩固拓展脱贫攻坚方面也面临诸多挑战，这既包括具体扶贫举措在实施方面存在的问题，也包括宏观方面区域发展差距等存在的问题。针对这些问题和挑战，必须未雨绸缪，为解决相对贫困、乡村振兴以及实现共同富裕作出坚实基础。

一、扶贫举措实施过程中存在的问题

我国在扶贫举措上有很多创新的做法，当然也取得显著的成效，不过在具体执行过程中，根据审计署扶贫审计情况来看，突出表现为以下几个问题。

一是帮扶对象不精准。"六个精准"中首要任务就是要精准确定帮扶对象，虽然在大数据条件下，公安、银行、房产局、车管所等数据已经实现信息共享，能够确定农户的基本收入、财产信息，但在个别地区仍然存

在帮扶对象不精准问题。一些地方在导入贫困户数据过程中，由于部分农民外出打工，无法及时录入农户详细信息，真正需要帮助的农户并未完全纳入其中。在笔者实地调研的33个国家扶贫开发重点县中，均不满足帮扶对象100%精准的要求。此外，帮扶对象不精准将直接影响最终的扶贫效果，一些非贫困户享受收入补贴、政策补贴的优惠，在农村引发一些社会矛盾。2020年虽然已经全面建成小康社会，农村贫困人口全部脱贫，但从目前一些"回头看"审计情况以及社会舆论调查情况来看，依然存在一些前期工作中帮扶对象不精准问题。

二是部分扶贫举措效果差。理论上，各类扶贫举措均可以起到很好的扶贫效果，但在实践中，经常会暴露出很多问题。以易地扶贫搬迁为例，在实际调研过程中，这一项目存在诸多问题。首先，搬迁地的选址问题并没有统一规定，一些地方将居民山顶的房子搬到山腰，即实现易地搬迁的任务，但并没有实质改变居民的生产生活环境。其次，易地扶贫搬迁仅规定不超过限定面积，但未规定最小面积，一些农户自行搭建"微型"房屋，仍然正常申请易地扶贫搬迁补贴。再次，易地扶贫搬迁强调留得住能致富，但一些地方仅仅停留在"建房子"这一层面，不仅没有配套完善的基础设施、更没有相应的产业配套，后续衔接不畅，造成居民不愿搬，不想搬。易地扶贫搬迁之后的后扶工作仍需要进一步完善。最后，在实际工作中，缺乏一定的人文关怀。

三是脱贫户内生发展动力不足，返贫风险较大。虽然2020年之后，我国解决"绝对贫困"问题，但一些脱贫户"等、靠、要"的"贫困文化"依然存在。目前一些贫困户之所以能够脱贫，一方面获得上级政府大量财政补贴，另一方面采取"搭便车"行为，获得一些扶贫项目的产业分红。一旦巩固拓展脱贫攻坚成果5年过渡期结束，对脱贫户的扶持力度下降之后，这些人群返贫风险将大大增加。笔者将基于贫困户收入结构变化对这一问题进行分析。详见图5.4。

2000年，贫困地区农村居民收入主要来自经营性收入和工资性收入，转移支付收入占比仅为1.77%。随着脱贫攻坚工作的不断深入，贫困地区农村居民收入结构发生重大变化：2010年，转移性收入占比为8.9%，2016年已经跃居至23.9%，2020年转移性收入占比达到28.3%，较2000年增长26.53个百分点，如果按照五等分划分方法，低收入组转移支付超过45%。目前贫困地区农村居民收入结构存在一定的风险，转移支付主要来自上级政府各类财政资金，目前，全球经济下滑，我国财政也面临严重的收支压力，一旦降低财政转移支付力度，贫困地区居民收入很可能面临

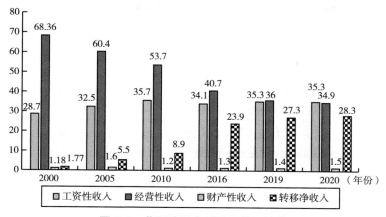

图 5.4 贫困地区农村居民收入结构

数据来源：根据《中国农村贫困检测报告》（北京：中国统计出版社）进行整理。

下滑的风险。

四是贫困地区产业升级后劲不足。一些地方为积极实现脱贫，在产业发展中往往选择技术水平较低的初级农产品或劳动密集型产业，具有一定的"短视"行为，并没有培养具有真正实力的龙头企业和农村集体经济。虽然中央要求设置 5 年过渡期保障各项政策稳定，但最终随着财政、金融等政策扶持力度的下降，这些产业很难继续保持快速增长。此外，由于扶贫产业发展具有"雷同性"，造成一些农产品产能过剩，例如在扶贫项目中，推广核桃种植、花椒种植等，造成市场供给过剩，价格偏低。

二、脱贫地区经济基础依然薄弱

首先，虽然目前贫困县已经实现全部脱贫摘帽，但经济基础和财政收入能力依然较为薄弱，特别是进入新常态之后，经济增速有所下滑，图 5.5 为贫困地区人均 GDP 增长率和人均财政收入增长率，从图 5.5 中可以看到，贫困地区的人均 GDP 和人均财政收入增长率下降趋势较为明显。当前，国际环境复杂多变，在此背景下，稳定全国经济的同时，保障贫困地区经济增长、提高贫困地区人均财政收入水平至关重要。

其次，贫困地区财政收支矛盾突出，表 5.7 为贫困地区整体的财政收入情况，人均财政收支差额由 2002 年的 353.4 元增加至 2018 年的 5464元，2002 年人均财政收支倍数为 3.82，2018 年人均财政收支倍数为5.17，这说明贫困地区财政收入远不能满足地方财政支出的需要，而且收支差距越来越大。从另一个角度看，贫困地区的主要财政支出依然依赖上

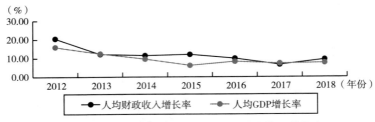

图 5.5 贫困地区人均 GDP 和人均财政收入增长率

数据来源：根据《中国农村贫困检测报告》（北京：中国统计出版社）进行整理。

级政府大规模财政转移支付，地方政府自身的财政收入能力仍然比较
薄弱。

表 5.7   贫困地区财政收入概况

年份	人均一般预算收入（元）	人均一般预算收入增长率（％）	人均一般预算支出（元）	人均一般预算支出增长率（％）	人均财政收支差额（元）	人均财政收支倍数
2002	125.3	—	478.7	—	353.4	3.82
2003	138.2	10.30	533.9	11.53	395.7	3.86
2004	152.4	10.27	633.9	18.73	481.5	4.16
2005	178.2	16.93	777.8	22.70	599.6	4.36
2006	226.8	27.27	979.5	25.93	752.7	4.32
2007	284.5	25.44	1297	32.41	1012.5	4.56
2008	354.3	24.53	1775.9	36.92	1421.6	5.01
2009	428.7	21.00	2287.5	28.81	1858.8	5.34
2010	559	30.39	2861.9	25.11	2302.9	5.12
2011	604.3	8.10	3142.4	9.80	2538.1	5.20
2012	728.3	20.52	3781.3	20.33	3053	5.19
2013	816.9	12.17	4555.9	20.49	3739	5.58
2014	910.7	11.48	4983.3	9.38	4072.6	5.47
2015	1020.4	12.05	5284.4	6.04	4264	5.18
2016	1122	9.96	5905.3	11.75	4783.3	5.26
2017	1196.5	6.64	6297.3	6.64	5100.8	5.26
2018	1309.6	9.45	6773.6	7.56	5464	5.17

资料来源：根据《中国农村贫困检测报告》（北京：中国统计出版社）进行整理。

再次，筹集支持脱贫地区发展的财政转移支付资金压力较大，近年
来，我国经济增速下滑，2021 年 GDP 增长率为 8.1%，2022 年 GDP 增长

率下滑至3%，特别是受当前复杂经济形势的影响，我国财政收入增长乏力，2020年，全国一般公共预算收入182895亿元，同比下降3.9%。其中，中央一般公共预算收入82771亿元，同比下降7.3%（中国统计年鉴，2023）。在这种情况下，一方面全国财政收入下降必然导致中央支持脱贫地区的财政转移支付规模会受到影响，另一方面脱贫地区需要增加财政转移支付继续巩固拓展脱贫攻坚成果，财政转移支付供需矛盾突出。

最后，2020年贫困县全部"脱贫摘帽"后，虽然国家设立五年过渡期，继续"扶上马送一程"，但与之前动员全社会参与扶贫的力度相比，对脱贫地区的扶持力度必然有所下降。这些帮扶政策一旦消失，脱贫县能否保持现有的发展速度，能否防止出现大规模返贫，这对地方政府来说均是较大的考验。

三、区域间经济社会发展差距依然较为明显

如果不考虑具体扶贫举措，仅仅从发展角度进行分析，目前巩固脱贫攻坚成果和解决相对贫困问题仍然面临一些挑战，尤其考虑到贫困地区与非贫困地区之间发展不平衡不充分的问题。

（一）区域经济发展差距较大

我国东、中、西不同区域之间经济发展差距较大，2021年广东GDP总量为12.44万亿元，西藏GDP总量仅为0.21万亿元，两者相差接近60倍。2021年北京人均GDP为18.4万元，甘肃人均GDP仅为4.1万元，两者相差4.48倍。

在财政能力方面，2021年广东一般公共预算收入为14103.43亿元，西藏一般公共预算收入仅为220亿元，两者相差64倍，2021年上海人均一般公共预算收入为3.12万元，广西人均一般公共预算收入仅为0.36万元，两者相差8.7倍。如图5.6所示。

（二）居民收入差距较大

基尼系数是衡量居民收入差距的重要指标，1978年改革开放初期我国基尼系数为0.317（李实等，2021），1994年基尼系数首次超过国际警戒线0.4，2008年基尼系数高达0.491，2019年和2020年基尼系数分别为0.465和0.468，近二十年来，我国基尼系数虽有所波动，但基本都属于高位状态，这说明我国居民收入差距依然较大。

从具体情况来看，一方面城乡居民之间的收入差距过大。1978~2021年，城镇居民人均可支配收入由343.4元增长至47412元，增加138倍，年均增值率为12.31%；农村居民人均可支配收入由133.57元增长至

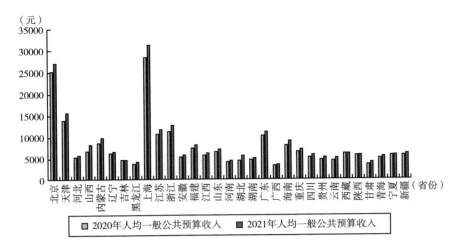

（元）

图 5.6 2020 年、2021 年人均一般公共预算收入

资料来源：笔者根据《中国统计年鉴》（北京：中国统计出版社）整理获得。

18931 元，增加 141.7 倍，年均增值率为 12.39%（见表 5.8），可见，城乡居民人均可支配收入均显著增加，特别是我国开展脱贫攻坚以来，农村居民人均可支配收入增速高于城镇居民人均可支配收入，但是从城乡居民收入比来看，城乡居民人均可支配收入比值仍然维持在 2.6 左右，不仅高于英国、加拿大等发达国家，也高于印度等发展中国家（李实，2021）。

表 5.8 1978～2021 年我国城乡居民收入情况

年份	城镇居民人均可支配收入（元）	农村居民人均可支配收入（元）	城乡居民可支配收入比	城镇居民可支配收入较上年增值率（%）	农村居民可支配收入较上年增值率（%）	城镇高低收入户可支配收入比值	农村高低收入户可支配收入比值
1978	343.4	133.57	2.57	—	—	—	—
1988	1180.2	544.9	2.17	17.77	17.79	—	—
1998	5418.2	2171.2	2.50	5.00	3.88	—	—
2008	15549.38	4998.79	3.11	14.31	15.53	5.71	—
2010	18779.07	6272.44	2.99	11.12	15.41	5.41	—
2012	24126.71	8389.28	2.88	12.60	13.46	4.97	—
2014	28843.85	10488.88	2.75	8.98	11.23	5.49	8.65
2016	33616.25	12363.41	2.72	7.76	8.24	5.41	9.46

年份	城镇居民人均可支配收入（元）	农村居民人均可支配收入（元）	城乡居民可支配收入比	城镇居民可支配收入较上年增值率（%）	农村居民可支配收入较上年增值率（%）	城镇高低收入户可支配收入比值	农村高低收入户可支配收入比值
2018	39250.84	14617.03	2.69	7.84	8.82	5.90	9.29
2019	42358.8	16020.67	2.64	7.92	9.60	5.90	8.46
2020	43833.76	17131.47	2.56	3.48	6.93	6.16	8.23
2021	47412	18931	2.50	8.16	10.50	——	——

资料来源：笔者根据《中国统计年鉴》（北京：中国统计出版社）整理获得。

另一方面，城镇居民和农村居民内部收入差距过大。按照五等分原则，2020 年城镇居民人均可支配收入高收入组为 96061.64 元，城镇居民人均可支配收入低收入组为 15597.71 元，两者相差 6.16 倍，2020 年农村居民人均可支配收入高收入组为 38520.26 元，农村居民人均可支配收入低收入组为 4681.45 元，两者相差 8.23 倍，可见，我国目前不仅城乡居民之间的收入差距过大，而且城镇居民内部和农村居民内部之间的收入差距更大，农村居民收入之间的差距甚至高于城镇。

（三）基本公共服务差距较大

近年来，我国基本公共服务整体水平得到极大提升，但区域之间以及城乡之间基本公共服务差距依然较大。本书主要从教育、医疗卫生和社会保障三个方面进行说明，首先在教育方面，2020 年福建省普通小学师生比为 18.82，吉林省普通小学师生比仅为 11.32，与全国平均水平相比仍存在较大差距。在师资力量方面，2019 年城区小学专任教师中，大学本科以上师资占到 70% 以上，农村小学专任教师中，大学本科以上师资仅为 37%。其次，在医疗卫生方面，2020 年北京每千人拥有的卫生技术人员数为 12.61，西藏和江西每千人拥有的卫生技术人员数分别为 6.23 和 6.33，相差近 2 倍。2018 年城市每千人拥有的卫生技术人员数和每千人拥有的医疗卫生机构床位数分别为 10.8 和 9.02，农村每千人拥有的卫生技术人员数和每千人拥有的医疗卫生机构床位数分别为 3.86 和 3.76，可见，城乡医疗卫生水平差距较大。最后，在社会保障方面，2020 年上海人均净转移性收入为 18776.38 元，而西藏和甘肃净转移性收入分别为 3268.7 元和 3946.8 元，相差近 4.8 倍。2021 年全国城市居民人均净转移性收入为 8497 元，农村居民人均净转移收入为 3937 元，虽然较以往年度两者差距有所缩小，但仍相差 2.16 倍。① 此外，岳希明和种聪（2020）根据中国家庭收入调查数据（CHIP）测算，2018 年城镇居民养老金是农村居民的 9 倍。城乡居民社会保障差距较大的原因主要在于城市居民退休可以领取养老金，失业可以领取失业金，但农村居民缺乏完善的保障机制（李丹和裴育，2019）。

（四）脱贫县各类指标与全国平均水平仍存在较大差距

首先，在经济发展方面，虽然近年来脱贫地区经济增长方面取得长足进步，但脱贫地区与其他地区相比，经济基础仍然较为薄弱，1997 年贫困地区 GDP 占全国 GDP 的比重为 6.92%，2018 年这一比重为 7.73%，增幅较小。人均指标方面，1997 年贫困地区人均 GDP 占全国人均 GDP 的比重为 39%，2008 年这一比值下降至 35%，下降 4 个百分点，可见，贫困地区与其他地区在经济实力方面依然存在较大差距。②

其次，在财政收入方面，脱贫地区的财政实力较弱，财政支出依然依靠上级政府的财政转移支付，但是，目前中国经济增速有所放缓，财政收入增速有所下降，2014~2020 年，中国财政收入增长率分别为 8.64%、8.48%、4.82%、7.4%、5.88%、5.56%、5.26%，基本保持在个位数增长。此外，中央财政收入占全国财政收入的比重有所下降，2020 年这一比重为 45.26%，这些因素都直接影响中央对贫困地区的财政转移支付力度。

再次，在农村居民人均可支配收入方面，2013 年全国农村常住居民可支配收入为 9430 元，贫困地区常住居民可支配收入为 6080 元，两者相差 1.55 倍。2020 年全国农村常住居民可支配收入为 17131 元，贫困地区常住居民可支配收入为 12588 元，两者相差 1.36 倍。虽然两者差距有所缩小，但绝对规模的差距仍然较大。

最后，在一些反映居民生产生活质量的指标中，脱贫地区与其他地区仍存在一些差距，例如 2001 年，贫困地区人均用电量占全国农村人均用电量的比重为 22.48%，不到 1/4，如果和城市居民用电量相比，差距将更加明显，2018 年这一比重为 18.23%，下降 4.25 个百分点，这说明贫困地区居民生产生活质量仍存在进一步提升的空间。区域间发展不平衡问题依然较为严重。

可见，我国在区域经济发展、城乡发展、居民收入以及基本公共服务方面仍存在较大差距，中西部脱贫地区虽然已经脱贫，但经济基础依然薄

---

①② 作者根据历年《中国统计年鉴》和《中国财政年鉴》整理获得。

弱，仍然需要财政转移支付的支持，无论是对脱贫地区实施五年过渡期，还是在中西部地区设立 160 个乡村振兴帮扶县，均充分体现财政转移支付未来的工作重点。

当然，这些问题和挑战，属于发展中存在的问题，需要加大顶层制度设计、加强考核力度、借助审计力量，真正将财政资金和财政政策用在"刀刃"上。而至于宏观区域发展不平衡的问题，需要认识和正视这些差距，以便在"后脱贫时代"解决相对贫困时，缩小区域间经济发展差距，实现共同富裕。

2020 年我国取得脱贫攻坚的伟大胜利，与此同时，中国减贫事业也迎来重要转折期，巩固拓展脱贫攻坚成果和解决相对贫困将是 2020 年之后中国长期帮扶面临的主要挑战。当然，我们也必须认识到，虽然贫困县已经全部脱贫，但西部地区脱贫县经济基础仍然较为薄弱，巩固脱贫攻坚成果难度较大，这还需要进一步发挥中国扶贫智慧，制定具有针对性的帮扶政策。

通过以上分析，我们必须清晰地认识到巩固拓展脱贫攻坚成果和解决相对贫困将是今后一段时期内中国帮扶面临的主要挑战。此外，虽然我国脱贫攻坚成果取得巨大成效，但这些成效的取得究竟是财政转移支付的"输血"作用还是"造血"作用？如何客观评估财政转移支付的减贫成效？如何在巩固拓展脱贫攻坚成果中继续发挥和提升财政转移支付在"阻返"和"促发展"方面的重要作用？如何通过财政转移支付解决相对贫困问题？如何在巩固拓展脱贫攻坚成果与乡村振兴衔接方面进一步提升财政转移支付的作用？这将是本书接下来研究的重点。

第六章　财政转移支付减贫效应评估

本章主要介绍财政转移支付减贫效应及内在提升机制研究。主要包括五个方面的内容：一是通过构建多维减贫指标体系，研究财政转移支付对贫困地区的减贫效应；二是分析均衡性转移支付对贫困地区基本公共服务供给的影响；三是在减贫效应分析的基础上，分析财政转移支付的"输血"能力和"造血"能力；四是研究财政转移支付对地方政府财政收入能力和支出能力的影响；五是进一步分析，主要考察财政转移支付不确定性对地方财政支出的空间溢出效益以及探究贫困地区是否存在税收竞争行为。

第一节　财政转移支付的减贫效应研究

一、研究思路

根据前面所述，以往学者关于财政转移支付的减贫效应进行了大量研究，一些学者认为财政转移支付既可能有效减少贫困（张川川等，2015；陈国强等，2018），也可能对减贫效应的影响并不显著（卢盛峰和卢洪友，2013；樊丽明和解垩，2014），但以往研究中涉及的转移支付主要指的是城市公共救助体系、农业补贴、农村养老保障、城乡低保等内容，而政府间其他各类财政转移支付并未引起学者的高度重视；研究对象主要根据各大高校和研究机构的家庭微观调查数据，例如，刘穷志（2010）采用中国农村住户调查（RHS）数据，樊丽明和解垩（2014）、卢盛峰等（2019）采用中国健康和营养调查（CHNS）数据，陈国强等（2018）、徐超和李林木（2017）采用中国家庭追踪调查（CFPS）数据，苏春红和解垩（2015）采用中国健康与养老追踪调查（CHARLS）数据。此外，以往研究涉及的减贫指标主要聚焦微观贫困人口的收入水平、家庭收入、劳动供给等，缺乏基于宏观角度分析财政转移支付的减贫效应，特别是针对贫困地区宏观经济环境、内在"造血"能力、农村生产生活条件、不同区域经济发展差距等方面缺乏深入研究。目前，在已有涉及宏观层面财政转移支付减贫效应的研究较少，在已有的研究文献中，毛捷（2012）考察"八七扶贫攻坚"时期财政转移支付对地方政府行为的影响，马光荣等（2015）、张凯强（2018）考察财政转移支付对贫困地区经济稳定及经济增长的影响，卢洪友和杜亦譞（2019）将财政"收入端"与"支出端"纳入统一分析框架，分析财政再分配体系对减贫的影响，这些研究均从宏观层面分析财政转移支付，但研究重点均不是财政转移支付的减贫效应，也未考察贫困地区与其他地区之间发展的差距问题。如果大规模财政转移支付未能改善贫困地区宏观经济环境、提升内在"造血"能力，有效缩小区域差距，那么财政转移支付的减贫效应将大打折扣，财政转移支付制度及部分减贫举措需重新考量。一些现实情况也印证这些担忧，一些贫困县经过近些年的发展，对财政转移支付依赖度仍高达90%以上，经济发展缓慢、财政收入下滑、生产生活条件落后。还有一些贫困县为完成脱贫任务，利用上级财政转移支付资金，采取"针对性"脱贫办法，例如对贫困家庭实施"现金补贴"，仅围绕贫困村改善生产生活条件，这些地区的贫困家庭即使脱贫，也很难致富，甚至会出现大量返贫现象。此外，在目前"精准脱贫"引导下，大部分学者往往较为关注微观家庭数据，但如果忽略贫困地区整体经济发展，财政转移支付的减贫效应将难以持续。鉴于此，本书拟解决的问题如下：一是2001年以来，贫困地区获得大量财政转移支付，那么，大规模财政转移支付对贫困县自身的发展如何，是否有效提升自身"造血"能力；二是贫困地区相对其他地区获得更多财政转移支付，那么，大规模财政转移支付是否真正缩小贫困地区与其他地区各类指标的差距。本书具体研究工作如下：首先，选取2001～2010年国家扶贫开发重点县为研究对象，这一时期扶贫县名单及扶贫政策较为稳定，数据较为翔实，能够规避数据缺乏及政策冲击带来的影响，而且这一时期财政转移支付规模增速较快，规模较大；其次，选取财政转移支付作为核心指标，不再仅仅局限针对家庭的公共转移支付；最后，构建反映贫困地区减贫效应的多维指标体系，既包括微观指标，也包括宏观指标，同时考虑绝对指标以及衡量地区差距的相对指标，以最大可能客观反映财政转移支付的减贫效应。

二、理论机制分析

财政转移支付既是贫困地区的主要收入来源，也是贫困地区的主要支出来源，因此，财政转移支付对贫困地区的减贫效应可以从两个角度分别进行分析。

（一）基于收入角度

财政转移支付主要包括一般性转移支付（含均衡性转移支付）、专项转移支付以及税收返还。在一般性转移支付中，特别是均衡性转移支付，在资金分配公式中，对"老、少、边、穷"地区相应增加权重，而国家扶贫开发重点县主要分布在这些地区，国家扶贫开发重点县可获得大量一般性转移支付，为贫困地区减贫脱贫提供重要资金支持。专项转移支付"专款专用"，主要体现上级政府目标，特别是2000年之后，为促进西部大开发以及完成减贫目标承诺，"戴帽"下达的专项转移支付不断增加，根据前面的统计结果，国家扶贫开发重点县获得的财政转移支付中，专项转移支付占比最大。税收返还主要与增值税、消费税以及所得税直接挂钩，其分配机制可以激励地方政府大力发展自身经济，提升"造血"能力。

（二）基于支出角度

在财政转移支付支出方面，财政转移支付减贫效应既涉及微观层面，也涉及宏观层面。从微观上看，其机制可以表现在两个方面，一是一些财政转移支付项目可以直接提高贫困人口的收入水平，如农村低保、农业补助、救济金等。据统计，贫困地区农村居民家庭收入结构中，财政转移性收入由2000年的1.77%上升至2020年的28.3%，增长26.53个百分点，其中，低收入组转移性收入占比达到45.4%。二是一些专项转移支付可以为贫困地区贫困户提供政策保障，为贫困户提供发展机会，间接提升贫困人口收入水平，如扶贫贴息贷款、以工代赈等，引导农村贫困人口参与生产和就业，实现"扶智与扶志"相结合，提高农村生产生活水平，改善贫困人口精神面貌。当然，过多的转移支付也可能给贫困居民造成反向激励，导致"养懒人"现象，使贫困人口长期陷入"贫困陷阱"。从宏观上看，财政转移支付减贫效应作用机制也表现在两个方面，一是大规模财政转移支付可以有效促进贫困地区经济增长，在"涓滴效应"下惠及贫困人口。随着地方经济的发展，可为贫困人口提供更多的就业机会，同时改善贫困地区财政收入状况，提升自我"造血"能力。二是大规模财政转移支付可以有效缓解贫困地区财政支出不足问题，改善贫困地区的生产建设能力和基本公共服务水平，例如加大对贫困地区基础设施建设、农村教育和农村医疗方面的投入等，这些基本公共服务的供给，可以有效改善贫困人口的生产生活条件、提高教育水平和医疗保障水平，从而有利于贫困人口摆脱贫困。

财政转移支付减贫效应传导机制如图6.1所示。

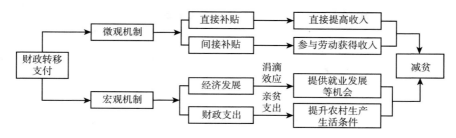

图 6.1　财政转移支付减贫效应传导机制

三、减贫指标体系的构建及测算

（一）多维指标体系的构建

为全面衡量财政转移支付的减贫效应，本书将构建多维指标体系。指标体系主要包括两部分：一是绝对指标，包括贫困地区贫困人口、贫困发生率、人均 GDP、人均一般预算财政收入、人均用电量以及户均农业机械总动力。二是相对指标，包括贫困地区人均 GDP 占全国人均 GDP 的比重、贫困地区人均一般预算财政收入占全国人均一般预算财政收入的比重、贫困地区人均用电量占全国人均用电量的比重，贫困地区户均农业机械总动力占全国户均农业机械总动力的比重。具体指标详见表 6.1。

表 6.1　　　　　　　　　贫困地区减贫指标体系

项目	指标	公式	变量含义
绝对指标	农村贫困人口（rpop）		$rpop_{it}$：i 县 t 年农村贫困人口
	农村贫困发生率（por）	$Por = \dfrac{rpop}{rpo}$	por_{it}：i 县 t 年农村贫困发生率
	人均 GDP（rgdp）	$rgdp = \dfrac{GDP}{po}$	rpo_{it}：i 县 t 年农村人口 po_{it}：i 县 t 年人口规模
	人均一般预算收入（rrev）	$rrev = \dfrac{rev}{po}$	tpo_t：t 年全国人口规模 GDP_{it}：i 县 t 年生产总值
	农村人均用电量（rre）	$rre = \dfrac{re}{rpo}$	$tGDP_t$：t 年全国生产总值 rev_{it}：i 县 t 年一般财政收入
	农村户均农业机械总动力（hmac）	$hmac = \dfrac{rmac}{rhou}$	$trev_t$：t 年全国一般预算收入 re_{it}：i 县 t 年农村用电量
相对指标	人均 GDP 占全国人均 GDP 比重（rgdpr）	$rgdpr = \dfrac{GDP}{po} \Big/ \dfrac{tGDP}{tpo}$	tre_t：t 年全国农村用电量 $rmac_{it}$：i 县 t 年农村农业机械总动力
	人均一般预算收入占全国人均一般预算收入比重（rrevr）	$rrevr = \dfrac{rev}{po} \Big/ \dfrac{trev}{tpo}$	$trmac_t$：t 年全国农村农业机械总动力
	农村人均用电量占全国人均用电量的比重（rrer）	$rrer = \dfrac{re}{rpo} \Big/ \dfrac{tre}{trpo}$	

项目	指标	公式	变量含义
相对指标	农村户均农业机械总动力占全国农村户均农业机械总动力的比重（hmacr）	$hmacr = \dfrac{rmac}{rhou} \Big/ \dfrac{trmac}{trhou}$	$rhou_{it}$：i县t年农村户数 $trhou_t$：t年全国农村户数

本书指标的选取不仅包括微观家庭层面能够直接反映减贫效映的农村贫困人口和农村贫困发生率，也包括宏观层面反映贫困地区经济发展、地方财政收入的其他指标。此外，本书认为，考察财政转移支付对贫困地区的减贫效应，不能仅仅以贫困地区自身指标的发展作为减贫效应的衡量指标，还必须考虑贫困地区与全国平均水平的相对减贫效应。因此，本书指标体系中既包括绝对指标，也包括相对指标。

一些学者认为该指标体系忽略了一些重要指标，如农村贫困人口人均纯收入，本书认为这些指标虽然较好反映贫困地区的减贫效应，但公开统计年鉴中还没有详细公布到每一个县的农村贫困人口人均纯收入，即使是农村居民纯收入，很多省份提供的数据也非常不完整，例如河北省提供了较为详细的各县农村居民纯收入，而其他省份并未提供详细数据。因此，本书并没有将这些指标纳入指标体系中。

（二）具体指标的测算

1. 贫困人口和贫困发生率。2010年之后，国家开始公布各省份农村贫困人口以及各省份贫困地区农村贫困人口，但2010年之前，相关数据缺失严重，一些学者直接采用《新中国六十年统计资料汇编》公布的贫困数据，但此数据仅限于部分省级贫困数据，且不同省份的贫困标准还存在较大差距，如北京市公布的是按照北京市贫困标准确定的贫困人口。还有一些学者采用测算的方法测算贫困数据，如张克中等（2010）采用Povcal软件测算部分贫困数据，徐爱燕和沈坤荣（2017）采取五等分分组中最低20%人口的收入与当地平均收入的比值，测算贫困程度，陈俊聪和张瑾（2018）采取农村人均纯收入×农村人口占比＋城镇人均总收入×城镇人口占比测算贫困水平。这些测算方法具有一定的合理性，也为本书研究提供一定借鉴作用，但这些测算方主要适用于省级贫困数据的测算。

对于国家扶贫开发重点县，目前公开统计年鉴中没有公布每一个县级政府的贫困人口和贫困发生率，因此，测算国家扶贫开发重点县贫困人口和贫困发生率是本书的重要内容之一。笔者认为，虽然公开年鉴无法直接获取此项数据，但可以通过其他方式计算获取，本书主要做法如下：首先，在国家扶贫开发重点县的乡村人口中扣减乡村从业人员（含农林牧渔业），其次，在扣减后的人口中，根据五等份原则，选取最低一档作为贫困人口，这样可以排除农村非就业人口中包含的农村学生、老人等特殊人群。虽然理论上这样测算结果较为"模糊"，但仍可以作为一种测算方法，为验证测算结果的稳健性，本书将《中国农村贫困检测报告》公布的国家扶贫开发重点县总的贫困人口和贫困发生率与测算的结果进行对比。从结果来看，无论是贫困人口还是贫困发生率，与《中国农村贫困检测报告》公布数据相差较小。即便如此，一些学者认为这种测算仍有可能会"虚增"农村贫困人口，为解决这一问题，在实证分析部分，本书将同时采用1978 年绝对贫困标准下测算的贫困人口和2008 年低收入贫困标准下测算的贫困人口进行分析（见表6.2）。

表6.2　　　　　国家贫困县农村贫困人口及贫困发生率

年份	1978 年标准				2008 年标准			
	官方贫困人口（万人）	官方贫困发生率（%）	测算贫困人口（万人）	测算贫困发生率（%）	官方贫困人口（万人）	官方贫困发生率（%）	测算贫困人口（万人）	测算贫困发生率（%）
2001	1812	9.1	1839	9.9	5042	25	5057	27.5
2002	1752	8.9	1825	9.88	4828	24.3	4929	26.68
2003	1763	8.9	1830	9.8	4709	23.7	4745	25.47
2004	1613	8.1	1620	8.69	4193	21	4232	22.69
2005	1433	7.1	1528	8.11	3611	18	3831	20.53
2006	1266	6.3	1410	7.48	3110	15.4	3350	17.77
2007	1051	5	1159	6.09	2620	13	2674	14.07
2008			1067	5.59	2421	11.9	2490	12.89
2009			881.65	4.62	2175	10.7	2292	12.03
2010			757	3.71	1693	8.3	1892	9.26

资料来源：根据《中国农村贫困检测报告》（北京：中国统计出版社）进行整理。

2. 其他指标的测算。除贫困人口和贫困发生率之外，本书还选取其他一些指标衡量贫困地区的减贫效应。具体包括：贫困地区人均 GDP，该指标反映贫困地区的经济发展水平。中央每年对贫困地区实施大规模财政转移支付，这些财政转移支付是否提升贫困地区自身的"造血"能力，直接关系扶贫的最终效果以及扶贫成果的持续性。2001 年贫困地区人均 GDP 为 2658.18 元，2010 年贫困地区人均 GDP 为 11169.91 元，较 2001年增加 4.2 倍，说明贫困地区经济得到一定的发展，特别是 2005 年之后，增长速度较快。基于相对指标来看，贫困地区人均 GDP 占全国人均 GDP 的比重由 2001 年的 30.60% 上升至 2010 年的 36.26%，该比重虽有所上升，但差距依然较为明显。

贫困地区人均一般预算收入，该指标反映贫困地区的财政收入水平。贫困地区减贫任务较重，每年需要投入大量财政资金，为满足财政支出需要，除获得上级政府财政转移支付外，贫困地区还需要提升自身的财政实力。2001～2010 年，贫困地区人均一般预算收入由 2001 年的 122.50 元增加至 2010 年的 559.01 元，与全国人均一般预算收入相比，2001～2010 年，贫困地区人均一般预算收入占全国人均一般预算收入的比重由 9.54% 下降至 9.02%，其间略有升降。这说明，贫困地区与其他地区财政收入水平依然存在较大差距。一些贫困县虽然 GDP 在增加，但财政努力度较低，财政收入不升反降，一些贫困县对财政转移支付依赖度高达 90% 以上。

贫困地区农村居民人均用电量，该指标反映贫困地区农村居民生活综合水平，例如，贫困地区是否通电、农村家庭家用电器的普及率及使用率、农村家庭是否与外界保持畅通联系等。2001～2010 年，贫困地区农村居民人均用电量由 2001 年的 73.78 千瓦时增加到 2010 年的 180.13 千瓦时，说明贫困地区农村居民生活综合水平得到极大提升。与全国农村人均用电量相比，2001～2010 年，贫困地区人均用电量占全国农村人均用电量的比重由 22.48% 下降至 18.23%，这说明，虽然贫困地区农村用电量每年在逐步增加，但全国农村人均用电量增长的幅度更大，两者依然存在较大差距。

贫困地区农村户均农业机械总动力，该指标反映贫困地区农户的农业生产能力。2001～2010 年，贫困地区户均农业机械总动力由 1.65 千瓦特增加至 2.95 千瓦特，与全国户均农业机械总动力相比，2001～2010 年，贫困地区户均农业机械总动力占全国户均农业机械总动力的比重由 72.85% 上升至 83.16%，说明贫困地区农业机械化水平得到极大提升。

国家贫困县绝对指标和相对指标如表 6.3 所示。

表 6.3　　　　　　　　　国家贫困县绝对指标和相对指标

年份	国家贫困县人均 GDP（元）	国家贫困县人均一般预算收入（元）	贫困县农村人均用电量（千瓦时）	贫困县农村户均农业机械总动力（千瓦特）	贫困县人均 GDP 占全国人均 GDP 比重（%）	贫困县人均一般预算收入占全国人均一般预算收入比重（%）	贫困县人均用电量占全国农村人均用电量的比重（%）	贫困县户均农业机械总动力占全国户均农业机械总动力的比重（%）
2001	2658.18	122.50	73.78	1.65	30.60	9.54	22.48	72.85
2002	2842.60	125.30	80.18	1.69	30.00	8.51	20.96	71.67
2003	3293.82	138.20	84.54	1.80	30.97	8.22	18.92	74.04

年份	国家贫困县人均GDP（元）	国家贫困县人均一般预算收入（元）	贫困县农村人均用电量（千瓦时）	贫困县农村户均农业机械总动力（千瓦特）	贫困县人均GDP占全国人均GDP比重（%）	贫困县人均一般预算收入占全国人均一般预算收入比重（%）	贫困县人均用电量占全国农村人均用电量的比重（%）	贫困县户均农业机械总动力占全国户均农业机械总动力的比重（%）
2004	3996.55	152.40	90.63	1.92	32.10	7.50	17.44	74.80
2005	4792.94	178.20	104.21	2.06	33.46	7.36	17.75	75.97
2006	5583.85	226.80	113.62	2.22	33.45	7.69	16.98	77.67
2007	6850.21	284.50	129.71	2.37	33.49	7.32	16.83	79.25
2008	8368.28	354.30	141.66	2.56	34.78	7.67	17.46	80.46
2009	9348.66	428.67	156.01	2.75	35.74	8.35	17.62	81.80
2010	11169.91	559.01	180.13	2.95	36.26	9.02	18.23	83.16

注：本书测算平均指标既包括贫困人口，也包括非贫困人口，特此说明。

资料来源：根据《全国地市县财政统计资料》（北京：中国财政经济出版社）及《中国农村贫困监测报告》（北京：中国统计出版社）计算整理获取。

四、计量模型与实证分析

（一）计量模型的构建

为全面考察财政转移支付对贫困地区的减贫效应，本书基准模型设定如下：

$$Y_{it} = \alpha_0 + \alpha_1 Tr_{it} + \alpha_2 (Tr_{it} \times Ex_{it}) + \sum \gamma_r Z_{it}^r + \eta_t + \delta_i + \varepsilon_{it}$$

$$(6-1)$$

其中，i 代表县，t 代表时间，被解释变量 Y_{it} 代表各类减贫指标，包括绝对指标和相对指标，绝对指标包括贫困人口、贫困发生率、人均 GDP、人均财政收入（rrev）、农村人均用电量（rre）以及农村户均机械总动力（hmac），相对指标包括人均 GDP 占全国人均 GDP 的比重（rgdpr）、人均财政收入占全国人均财政收入的比重（rrevr）、农村人均用电量占全国农村人均用电量的比重（rrer）以及农村户均机械总动力占全国农村户均机械总动力的比重（hmacr）。Tr 代表各类转移支付，包括人均净转移支付（ntr），即扣除地方上解之后的转移支付规模，人均税收返还（taxtr），人均一般性转移支付（etr），人均专项转移支付（str）。Z 代表控制变量，分别为反映城市化进程的城市化率（urban）、反映产业结构的第一产业比重（stru）、反映人口分布的人口密度（fd）、反映贫困地区社会状况的每千人拥有的医疗卫生床位数（bednum）以及每百户拥有的电话户数（telh），η_t 代表时间固定效应，ε_{it} 代表随机误差项，且满足 $E(\varepsilon_{it})=0$，$E(\varepsilon_{it}\varepsilon_{is})=0(\forall i,t,s,t\neq s)$。

为更好理解财政转移支付的减贫机制，本书在基准模型上添加交互项 Ex，反映地方政府的生产性支出和福利性支出，由于 2007 年前后财政支出口径发生调整，本书将选取人均固定资产投资完成额（inv）来表示生产性支出，以反映经济发展减贫的"涓滴效应"，选取非劳动力人口比重（uemp）来表示福利性支出，以反映地方政府的"亲贫式支出"，由于非劳动力人口包括老人、儿童以及非就业人口，这些人口占比越大，相应的福利性支出也会越多（李永友和沈玉平，2009；缪小林等，2017）。

本书的研究对象为 592 个国家级贫困开发重点县，但考虑到一些地方实施县改区以及部分贫困县数据缺失严重，本书实际分析的贫困县数量为 537 个。数据来源主要来自《中国县（市）社会经济统计年鉴》《全国地市县财政统计资料》《中国农村贫困检测报告》《中国农村统计年鉴》等公开数据。此外，本书实证分析的时间跨度为 2001～2009 年，主要基于以下考虑：一是这一时期贫困县名单基本稳定，未发生贫困县进退的情况。二是这一时期中央颁布实施《中国农村扶贫开发纲要（2001–2010年）》，整体扶贫政策以及财政转移支付政策基本稳定，可以防止重大政策冲击带来的影响。三是为配合西部大开发以及国际减贫承诺，中央在这一时期开始对中西部贫困地区实施大规模财政转移支付，财政转移支付的政策效应才真正得以显现。综上所述，分析这一时期财政转移支付对贫困地区的减贫效应，具有一定的特殊意义。

在回归方法上，为减少财政转移支付与减贫指标之间因内生性导致的有偏估计，本书将采用两阶段最小二乘法（2SLS），在一定程度上克服普遍存在的内生性问题，同时在工具变量的选取上，为防止工具变量选取不当造成有偏估计，本书将选取财政转移支付滞后项及时间虚拟变量作为工具变量。此外，为保障回归结果的稳健性，本书将使用稳健的 Robust 进行估计，得到调整后的异方差稳健标准误。

各变量统计性描述如表 6.4 所示。

表 6.4　　　　　　　　各变量统计性描述

指标	样本数	平均值	标准差	最小值	最大值
人均净转移支付（元）	4833	1054.54	1002.71	63.26	13110
人均税收返还（元）	3759	46.9468	43.4422	1.68	550.64

指标	样本数	平均值	标准差	最小值	最大值
人均一般性转移支付（元）	3759	133.8904	153.3789	0	1814.333
人均专项转移支付（元）	3759	240.662	228.1826	6.7188	2844.526
1978年标准下贫困人口（人）	4833	26642.21	21680.99	362.05	169318
1978年标准下贫困发生率（%）	4833	7.7574	2.2789	1.5485	16.1774
2008年标准下贫困人口（人）	4833	68163.93	56734.15	835.5	448561.8
2008年标准下贫困发生率（%）	4833	19.8470	6.5618	3.9167	43.524
人均GDP（元）	4831	5972.194	7657.756	773.3846	167255.4
人均GDP占全国比值（%）	4831	36.3214	35.5980	3.9449	653.1682
人均预算内收入（元）	4833	268.9027	580.6773	13.1042	19762.44
人均预算内收入占全国比值（%）	4833	9.5834	14.9544	0.7432	384.9041
农村人均用电量（千瓦时）	4833	133.9476	196.8412	1.3043	2742.898
农村人均用电量占全国比值（%）	4833	22.9594	33.3261	0.3129	299
农村户均机械总动力（千瓦特）	4833	2.4221	2.1991	0.1205	55.8211
农村户均机械总动力占全国比值（%）	4833	87.2097	71.6740	3.4812	753.5512
人均固定资产投资（元）	4833	2864.456	6693.904	10.7944	152658.80
非劳动力人口比重（%）	4833	50.4945	7.9426	25.0435	80.4244
城市化率（%）	4833	14.3042	10.2621	2.7823	72.2689
第一产业比重（%）	4833	33.5192	13.2097	1.0130	77.6593
人口密度（人/平方公里）	4833	181.9783	179.8138	0.5211	1239.593
每千人拥有医疗卫生床位数（床）	4833	1.6940	0.8247	0.4259	13.99
每百户拥有的电话户数（户）	4833	35.1097	20.2128	1.5393	98.8284

（二）实证结果分析

1. 绝对指标的回归结果分析。表6.5为净转移支付的减贫效应，在第（1）列和第（2）列的回归中，ntr×inv 与 ntr×uemp 显著为负，说明人均净转移支付对贫困发生率的影响与人均固定资产投资和社会福利性支出密切相关，且人均净转移支付本身也显著为负，说明人均净转移支付可以通过其他路径降低贫困发生率。从系数比较来看，人均净转移支付通过社会福利性支出的减贫效果要优于通过固定资产投资带来的减贫效果。在对人均GDP的回归结果中，ntr×inv 显著为正，而 ntr×uemp 显著为负，说明人均净转移支付通过固定资产投资可以有效带动当地经济发展，而社会福

表 6.5

净转移支付的减贫效应

项目	贫困人口发生率		人均 GDP (lnrgdp)		人均财政收入 (lnrrev)		人均用电量		户均机械总动力	
	(1) FE	(2) FE	(3) FE	(4) FE	(5) FE	(6) FE	(7) FE	(8) FE	(9) FE	(10) FE
ntr	-0.0034^{***}	-0.0149^{***}	0.0001^{***}	0.0005^{***}	-0.0002^{*}	-0.0002	0.0189^{***}	0.0619^{*}	0.0001^{***}	0.0022^{***}
	(0.0001)	(0.0008)	($8.02\text{e}-06$)	(0.0001)	(0.0001)	(0.0001)	(0.0043)	(0.0343)	(0.0000)	(0.0003)
ntr × inv	$-4.33\text{e}-08^{***}$		$1.44\text{e}-09^{***}$		$2.20\text{e}-09^{***}$		$5.79\text{e}-07^{***}$		$1.61\text{e}-08^{***}$	
	($3.35\text{e}-09$)		($2.70\text{e}-10$)		($3.53\text{e}-10$)		($1.43\text{e}-07$)		($1.24\text{e}-09$)	
ntr × uemp		-0.0002^{***}		$-7.42\text{e}-06^{***}$		$-4.16\text{e}-06^{**}$		0.0009		-0.0001^{***}
		(0.0000)		($1.09\text{e}-06$)		($1.48\text{e}-06$)		(0.0006)		($5.51\text{e}-06$)
lnrgdp	-3.7698^{***}	-2.3631^{***}			0.7825^{***}	0.7759^{***}	111.555^{***}	119.753^{***}	1.4763^{***}	1.3921^{***}
	(0.1905)	(0.2171)			(0.0162)	(10.0199)	(8.1080)	(9.0013)	(0.0703)	(0.0830)
lnrrev	-1.9893^{***}	-1.4108^{***}	0.4542^{***}	0.4334^{***}			10.8122	6.6517	0.2591^{***}	0.2489^{***}
	(0.1444)	(0.1498)	(0.0093)	(0.0107)			(6.1469)	(6.2132)	(0.0533)	(0.0573)
urban	0.1154^{***}	0.0473	0.0069^{***}	0.0129^{***}	0.0011	0.0048^{***}	1.2448^{***}	0.6645	0.0565^{***}	0.0874^{***}
	(0.0077)	(0.0137)	(0.0006)	(0.0010)	(0.0008)	(0.0014)	(0.3282)	(0.5693)	(0.0028)	(0.0052)
struc	0.0956^{***}	0.0643^{***}	-0.0114^{***}	-0.0119^{***}	-0.0086^{***}	-0.0090^{***}	-0.5589^{*}	-0.4074^{*}	0.0178^{***}	0.0142^{***}
	(0.0068)	(0.0073)	(0.0005)	(0.0005)	(0.0007)	(0.0007)	(0.2889)	(0.2081)	(0.0025)	(0.0028)
fd	-0.0067^{***}	-0.0074^{***}	0.0006^{***}	0.0006^{***}	-0.0008^{***}	-0.0008^{***}	0.1023^{**}	0.1027^{***}	0.0011^{***}	0.0013^{***}
	(0.0004)	(0.0004)	(0.0000)	(0.0000)	(0.0001)	(0.0001)	(0.0581)	(0.0185)	(0.0002)	(0.0002)
bednum	1.9273^{***}	1.5496^{***}	-0.0051	0.0056	0.0222^{**}	0.0271^{**}	-0.3891	-0.2541	-0.2232^{***}	-0.1813^{***}
	(0.1021)	(0.1044)	(0.0082)	(0.0083)	(0.0108)	(0.0107)	(4.3488)	(0.3309)	(0.0377)	(0.0399)
telh	-0.0088^{*}	-0.0053	0.0019^{***}	0.0021^{***}	0.0014^{***}	0.0008^{*}	0.4764^{***}	0.4207^{**}	0.0058^{***}	0.0012
	(0.0036)	(0.0038)	(0.0003)	(0.0003)	(0.0004)	(0.0004)	(0.1564)	(0.1571)	(0.0014)	(0.0014)

项目	贫困人口发生率		人均 GDP（lnrgdp）		人均财政收入（lnrrev）		人均用电量		户均机械总动力	
	(1) FE	(2) FE	(3) FE	(4) FE	(5) FE	(6) FE	(7) FE	(8) FE	(9) FE	(10) FE
弱工具变量检验 F 值	45.2173	39.2181	27.4352	33.0031	43.5987	56.7892	45.6622	50.0111	29.3827	35.4722
过度识别检验 P 值	0.8841	0.8063	0.7487	0.8878	0.6052	0.5631	0.6679	0.6970	0.4998	0.5274
R^2	0.5033	0.4755	0.7312	0.7258	0.6778	0.6750	0.1736	0.1718	0.4150	0.3372
Obs	4294	4294	4294	4294	4294	4294	4294	4294	4294	4294
第一阶段工具变量 ntr_1	0.8687*** (0.0998)	0.2794*** (0.0801)	0.8709*** (0.1005)	0.2830*** (0.0802)	0.8760*** (0.0991)	0.2726*** (0.0928)	0.8687*** (0.0998)	0.2720*** (0.0927)	0.8687*** (0.0998)	0.2720*** (0.0927)
第一阶段工具变量 03year	9.2596* (5.1821)	7.5996** (3.4172)	24.4131** (11.1237)	5.2641* (2.7628)	22.8445** (11.2820)	9.2117* (4.5554)	21.9661* (11.3812)	9.2596** (4.5384)	21.9661* (11.3812)	9.2596** (4.5384)
第一阶段工具变量 04year	21.9660*** (6.3911)	13.6827* (7.8052)	69.1082*** (9.5374)	25.0166*** (7.3731)	69.9690*** (9.3597)	13.4253* (7.8829)	72.7691*** (9.6957)	13.6827* (7.8052)	72.7691*** (9.6957)	13.6827* (7.8052)
第一阶段工具变量 05year	56.0842*** (7.5331)	15.3540** (8.0121)	76.0453*** (22.9606)	33.4665*** (5.5088)	90.3928*** (24.9614)	24.2364*** (4.6029)	86.7971*** (24.4998)	23.7063*** (4.7151)	86.7971*** (24.4998)	23.7063*** (4.7151)
第一阶段工具变量 06year	72.7691*** (9.6957)	28.5607*** (5.5957)	92.1714*** (28.4903)	60.1525*** (14.2140)	154.4108*** (31.0194)	38.1748*** (14.5989)	121.1527*** (29.0664)	38.3865*** (14.5258)	121.1527*** (29.0664)	38.3865*** (14.5258)
第一阶段工具变量 07year	86.7971*** (24.4998)	38.3865*** (14.5258)	142.1714*** (30.2917)	98.6694*** (20.6924)	234.1872*** (39.5553)	74.0919*** (20.8069)	154.4660*** (35.8553)	73.1304*** (21.2446)	154.4660*** (35.8553)	73.1304*** (21.2446)

项目	贫困人口发生率		人均 GDP（lnrgdp）		人均财政收入（lnrrev）		人均用电量		户均机械总动力	
	(1) FE	(2) FE	(3) FE	(4) FE	(5) FE	(6) FE	(7) FE	(8) FE	(9) FE	(10) FE
第一阶段工具变量 08year	154.6467*** (30.8552)	73.1304*** (21.2445)	227.1381*** (39.5956)	168.4971*** (30.7150)	385.9342*** (49.9654)	140.1725*** (31.2683)	189.8786*** (42.0123)	138.4519*** (32.1229)	189.8786*** (42.0123)	138.4519*** (32.1229)
第一阶段工具变量 09year	241.9591*** (40.4010)	138.4519*** (32.1229)	381.0146*** (50.4243)	219.0203*** (36.1900)	396.9738*** (72.7115)	189.4699*** (33.7429)	265.3625*** (51.2385)	186.8887*** (34.3335)	265.3625*** (51.2385)	186.8887*** (34.3335)

注：括号内系数为标准误；*、** 和 *** 分别代表在 10%、5% 和 1% 显著水平上显著，贫困发生率为 2008 年标准下的贫困发生率。FE 代表固定效应模型，根据 Hausman 检验确定。

利性支出并没有带动当地经济发展，不过从净效应来看，人均净转移支付本身仍然可以有效带动贫困地区的经济发展。在第（5）列和第（6）列的回归中，虽然 ntr × inv 显著为正，但人均净转移支付总体回归结果显著为负，说明财政转移支付的增加并没有带动地方政府财政收入的提高。本书认为这与地方政府收入行为策略存在较大关系，在本书考察的这一时期，"脱贫摘帽"并非一些地方政府的主要考核内容，反而保住贫困县"帽子"才是地方政府的主要政绩，因为保住"帽子"意味着保住"政绩"、保住优惠政策、保住大量财政转移支付。因此，一些地方政府在组织自身财政收入时，很可能会降低自身财政努力度，由此造成的财政收支缺口则由上级政府财政转移支付进行弥补，因此，财政转移支付对人均财政收入显著负相关。在对贫困地区农村人均用电量及户均机械总动力的回归结果中，净转移支付的减贫效应非常明显，其传导路径与固定资产投资密切相关。

总体来看，在多维减贫指标体系中，人均净转移支付的减贫效应均较为明显，但在具体传导机制上，各类指标间可能存在一定"矛盾"，例如社会福利性支出过大可以有效降低贫困发生率，但却不利于带动当地经济发展。本书认为，这些"矛盾"其实并不"矛盾"，而是如何处理"输血"与"造血"、"短期"与"长期"的问题，而这些问题的决策往往取决于地方政府自身偏好以及上级政府的考核机制等。

表 6.6 为各类转移支付的减贫效应，在第（1）列和第（2）列的回归结果中，税收返还本身并不显著，但 taxtr × inv 与 taxtr × uemp 显著为负，说明税收返还对贫困人口发生率的影响与地方政府固定资产投资、社会福利性支出紧密相关。一般性转移支付与专项转移支付显著为负，其相应财政支出传导机制也显著为负，说明一般性转移支付与专项转移支付显著降低贫困地区贫困发生率，从系数比较来看，专项转移支付降低贫困发生率的效应更为明显。虽然国家一直鼓励提升一般性转移支付的比重，降低专项转移支付的比重，但对于贫困地区而言，专项转移支付的减贫效应会更好一些，虽然专项转移支付"滴漏"现象不可避免，但至少可以在极度缺乏财政资金的极度贫困地区实现"专款专用"，从而保证贫困资金的"精准使用"。在第（3）列和第（4）列回归结果中，税收返还本身依然不显著，但 taxtr × inv 显著为正，taxtr × uemp 显著为负，说明税收返还通过固定资产投资带动经济发展，而社会福利性支出不利于经济发展。一般性转移支付与专项转移支付显著为正，可以有效带动贫困地区经济发展，在财政支出传导机制上，两者均可以通过固定资产投资带动地方经济发展。

表 6.6

各类转移支付的减贫效应

项目	贫困人口发生率		人均 GDP（lnrgdp）		人均财政收入（lnrrev）		人均用电量		户均机械总动力	
	(1)	(2)	(3)	(4)	(5)	(6)	(7)	(8)	(9)	(10)
taxtr	0.0214 (0.0809)	0.0762 (0.0527)	0.0001 (0.0002)	0.0135 (0.0091)	0.0039*** (0.0002)	0.0196*** (0.0024)	0.3414*** (0.0993)	0.1569* (0.0772)	0.0015 (0.0010)	0.0330 (0.0192)
taxtr × inv	$-4.39e-07$* (1.78e−07)		1.80e−07*** (1.23e−08)		1.36e−07*** (1.59e−08)		0.0000*** (6.31e−06)		5.25e−07*** (5.67e−08)	
taxtr × uemp		-0.0056*** (0.0005)		-0.0002*** (0.0000)		-0.0003** (0.0001)		0.0286 (0.0173)		0.0006*** (0.0002)
etr	-0.0107*** (0.0006)	-0.0486*** (0.0057)	0.0003*** (0.0001)	0.0019*** (0.0004)	-0.0008*** (0.0001)	-0.0004* (0.0002)	0.0565* (0.0278)	0.1169 (0.2291)	0.0002 (0.0002)	0.0018 (0.0830)
etr × inv	$-1.05e-07$*** (1.83e−08)		3.16e−08* (6.36e−09)		6.34e−08*** (7.97e−09)		1.23e−06 (3.14e−06)		6.85e−08** (2.84e−08)	
etr × uemp		-0.0007*** (0.0001)		-0.0001*** (7.46e−06)		-0.0001 (−0.0001)		0.0011 (0.0038)		0.0001 (0.0001)
str	-0.0126*** (0.0007)	-0.0892*** (0.0046)	0.0003*** (0.0001)	0.0013*** (0.0004)	0.0002* (0.0001)	0.0017*** (0.0006)	0.0161*** (0.0039)	0.0055 (0.0428)	0.0023*** (0.0002)	0.0186*** (0.0023)
str × inv	$-1.71e-07$* (8.52e−07)		9.16e−09*** (1.39e−09)		1.08e−08*** (1.83e−09)		1.42e−07 (1.30e−07)		1.92e−08*** (6.16e−09)	
str × uemp		-0.0013*** (0.0001)		-0.0000** (8.12e−06)		-0.0001* (0.0000)		0.0002 (0.0007)		0.0003*** (0.0001)

注：括号内系数为估计标准误；*、**和***分别代表在10%、5%和1%显著水平上显著；本表为各类转移支付回归结果的组合表。

在第（5）列和第（6）列回归结果中，税收返还与专项转移支付不仅可以通过固定资产投资提升地方财力，还可以通过其他有效途径提升地方政府财力，而一般性转移支付不利于提升地方政府财力，本书认为税收返还一般与增值税、消费税、所得税增长有关，这类税收的增加可以有效增加地方政府获取的税收返还规模，专项转移支付则要求地方政府至少30%的配套资金，地方政府为获得更多的专项转移支付，需要增加自身的财政收入，因此，税收返还与专项转移支付对人均财政收入显著正相关。一般性转移支付主要为弥补地方财力缺口，地方政府很可能存在"策略性行为"，倒逼上级政府，以获得更多一般性转移支付。在对贫困地区农村人均用电量及户均机械总动力的回归结果中，虽然一些回归结果并不显著，但总体来看，各类财政转移支付显著提升农村人均用电量和户均机械总动力，这也说明贫困地区农村生活水平和农业的机械化水平得到极大提升。

2. 相对指标的回归结果分析。在表6.7中，本书选取4个相对指标进行分析，分别为人均GDP占全国人均GDP的比重、人均财政收入占全国人均财政收入的比重、农村人均用电量占全国农村人均用电量的比重以及农村户均机械总动力占全国农村户均机械总动力的比重。本书认为，目前绝对贫困已经向相对贫困转变，衡量贫困地区的发展，不能仅仅从绝对指标进行考量，还需要从相对指标进行考察，这样才能更好反映区域间发展不平衡问题。从回归结果看，虽然人均净转移支付以及各类转移支付通过固定资产投资提升相应比重，但总体来看，人均净转移支付以及各类转移支付对人均GDP占比、人均财政收入占比以及农村人均用电量占比显著为负，这说明虽然财政转移支付改善了贫困地区这些变量的绝对水平，但与全国平均水平相比，仍存在较大差距。

究其原因，一方面国家虽然对贫困地区实施大规模财政转移支付，但主要是"补短板"，贫困地区经济发展仍处于起步阶段，与东部等其他地区相比，经济发展差距明显；另一方面国家虽然对贫困地区实施很多优惠政策，但东部等其他地区也获得大量制度红利。此外，一组数据也能说明这个问题，2001～2010年，贫困地区人均一般预算收入占全国人均一般预算收入的比重由9.54%下降至9.02%，贫困地区人均用电量占全国农村人均用电量的比重由22.48%下降至18.23%。不过，净转移支付以及其他各类转移支付对户均机械总动力占比显著正相关，这说明贫困地区农村机械化水平得到极大提升，一些贫困县甚至超过全国平均水平，据统计，2001～2010年，贫困地区户均农业机械总动力占全国户均农业机械总动力

表6.7　相对指标的实证结果

项目	人均GDP占比		人均财政收入占比		人均用电量占比		户均机械总动力占比	
	(1)	(2)	(3)	(4)	(5)	(6)	(7)	(8)
ntr	-0.0130^{***} (0.0006)	-0.0075 (0.0050)	-0.0061^{***} (0.0002)	-0.0053^{*} (0.0020)	-0.0075^{***} (0.0007)	-0.0188^{***} (0.0057)	0.0030^{**} (0.0013)	0.0568^{***} (0.0112)
ntr×inv	$6.71e-07^{***}$ ($1.93e-08$)		$2.07e-07^{***}$ ($7.98e-09$)		$1.30e-07^{***}$ ($2.40e-08$)		$5.33e-07^{***}$ ($4.47e-08$)	
ntr×uemp		-0.0001 (0.0001)		0.0001 (0.0001)		0.0002^{*} (0.0001)		-0.0010^{***} (0.0001)
taxtr	-0.0528^{***} (0.0115)	-0.2460 (0.1469)	0.0033 (0.0051)	0.1260^{*} (0.0631)	-0.0764^{***} (0.0186)	-0.4074^{*} (0.1875)	-0.0403 (0.0341)	-1.4136^{***} (0.3542)
taxtr×inv	0.0001^{***} ($7.07e-07$)		0.0000^{***} ($3.36e-07$)		$5.16e-06^{***}$ ($1.19e-06$)		0.0000^{***} ($2.17e-06$)	Sheet7
taxtr×uemp		-0.0042 (0.0026)		-0.0016 (0.0011)		0.0091^{**} (0.0032)		0.0258^{***} (0.0062)
etr	-0.0446^{***} (0.0042)	-0.0087 (0.0338)	-0.0266^{***} (0.0017)	-0.0103 (0.0148)	-0.0312^{*} (0.0052)	0.0594 (0.0428)	-0.0340^{***} (0.0096)	0.0018 (0.0830)
etr×inv	$4.19e-06^{***}$ ($4.77e-07$)		$1.37e-06^{***}$ ($1.98e-07$)		$2.30e-07$ ($5.88e-07$)		$2.35e-06^{**}$ ($1.08e-06$)	
etr×uemp		-0.0003 (0.0006)		-0.0002 (0.0002)		0.0005 (0.0007)		-0.0088 (0.0790)

项目	人均 GDP 占比		人均财政收入占比		人均用电量占比		户均机械总动力占比	
	(1)	(2)	(3)	(4)	(5)	(6)	(7)	(8)
str	-0.0247^{***} (0.0026)	-0.0972^{**} (0.0344)	-0.0096^{***} (0.0012)	0.0719^{***} (0.0158)	-0.0161^{***} (0.0039)	-0.0055 (0.0428)	0.0720^{***} (0.0072)	0.7168^{***} (0.0878)
str × inv	$3.22e-06^{***}$ ($8.87e-08$)		$1.19e-06^{***}$ ($4.04e-08$)		$1.42e-07$ ($1.30e-07$)		$5.54e-07^{*}$ ($2.38e-07$)	
str × uemp		-0.0017 (0.0006)		-0.0013^{***} (0.0002)		-0.0002 (0.0007)		-0.0122^{***} (0.0016)

注：括号内系数为估计标准误；*、**和***分别代表在10%、5%和1%显著水平上显著。本表为各类转移支付回归结果的组合表。

的比重由 72.85% 上升至 83.16%。

3. 稳健性检验。

（1）基于被解释变量的稳健性检验。前面主要采用 2008 年标准下的贫困发生率作为被解释变量，为说明回归结果的稳健性，本书将分别采用 1978 年标准贫困人口、1978 年标准贫困发生率以及 2008 年标准贫困人口作为被解释变量。具体回归结果如下。

由表 6.8 可知，不同标准下的贫困人口和贫困发生率，其回归结果与前面基本保持一致，人均净转移既可以通过固定资产投资，也可以通过社会福利支出起到减贫的作用，此外，人均净转移支付自身回归结果也较为显著，说明人均净转移支付还可以通过其他途径减缓贫困。在具体的转移支付类别中，税收返还对贫困人口及发生率的影响与人均固定资产投资和社会福利性支出密切相关，但从系数比较来看，税收返还通过社会福利性支出的减贫效应更为明显。一般性转移支付和专项转移支付通过多种途径影响减贫效果，但从总体效果来看，专项转移支付的减贫效果更为明显一些。

表6.8 　　　　　　　　　　　　基于被解释变量的回归结果

项目	1978 年标准贫困人口		1978 年标准贫困发生率		2008 年标准贫困人口	
	（1）	（2）	（3）	（4）	（5）	（6）
ntr	-5.9581^{***} (0.3494)	-37.3757^{***} (2.9263)	-0.0012^{***} (0.0001)	-0.0058^{***} (0.0003)	-15.9866^{***} (0.9077)	-94.2415^{***} (7.5971)
ntr × inv	-0.0001^{***} (0.0000)		$-1.40e-08^{***}$ (1.20e-09)		-0.0003^{***} (0.0000)	
ntr × uemp		-0.5975^{***} (0.0510)		-0.0001^{***} (5.14e-06)		-1.4943^{***} (0.1324)
taxtr	-2.5335 (9.6642)	-2.9368 (6.5575)	-0.0077 (0.0059)	-0.0960 (0.0589)	-8.8651 (5.3327)	-19.3646^{*} (5.5524)
taxtr × inv	-0.0010^{*} (0.0006)		$1.05e-07^{*}$ (6.14e-08)		-0.0036^{*} (0.0016)	
taxtr × uemp		-3.8467^{*} (1.6906)		-0.0019^{***} (0.0002)		-10.5967^{*} (4.4394)
etr	-26.1889^{***} (2.6360)	-63.0636^{***} (9.3992)	-0.0031^{***} (0.0003)	-0.0287^{***} (0.0019)	-57.8645^{***} (6.8698)	-114.3048^{***} (10.0529)

项目	1978 年标准贫困人口		1978 年标准贫困发生率		2008 年标准贫困人口	
	(1)	(2)	(3)	(4)	(5)	(6)
etr × inv	− 0. 0013 *** (0. 0003)		1. 08e − 08 (3. 00e − 08)		− 0. 0038 *** (0. 0007)	
etr × uemp		− 2. 4331 *** (0. 3587)		− 0. 0004 *** (0. 0001)		− 6. 8646 *** (0. 9397)
str	− 30. 6689 *** (1. 9980)	− 86. 3078 ** (11. 7853)	− 0. 0035 *** (0. 0002)	− 0. 0200 *** (0. 0019)	− 68. 0805 *** (5. 2214)	− 136. 4597 (11. 9042)
str × inv	− 3. 2065 *** (0. 9006)		− 3. 02e − 08 *** (6. 36e − 09)		− 9. 4940 *** (1. 1725)	
str × uemp		− 2. 0143 *** (0. 3944)		− 0. 0003 *** (0. 0000)		− 9. 4439 (1. 0303)

注：括号内系数为稳健的估计标准误；*、** 和 *** 分别代表在 10%、5% 和 1% 显著水平上显著；本表的贫困人口和贫困发生率为 1978 年标准下的数据；本表是根据前面回归方法整理出来的结果。

（2）基于样本量的稳健性检验。为进一步保证回归结果的稳健性，本书对样本量进行 5% 的截尾处理，被解释变量仍然与前面保持一致，即 2008 年标准的贫困发生率、人均 GDP、人均财政收入、人均用电量以及户均机械总动力。具体回归结果如表 6.9 所示。

从回归结果看，人均净转移支付可以有效减少贫困发生率、增加人均 GDP、提升贫困地区人均用电量和户均机械总动力，但却不利于人均财政收入的增加，正如前所述，贫困地区地方政府很可能采取"策略性"行为，通过降低财政努力度，倒逼上级政府，以获取更多的财政转移支付。在具体转移支付类别中，税收返还通过固定资产投资以及社会福利支出减少贫困发生率，一般性转移支付及专项转移支付则通过多种传导机制影响贫困发生率。在经济增长方面，税收返还通过固定资产投资可以有效带动 GDP 增长，但社会福利支出增加却不利于 GDP 的增长，一般性转移支付及专项转移支付均可以有效带动经济增长，而且专项转移支付的效果更为明显。在财政收入方面，税收返还与专项转移支付可以有效带动财政收入的增长，但一般性转移支付对人均财政收入的影响显著为负，这与前面回归结果保持一致。在对人均用电量及户均机械总动力的回归结果中，除不显著的回归结果外，总体上各类财政转移支付有利于提升人均用电量以及户均机械总动力。

表6.9

基于样本量的回归结果

项目	贫困人口发生率		人均 GDP (lnrgdp)		人均财政收入 (lnrev)		人均用电量		户均机械总动力	
	(1)	(2)	(3)	(4)	(5)	(6)	(7)	(8)	(9)	(10)
ntr	-0.0043*** (0.0001)	-0.0124*** (0.0007)	0.0001*** (0.0000)	0.0005*** (0.0001)	-0.0002* (0.0001)	-0.0004* (0.0001)	0.0270*** (0.0053)	0.0448 (0.0305)	0.0004*** (0.0001)	0.0014*** (0.0003)
ntr × inv	-1.58e-07*** (1.12e-08)		4.90e-09*** (9.35e-10)		7.97e-09*** (1.24e-09)		2.24e-06*** (4.50e-07)		3.41e-10 (4.24e-09)	
ntr × uemp		-0.0002*** (0.0000)		-6.17e-06*** (1.15e-06)		-8.48e-06** (1.53e-06)		0.0006 (0.0005)		-0.0002*** (5.34e-06)
taxtr	0.0227 (0.0306)	0.0981 (0.0624)	2.21e-06 (0.0002)	0.0129*** (0.0020)	0.0042*** (0.0003)	0.0213*** (0.0023)	0.1442 (0.0953)	0.7627 (0.8531)	0.0005 (0.0009)	0.0243** (0.0087)
taxtr × inv	-8.30e-07* (3.45e-07)		3.08e-07*** (2.45e-08)		1.22e-07*** (3.15e-08)		-3.74e-06 (0.0000)		7.27e-08 (1.09e-07)	
taxtr × uemp		-0.0059*** (0.0005)		-0.0002*** (0.0000)		-0.0003*** (0.0001)		0.0167 (0.0150)		0.0004*** (0.0001)
etr	-0.0105*** (0.0007)	-0.0748*** (0.0103)	0.0002* (0.0001)	0.0011* (0.0006)	-0.0009*** (0.0001)	-0.0017** (0.0007)	0.0203* (0.0108)	0.1302 (0.2387)	0.0012* (0.0006)	0.0011 (0.0025)
etr × inv	-2.31e-07** (7.78e-08)		4.07e-08* (5.96e-09)		1.06e-07*** (1.44e-08)		7.60e-06 (4.89e-06)		4.63e-08** (4.97e-08)	
etr × uemp		-0.0012*** (0.0002)		-0.0000 (0.0000)		-0.0001 (-0.0001)		0.0029 (0.0043)		1.62e-07 (0.0001)
str	-0.0156*** (0.0008)	-0.0986*** (0.0071)	0.0005*** (0.0001)	0.0017*** (0.0005)	0.0000 (0.0001)	0.0034*** (0.0011)	0.0064 (0.0224)	0.2724 (0.3484)	0.0022*** (0.0002)	0.0163*** (0.0039)

项目	贫困人口发生率		人均 GDP（lnrgdp）		人均财政收入（lnrrev）		人均用电量		户均机械总动力	
	(1)	(2)	(3)	(4)	(5)	(6)	(7)	(8)	(9)	(10)
str × inv	-3.93e-07*		6.45e-08***		3.51e-08***		2.51e-07		8.55e-08***	
	(1.51e-07)		(1.14e-08)		(7.78e-09)		(2.53e-07)		(2.56e-09)	
str × uemp		-0.0016***		-0.0000**		-0.0001***		0.0053		0.0003***
		(0.0001)		(9.92e-06)		(0.0000)		(0.0063)		(0.0001)

注：括号内系数为稳健估计标准误；*、**和***分别代表在10%、5%和1%显著水平上显著；本表为2008年标准下贫困发生率。

五、本节小结

本节以国家扶贫开发重点县为研究对象，通过构建反映减贫效果的多维指标，系统研究净转移支付及各类财政转移支付对贫困地区的减贫效应。主要结论如下：一是财政转移支付通过对贫困地区贫困人口、贫困发生率、人均 GDP、贫困地区农村人均用电量及户均机械总动力等绝对指标的影响较为显著，财政转移支付的减贫效果较好，但也存在部分地区生产总值快速增长，但人均财政收入"不升反降"的情况，即财政收入努力度较低。二是财政转移支付对人均 GDP 占比、人均财政收入占比、人均用电量占比等相对指标的减贫效果并不理想，甚至存在显著为负的情况，这说明虽然财政转移支付提升贫困地区的绝对生产生活水平，但与全国平均水平相比，不仅没有较大提升，反而有所下降。解决相对贫困问题依然是今后各项工作的重点。三是在分类转移支付研究中，税收返还、一般性转移支付以及专项转移支付的减贫效果均较为明显，但专项转移支付的减贫效果总体要优于一般性转移支付。

根据以上结论，本书提出一些建议，以期能够为目前巩固拓展脱贫攻坚成果，实施乡村振兴战略提供一定的借鉴作用。

首先，在经济增速下滑、财政收入下降情况下，仍要优先保障脱贫地区财政转移支付力度，稳步提升脱贫地区自身"造血"能力，为脱贫群众发家致富提供良好的宏观环境，例如，优先发展基础设施建设、优化产业结构、大力发展自身经济等。同时，将财政转移支付与"巩固拓展脱贫攻坚成果""乡村振兴战略"相结合，保障各项政策有效衔接。

其次，强化财政转移支付的绩效考核，目前财政转移支付存在大量"滴漏"、浪费以及结余情况，对财政转移支付资金需"精准化""精细化"管理，各级政府以及审计监督部门应以具体项目为抓手，减少"滴漏"和"浪费"现象，有效整合财政转移支付结余资金。

再次，对脱贫地区既要考虑"绝对贫困"，防止出现规模性返贫，也要考虑"相对贫困"，大规模财政转移支付可以有效改善"绝对贫困"指标，但"相对贫困"指标不降反升，说明脱贫地区与其他地区仍存在较大差距，未来应着重考虑构建财政转移支付的长效机制，在"人、财、物"以及政策方面对中西部欠发达地区给予更大的支持力度，同时，加强东、中、西跨区域经济合作，最终实现"先富带动后富"。

最后，重新认识"专项转移支付"的作用，以往专项转移支付"滴漏"较多，效率较差，广受诟病，中央也不断提高一般性转移支付的比重，但从回归结果看，专项转移支付的效果更好，本书认为"专项转移支付"可以直达"病灶"，专款专用，贫困地区财力有限，一般性转移支付很可能被挪作他用，因此，在脱贫地区，应进一步保证专项转移支付的比例，使其真正能够实现上级政府的"减贫"目标。此外，地方政府要合理配置财政资源，既要考虑"短期"减贫效果，更要考虑减贫效果的"长期持续性"。

第二节　均衡性转移支付对贫困地区
基本公共供给的影响研究

一、研究思路

根据前面所述，我国将逐步提升一般性转移支付的比重，在一般性转移支付中，最能够均衡区域间财政差距的主要是均衡性转移支付。与其他类别转移支付相比，均衡性转移支付具有明显特征：资金分配上，均衡性转移支付严格按照公式法进行测算；资金使用上，均衡性转移支付没有附加任何条件，主要用于弥补地方政府财力缺口。

虽然在理论上，均衡性转移支付能够有效促进基本公共服务供给，但在实践中，中央与地方往往存在信息不对称，中央也由于"鞭长莫及"而无法有效监督均衡性转移支付资金的使用情况。此外，由于均衡性转移支付自身的特征，在地方政府财政收入方面，容易产生"替代效应"，而在地方政府财政支出方面，容易产生"粘蝇纸效应"，因此，均衡性转移支付到达地方政府之后到底用于何处，均衡性转移支付是否可以有效提高基本公共服务水平，有待实证检验。如果均衡性转移支付可以有效提供基本公共服务，那么根据改革指导意见，对贫困地区应进一步加大均衡性转移支付力度，如果均衡性转移支付不能有效提供基本公共服务，那么需要考察造成这一问题的原因，包括转移支付制度以及地方政府行为等方面的因素。

在具体研究设计方面，本节仍然采用国家扶贫开发重点县作为研究对象，研究内容上，聚焦于均衡性转移支付，详细介绍国定扶贫县均衡性转移支付情况，同时从总量和结构上共同分析均衡性转移支付对基本公共服务供给的影响。此外，为分析财政转移支付渐进式改革带来的影响，本节还将考察均衡性转移支付增量对基本公共服务供给的影响。由于《全国地市县财政统计资料》仅更新至 2009 年，所以样本区间仍然为 2001～2009 年，这也是目前权威期刊普遍采用的时间跨度。不过，从另一个角度来看，如果均衡性财政转移支付可以有效提高基本公共服务供给，随着近年来均衡性转移支付规模的增加以及管理的完善，也可以侧面证明均衡性财政转移支付可以很好地承担均衡地方财力差距和实现基本公共服务均等化的责任。

二、贫困地区均衡性转移支付及基本公共服务供给概况

（一）国定扶贫县均衡性转移支付情况

国定扶贫县作为贫困地区的典型代表，本身财力缺口较大，而且包含"老、少、边、穷"地区，因此，这些地区在理论上应获得较多的均衡性转移支付，表 6.10 描述了国家扶贫开发重点县均衡性转移支付的规模和增长速度。由表 6.10 可知，从 2001 年开始，国定扶贫县均衡性转移支付规模大幅增加，而且占转移支付总额的比重已经从 9.68% 上升到 20% 左右。不过，需要注意的是，国家扶贫开发重点县均衡性转移支付占中央对地方均衡性转移支付总量的比重却在持续下滑，在 2001 年这一比重达到 42.59%，而到 2009 年，这一比重已经下滑到 20% 以下，这严重违背均衡性转移支付的设计理念，也进一步验证了贾晓俊和岳希明（2012）得出的结论，越是财力较弱的省，反而获得转移支付的人均值越少。

表 6.10　　　　　　　国定扶贫县均衡性转移支付规模及结构

年份	转移支付总额（亿元）	均衡性转移支付（亿元）	专项转移支付（亿元）	均衡性转移支付占转移支付总额的比例（%）	专项转移支付占转移支付总额的比例（%）	扶贫县均衡性转移支付占总量均衡性转移支付的比重（%）
2001	608.35	58.86	210.46	9.68	34.60	42.59
2002	770.25	82.1	245.64	10.66	31.86	29.43
2003	858.01	112.05	260.93	13.06	30.41	29.46
2004	1121.15	195.03	345.99	17.4	30.86	26.18
2005	1390.46	282.80	406.88	20.34	29.26	25.25
2006	1805.62	346.18	545.63	19.17	30.22	22.63
2007	2386.93	488.43	786.21	20.46	32.94	19.50
2008	3372.33	1821.58	1426.63	54.02	42.3	20.83
2009	4473.02	2184.35	2166.84	48.83	48.44	19.30

注：由于统计资料的原因，2008 年、2009 年的转移支付是含有均衡性转移支付的一般性转移支付，与之前的均衡性转移支付没有可比性，仅做参考。

资料来源：根据 2001～2009 年《全国地市县财政统计资料》（北京：中国财政经济出版社）整理获得。

（二）基本公共服务概况

均衡性转移支付的基本目标是实现基本公共服务均等化，何为基本公共服务，在前面文献综述中已有很多学者进行了探讨，但在实证分析中，如何确定基本公共服务，各个学者所采纳的依据并不相同，一些学者采用联合国公布的人类发展指数（HDI）确定基本公共服务，另一些学者则主要根据全国人民代表大会、党代会的报告以及《国民经济与社会发展规划纲要》等资料来确定基本公共服务。本书主要考察均衡性转移支付，因此基本公共服务的确定主要依据均衡性转移支付资金分配的方法进行确定。根据统计数据的可得性，本节将基本公共服务项目确定为：基本建设支出、农林水务支出、教育支出、社会保障支出以及行政管理支出，在这些支出中，有一些是地方政府较为"青睐"的支出，例如行政管理支出，而有些是地方居民较为"青睐"的支出，例如社会保障支出。无论哪一种支出，都是保障基本公共服务实现的重要支出。本书关注的焦点是均衡性转移支付对这些支出是否有效，有效程度如何。表 6.11 描述了国定扶贫县均衡性转移支付及主要基本公共服务项目支出情况，图 6.2 描绘了 2001～2006 年国定扶贫县人均均衡性转移支付以及各类基本公共服务人均支出情况。从这些统计数据可知，随着人均均衡性转移支付的增加，各类基本公共服务人均财政支出也随着增加。

表 6.11   国定扶贫县主要基本公共服务项目   单位：亿元

年份	均衡性转移支付	基本建设支出	农林水务支出	教育支出	医疗卫生支出	社会保障支出	行政管理支出
2001	58.86	51.84	—	219	—	19.64	128.83
2002	82.1	61.34	32.3	263.56	—	30.3	149.77
2003	112.05	70	64.8	289.59	54.67	33	168.45
2004	195.03	74.08	78.6	341.38	60.57	39.85	196.51
2005	282.80	103.98	104.7	400.49	76.68	37.59	234.57
2006	346.18	127.06	129.8	511.65	112.79	57.66	296.19
2007	488.43	—	274	730.33	201.78	380.85	—
2008	1821.58		575.5	1003.3	292.56	576.99	
2009	2184.35		799	1177	424.90	876.69	

注：（1）2007 年财政支出预算口径发生了变化，2007 年前后数据除农林水务支出之外，没有完全的可比性；（2）其中农林水务支出及教育支出数据来源于 2002～2010 年《中国农村贫困检测报告》（北京：中国统计出版社）中国定扶贫县的监测数据。

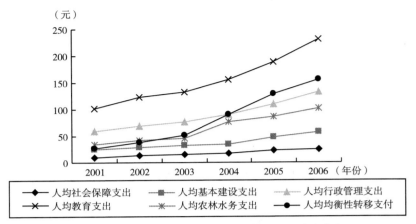

图 6.2　国定扶贫县各类基本公共服务人均财政支出

资料来源：根据 2001～2009 年《全国地市县财政统计资料》（北京：中国财政经济出版社）整理获得。

三、实证分析

（一）基于财政支出总量的实证分析

在总量分析中，本部分主要考察均衡性转移支付对国定扶贫县财政支出规模的影响。在理论上，无条件转移支付降低了公共产品供给的平均价格，因此，转移支付容易引起财政支出的扩张，即"粘蝇纸效应"。根据"粘蝇纸效应"原理，设定模型如下：

$$\exp_{it} = \alpha_0 + \alpha_1 retr_{it} + \alpha_2 rev_{it} + \alpha_3 struc_{it} + \alpha_4 pd_{it} + \alpha_5 urban_{it} + \alpha_6 fpop_{it} + \varepsilon_{it}$$

$$(6-2)$$

其中，$\exp_{it}$ 为 i 县 t 年人均公共支出，retr 为人均均衡性转移支付，rev 为人均一般预算财政收入，同时为更加准确模拟实证结果，添加四类控制变量，分别为第一产业比重（struc）、人口密度（pd）、城市化率（urban）以及万人财政供养人口（fpop）。

在数据来源方面，本部分选取最能代表贫困地区的国定扶贫县作为研究对象，数据来源于《全国地市县财政统计资料》，该统计资料基本涵盖全国地市县基本财政状况以及获得转移支付的详细资料，根据国务院扶贫办公布的扶贫县名单，我国共有 592 个国定扶贫开发重点县，但在考察期间存在"县改市""县改区"以及部分数据缺失的情况，通过逐一比对、整理，实际考察的国定扶贫县共 569 个。

变量的统计性描述如表 6.12 所示。

表 6.12 变量的统计性描述

变量	样本数	平均值	标准误差	最小值	最大值
人均财政支出（元）（exp）	5121	854.087	646.575	37.524	15031.09
人均一般性转移支付（元）（retr）	5121	116.929	134.094	0	1429
人均财政收入（元）（rev）	5121	182.726	340.126	13.104	9454.23
产业结构（%）（struc）	5121	36.183	13.190	3.446	98.702
人口密度（人/平方公里）（pd）	5121	175.402	178.376	0.248	1491.228
城市化率（%）（Urban）	5121	14.555	10.462	0	73.154
万人供养人口（fpop）	5121	349.969	152.334	62.521	2772

模型回归方法主要利用豪斯曼检验来选择固定效应模型与随机效应模型，通过检验 P 值（0.0000），本部分将采用固定效应模型对方程进行估计，具体回归结果见表 6.13。

表 6.13 均衡性转移支付对地方财政支出规模的回归结果

项目	（1）	（2）	（3）	（4）
retr	2.756 *** (0.057)	2.449 *** (0.032)	2.305 *** (0.033)	1.289 *** (0.036)
rev		1.055 *** (0.013)	1.017 *** (0.013)	—
rec + retr			—	1.017 *** (0.013)
struc			−0.599 *** (0.013)	−0.599 *** (0.013)
pd			0.036 (0.114)	0.036 (0.114)
urban			0.463 *** (0.007)	0.463 *** (0.007)
fpop			0.488 *** (0.067)	0.488 *** (0.067)
Within R^2	0.447	0.827	0.837	0.837
Obs	5121	5121	5121	5121

注：括号内为标准差；*** 代表在 1% 显著水平上显著。

由表 6.13 可知，均衡性转移支付对财政支出规模的影响远大于地方政府一般预算收入对财政支出规模的影响，这说明均衡性转移支付扩大了国定扶贫县财政支出规模，有利于公共产品的供给。但这种支出规模的扩大，有可能引起"粘蝇纸效应"，在表 6.13 中，在仅考察均衡性转移支付的回归模型中，组内 R^2 为 0.447，在此模型基础上加入人均一般预算收入，组内 R^2 为 0.827，再加入其他控制变量，组内 R^2 为 0.837，变化不大，这说明影响地方政府财政支出水平的主要因素为地方一般预算财政收入及财政转移支付。最后，将转移支付与一般预算财政收入加总作为地方政府可以控制的总资源，若"粘蝇纸效应"不存在，转移支付与一般预算财政收入对政府支出的作用相同，那么在控制政府总资源的基础上，再加入转移支付则并不显著，如果此时转移支付仍然显著，则一定存在"粘蝇纸效应"，从回归结果来看，一般性转移支付回归系数虽然有所下降，但回归结果依然显著，说明国定扶贫县的确存在"粘蝇纸效应"，这也说明在拥有相同资源的情况下，若人均财政自有收入减少 1 单位的同时增加 1 单位无条件转移支付，国定扶贫县财政支出将增加 1.289 个单位。

（二）基于财政支出结构的实证分析

在结构分析中，本部分主要考察均衡性转移支付对各类基本公共服务项目供给的影响，因此，设定模型如下：

$$g_{it} = \alpha_0 + \alpha_1 g_{it-1} + \alpha_2 etr_{it} + \alpha_3 str_{it} + \alpha_4 rev_{it} + \alpha_5 pd_{it}$$
$$+ \alpha_6 fpop_{it} + \alpha_7 rgdp_{it} + \alpha_8 bednum_{it} + \varepsilon_{it} \qquad (6-3)$$

其中，g_{it} 为 i 年 t 县人均基本公共服务支出项目，具体包括人均基本建设支出、人均农林水务支出、人均教育支出、人均社会保障支出以及人均行政管理支出。在解释变量中，为考察国定扶贫县财政支出的"路径依赖"问题，本部分在解释变量中加入上一期财政支出项目 g_{it-1}，在其他解释变量中，加入核心变量 etr_{it}（人均均衡性转移支付），同时为进行比较以及考虑可替代性问题，分别加入 str_{it}（人均专项转移支付）及 rev_{it}（人均地方财政收入），在控制变量上，分别加入人口密度（pd_{it}）、财政供养人口（$fpop_{it}$）、人均 GDP（$rgdp_{it}$）以及医院福利院万人拥有的床位数（$bednum_{it}$）。

模型设定上，由于存在被解释变量的滞后一期，因此是典型的动态面板模型，为克服模型内生性问题，本部分将采用两阶段系统 GMM 方法进行估计，为了说明回归结果的稳健性，本部分将使用稳健的 Robust 进行估计，并给出 AR（1）、AR（2）的统计量和过度识别约束的 sargan 统计量。具体回归结果如表 6.14 所示。

表 6.14　　　　　　　　均衡性转移支付对各类基本公共服务供给回归结果

变量	基本建设支出	农林水务支出	教育支出	社会保障支出	行政管理支出
Lag_1	0.5219 *** (0.0780)	0.0401 (0.0755)	0.4138 ** (0.1119)	0.6345 *** (0.0968)	0.7189 *** (0.1864)
etr	0.0346 (0.0336)	0.0842 * (0.0364)	0.2671 *** (0.0407)	0.0156 (0.0087)	0.1560 *** (0.0420)
str	0.2317 ** (0.0591)	0.3447 *** (0.0511)	0.1124 ** (0.0331)	0.0142 (0.0079)	0.0513 * (0.0208)
rev	0.0137 (0.0514)	0.1389 ** (0.0448)	0.0438 * (0.0218)	0.0058 (0.0054)	0.0604 (0.0513)
bednum	− 0.0370 ** (0.0113)	− 0.0159 (0.0177)	− 0.0113 (0.0117)	0.0116 * (0.0043)	0.0224 (0.0261)
fpop	0.0018 (0.0308)	0.0723 (0.0434)	0.1058 (0.0860)	0.0122 (0.0176)	0.0606 (0.0711)
pd	− 0.0091 (0.0446)	− 0.0618 (0.1295)	0.0222 (0.1001)	0.0062 (0.0176)	− 0.0421 (0.0267)
rgdp	0.0037 (0.0045)	0.0137 (0.0194)	0.0034 * (0.0013)	0.0006 (0.0005)	0.0003 (0.0022)
AR（1）	0.0029	0.0002	0.0021	0.0002	0.0001
AR（2）	0.1816	0.8885	0.9764	0.8334	0.0620
Sargan	0.1012	0.1352	0.0892	0.0541	0.2274
Obs	2845	2845	2845	2845	2845

注：（1）本表没有报告常数项、滞后一期财政支出以及控制变量；（2）括号内为稳健性标准差；（3）AR（1）与 AR（2）为自相关检验，Sargan 为过度识别检验（非 Robust 情况下），表中报告相关值均为统计量 P 值；（4） *** 、** 和 * 分别代表在1% 、5% 和10% 显著水平上显著。

　　由表6.14 可知，除农林水务支出之外，其他基本公共服务支出项目的滞后一期都较为显著，而且回归系数较大，这可能与基本公共服务支出项目本身的性质存在一定关系。

　　在核心变量考察中，均衡性转移支付对基本建设支出以及社会保障支出均不显著，对其他类别的支出中，均衡性转移支付对教育支出以及行政管理支出都较为显著，而且系数较大，说明均衡性转移支付大部分投向了教育支出以及行政管理支出，部分流向了农林水务支出。为进行比较，本部分同样对专项转移支付进行考察，从回归结果看，专项转移支付除对社会保障支出不显著之外，对其他类别支出都较为显著，其中最明显的是农林水务支出以及基本建设支出，这说明贫困地区的基本建设支出以及支持"三农"的农林水务支出，主要依靠专项转移支付。考虑到替代性问题，本部分也对扶贫县人均地方财政收入进行考察，由于贫困地区较为贫穷，财源有限，85%以上的财政支出需要依靠转移支付，因此，从回归结果来看，这类收入除对农林水务以及教育支出起到一定的效果之外，对其他类别的支出均不显著。

总体来说，扶贫地区依靠自身财力实现基本公共服务均等化还较为艰难，主要还是依赖上级政府的财政转移支付，但在转移支付项目中，均衡性转移支付由于没有规定使用用途，因此大部分流向了上级政府考核较为严格的教育支出以及地方政府较为"青睐"的行政管理支出，而对基建、社会保障、农林水务这些同样是基本公共服务的项目支出较少。

（三）均衡性转移支付增量对基本公共服务供给的影响

在总量分析中，均衡性转移支付扩大了扶贫县财政支出规模，但在结构分析中，实证结果很可能被认为均衡性转移支付不利于民众更加"青睐"的基本公共服务供给，考虑到我国均衡性转移支付规模增长较快，国家对新增均衡性转移支付具有明确的资金分配方法，因此，本部分将转换视角，从发展的角度考察均衡性转移支付增量对基本公共服务的影响，分析均衡性转移支付的边际效果。

进入 21 世纪之后，我国经济高速发展，财政收入"高歌猛进"，财政转移支付规模也逐步扩大，特别是均衡性转移支付，同时国家在 2002 年进行所得税分享体制改革中，明确新增收入全部用于均衡性转移支付项目，因此，对均衡性转移支付增量的考察，不仅可以分析均衡性转移支付效果，还可以分析转移支付渐进式改革所带来的影响。

为了与前面一致，本部分在模型设定上与公式（6-3）基本一致，把核心变量均衡性转移支付转换为均衡性转移支付增量（$zetr_{it}$）。数据来源于《全国地市县财政统计资料》，回归方法仍然采用二阶段系统 GMM 方法，具体回归结果如表 6.15 所示。

表 6.15　　　均衡性转移支付增量对基本公共服务供给回归结果

变量	基本建设支出	农林水务支出	教育支出	社会保障支出	行政管理支出
Lag_1	0.4831 *** (0.0894)	0.0246 (0.0893)	0.9254 *** (0.1604)	0.7629 *** (0.1042)	0.8069 *** (0.1742)
zetr	0.0770 * (0.0325)	0.1284 *** (0.0237)	0.1476 *** (0.0296)	0.0071 (0.0112)	0.0801 (0.0442)

变量	基本建设支出	农林水务支出	教育支出	社会保障支出	行政管理支出
str	0.1861 ***	0.3968 ***	0.1160 *	0.0222 **	0.0702 *
	(0.0516)	(0.0493)	(0.0501)	(0.0076)	(0.0262)
rev	0.0367	0.1942 ***	0.2041 ***	0.0009	0.0058
	(0.0451)	(0.0437)	(0.0381)	(0.0035)	(0.0509)
bednum	− 0.0292 *	− 0.0128	− 0.0085	0.0117 *	0.0050
	(0.0136)	(0.0167)	(0.0165)	(0.0047)	(0.0316)
fpop	0.0100	0.0172	0.1183	0.0093	0.0037
	(0.0493)	(0.0644)	(0.2529)	(0.0140)	(0.10481)
pd	− 0.0047	− 0.0443	0.0851	0.0012	0.1167
	(0.0283)	(0.1194)	(0.1858)	(0.0076)	(0.2421)
rgdp	0.0033	0.0033	0.0035 *	0.0007	0.0009
	(0.0043)	(0.0023)	(0.0020)	(0.0005)	(0.0024)
AR (1)	0.0025	0.0020	0.0096	0.0009	0.0000
AR (2)	0.4832	0.1803	0.8239	0.2170	0.1124
Sargan	0.1400	0.0503	0.0645	0.0829	0.1023
Obs	2276	2276	2276	2276	2276

注：***、**和*分别代表在1%、5%和10%显著水平上显著。

由表6.15可知，与均衡性转移支付总量相比，均衡性转移支付增量对基本建设支出、农林水务支出以及教育支出都较为显著，而对政府较为"青睐"的行政管理支出并不显著。这说明随着改革深入，均衡性转移支付存量和增量在支出方向上存在分化的趋势，存量主要用于保障既有的财政支出格局（例如行政管理支出），增量均衡性转移支付则更多地用于老百姓较为关心的基建、农林水务以及教育支出。

四、本节小结

不断增加均衡性转移支付比例是未来改革趋势，这项改革将极大调动地方政府的灵活性，但由于均衡性转移支付并没有规定使用用途，加上中央政府"鞭长莫及"，地方政府很可能存在财政支出的扭曲行为，对基本公共服务均等化将产生严重影响。因此，本节以均衡性转移支付为研究对象，考察均衡性转移支付是否有利于贫困地区基本公共服务的供给，本节主要结论如下。

首先，随着均衡性转移支付的增长，贫困地区各类基本公共服务支出也不断增长，这对实现基本公共服务均等化打下了坚实的基础。

其次，在总量考察中，均衡性转移支付扩大了贫困地区财政支出规模。此外，相对于地方政府一般预算收入，均衡性转移支付对地方财政支出规模的影响效应更大，即存在"粘蝇纸效应"。

最后，在结构分析中，均衡性转移支付主要用于教育支出以及行政管理支出，其他有利于脱贫和减贫的基建以及农林水务主要依靠专项转移支付；在均衡性转移支付增量考察中，转移支付更多地用于教育支出、农林水务以及基建支出，而对行政管理支出并不显著。这说明均衡性转移支付存量部分主要维护既有的支出格局，而新增均衡性转移支付更加倾向于民众更加"青睐"的基本公共服务。从未来趋势看，除社会保障支出之外，不断增加的均衡性转移支付可以有效实现基本公共服务的供给。

虽然均衡性转移支付有利于贫困地区基本公共服务的供给，但仍然存在进一步改进空间，因此，本节提出三点建议。

首先，在共同富裕背景下，应继续提高均衡性转移支付比重，优化和完善均衡性转移支付资金分配公式，特别是考虑到主体功能区建设以及流动人口负担问题，应不断适应改革需要，为经济欠发达地区提供有效的基本公共服务。

其次，加强地方政府财政支出绩效管理，科学设立绩效考核标准，优化地方政府财政支出项目。特别是针对一些民众较为青睐的基本公共服务项目，上级政府可以设定具体的均等化标准，为地方政府均衡各类基本公共服务支出提供明确方向。

最后，深入贯彻以"因素法"为导向的预算编制体系。在财政支出方面，国定扶贫县"路径依赖"现象较为显著。虽然每年增量转移支付改善了财政支出项目，但并未扭转既有的财政支出格局，因此，应加强经济欠发达地区（脱贫地区）财政预算管理，在转移支付总量以及增量转移支付的管理上都应严格按照"因素法"进行预算编制。

第三节　财政转移支付对贫困地区
"造血"能力的影响研究

一、研究思路

正如前所述，我国在减贫成效方面取得巨大成就，但这些成就的取得到底是财政资金的"输血"作用取得的成果，还是财政资金"造血"作用取得的成果，目前很少有学者关注。因为对于贫困地区而言，财政收入85%以上来自上级政府的财政转移支付，根据笔者的统计，1994～2020年，我国对中西部净转移支付规模累计金额超60万亿元。如果大规模财政转移支付仅仅起到"输血"作用，那么财政转移支付的减贫效应需重新进行考量，财政转移支付制度、央地之间以及地方政府之间的激励机制亟待完善。一些统计数据及现象也印证这些担忧，据统计，目前国家扶贫开发重点县财政转移支付依赖度仍然在85%左右，部分贫困县已经超过90%。

鉴于此，本书在第一节和第二节实证分析财政转移支付减贫效应的基础上，进一步对财政转移支付资金"输血"还是"造血"进行深入研究，本书认为，所谓"造血"能力，即地方政府获得财政转移支付之后，能够将财政转移支付用于增强自身的经济实力，例如，经济总量提升、产业结构优化、税源稳定扩大、对财政转移支付依赖度下降、居民收入稳定增长等。与之相反，"输血"则更多体现在维持基本支出以及机构的正常运转，一旦减少财政转移支付，地方政府则"举步维艰"。本节具体研究设计如下：一是本书将选取2001～2010年国家扶贫开发重点县作为研究对象，贫困地区经济基础薄弱，财政支出主要依赖上级财政转移支付，特别是2000年国家开始实施西部大开发战略，之后制定《中国农村扶贫开发纲要（2001—2010年）》，国家扶贫开发重点县每年可获得大量财政转移支付，因此，研究贫困县财政转移支付的"造血"能力将更具说服力，而且这一时期扶贫政策较为稳定，数据较为完整。二是本节涉及的财政转移支付不再局限于微观层面的公共转移支付，而是包含政府间各类财政转移支付。三是考虑到贫困县自身对财政转移支付依赖度较高，本书将基于收入、支出、客观结果三个角度分别进行研究，收入角度主要对财政转移支付结构进行研究，支出角度主要对地方政府支出结构进行研究，最终结果角度则是对客观经济指标进行研究。

二、理论模型

按照本书研究设计，衡量财政转移支付"输血"还是"造血"，需要从收入角度、地方政府支出角度以及客观经济指标三个维度进行分析。目前，很难构建三个维度的理论模型，不过，本书认为地方政府支出行为可作为分析的一个视角，一方面，地方政府支出行为直接影响财政转移支付最终效果；另一方面，贫困地区客观经济指标很大层面上归因于地方政策的支出策略。基于此，本书构建模型如下。

地方政府的支出行为往往受外在因素和内在因素的双重影响。本书在蔡和特瑞斯曼（Cai and Treisman，2005）地方政府竞争模型的基础上，将财政转移支付引入模型。本书假定一个经济系统内存在 N + M 个地方政府，N 表示初始禀赋较好的地区，M 表示初始禀赋较差的地区，为简化起见，假定每个类型的地区内部具有相同的禀赋。在其他因素保持不变时，N 地区的资本边际产出高于 M 地区。G_i 表示第 i 个地方政府。地方政府之间的差异由两方面因素决定：一是外在因素，主要指地区初始禀赋，包括自然资源存量、人力资本以及基础设施等方面，初始禀赋会影响资本边际生产率，从而影响私人资本流向。二是内在因素，主要指地方政府内在支出策略。可将地方政府支出分为两类：一是政府自身消费性支出 C_i，二是政府生产性支出 P_i，这里的生产性支出包括教育、卫生、交通、通信等内容。基于德沃特里庞等（Dewatripont et al.，1999）的职业生涯模型，将政府的效用函数设成如下拟线性形式：

$$U_i = Y_i + \lambda_i \ln C_i \qquad (6-4)$$

其中，C_i 表示政府自身消费，$\lambda_i > 0$ 表示相对于产出而言，政府自身消费对于其效用的重要性。地方政府的收入来源于自身税收收入和中央政府给予的转移支付，地方政府面临的预算约束为：

$$C_i + P_i = S_i + tY_i \qquad (6-5)$$

其中，tY_i 表示政府税收收入，$t_i = t$ 表示所有地区的地方税率都相同，并假定它是外生给定的。除地方税之外，中央政府还征收中央税，税率为 $\zeta_i = \zeta$。S_i 表示中央政府给予的转移支付，假定其分配公式如下：

$$S_i = \mu_i (Y^0 - Y_i) \qquad (6-6)$$

其中，μ_i 表示转移支付系数，反映转移支付均等化程度。Y^0 是外生给定的参数，假定 Y^0 远大于 Y_i，从而所有地区均可获得正的转移支付。同时，假定 $\mu_i < t$，表示一个地区产出增加所带来的地区税收增加程度大于转移支付的降低程度，从而保证产出增加一定能够增加地方总收入。

整个经济系统中私人资本存量为 k，私人资本可以跨地区自由流动，每个地方的企业均由私人资本投资。资本的生产率由内在因素和外在因素共同决定。企业的生产函数采用标准的 Cobb-Douglas 形式：

$$Y_i = A_i k_i^{\alpha} P_i^{\beta} \qquad (6-7)$$

其中，i 表示第 i 个地方政府，Y 表示产出，k 表示私人资本数量，P 表示地方政府生产性支出，A 表示初始禀赋且 A > 0。α > 0，β > 0，α + β < 1，即表示除私人资本和地方政府生产性支出外，还有诸如土地、劳动力等生产要素影响产出。对于 N 地区和 M 地区，分别有 A > 0，$A_i = A_m$，$A_n > A_m$，A_n / A_m 越大，表示 N 地区和 M 地区初始禀赋差异越大或不对称程度越高。由式（6–7）可知，初始禀赋、资本和基础设施存在互补关系。

本书模型按照以下顺序进行博弈：第一，中央政府确定中央税率 ζ、地方税率 t 以及转移支付的分配方案；第二，所有 N + M 个地方政府同时决定本地区生产性支出数量 P_i；第三，企业决定在不同地区投资数量 k_i。

假定资本在地区间是可以完全自由流动的，且流动成本为零。在均衡时，地方政府间的竞争会使得各地区资本的净回报率相等，即均衡条件下满足：

$$(1 - t - \zeta) \frac{\partial Y_i}{\partial k_i} = r \qquad (6-8)$$

其中，r 表示经济系统的净资本回报率。这里假定相对于整个经济系统而言，每个地方政府的辖区都很小，从而可将净资本回报率视为给定。由式（6–7）和式（6–8）可知，当地方政府 G_i 提供生产性支出为 P_i 时，能够吸引到的私人资本流入 k_i 为：

$$k_i(P_i, r, A_i) = \left[\frac{1}{r}(1 - t - \zeta)\alpha A_i P_i^\beta \right]^{1/(1-\alpha)} \qquad (6-9)$$

由式（6–9）可知，地方政府 G_i 提供的生产性支出 P_i 越多，所能吸引到的资本流入就越多；净资本回报率 r 越大，所能吸引到的资本流入越小。

给定 r 和地方政府的预算约束式（6–6），地方政府 G_i 通过选择 P_i 最大化其效用。将式（6–5）、式（6–6）代入目标函数（6–4），通过求解地方政府 G_i 的效用最大化问题，可得一阶条件：

$$\frac{\partial Y_i}{\partial P_i} + \frac{\partial Y_i}{\partial k_i} \frac{\partial k_i}{\partial P_i} = \frac{\lambda_i}{S_i + tY_i - P_i + \lambda_i(t - \mu_i)} \qquad (6-10)$$

其中，式（6–10）等号左边表示地方政府 G_i 进行生产性投资所产生的边际产出。它由两部分构成：一是生产性投资增加直接带来的产出增加，即"直接效应"；二是生产性投资的增加通过吸引资本流入所带来的产出增加，即"间接效应"，又称为"竞争效应"。式（6–10）等号右边表示地方政府投资的边际成本。根据式（6–8）和式（6–10）可得：

$$\frac{\partial Y_i}{\partial P_i} = \beta \frac{Y_i}{P_i} \qquad (6-11)$$

$$\frac{\partial Y_i}{\partial k_i} \frac{\partial k_i}{\partial P_i} = \frac{\alpha}{1-\alpha} \frac{Y_i}{P_i} \qquad (6-12)$$

令 $\partial F_i / \partial P_i + \partial F_i / \partial k_i / \partial k_i / \partial P_i = \varepsilon$，将式（6-10）和式（6-11）代入式（6-9）可得：

$$P_i(k_i, A_i) = (1-\alpha)^{1/1-\beta} \left(\frac{1}{\varepsilon} \beta A_i k_i^{\alpha} \right)^{1/1-\beta} \qquad (6-13)$$

根据式（6-9）和式（6-13），可得均衡时地方政府 P_i 和资本分配 k_i：

$$P_i(r, A_i) = \left(\frac{1}{r^{\alpha}} A_i B \right)^{1/1-\alpha-\beta} \qquad (6-14)$$

$$k_i(r, A_i) = (r^{\beta-1} A_i D)^{1/1-\alpha-\beta} \qquad (6-15)$$

其中，$B = (\beta/(1-\alpha)\varepsilon)^{1-\alpha} [\alpha(1-t-\zeta)]^{\alpha}$ 和 $D = (\beta/(1-\alpha)\varepsilon)^{\beta} [\alpha(1-t-\zeta)]^{1-\beta}$ 均为常数。

再结合市场出清的条件 $Nk_n(r) + Mk_m(r) = K$，可以得到均衡时的净资本回报率 r，从而得到均衡时的 P_i、k_i。进一步，根据式（6-12）和式（6-13）可得：

$$\frac{P_n}{P_m} = \frac{k_n}{k_m} = \left(\frac{A_n}{A_m} \right)^{1/1-\alpha-\beta} \qquad (6-16)$$

由式（6-16）可知，当 A_n/A_m 增加时，k_n/k_m 和 P_n/P_m 也变大。这表明：当初始禀赋差异增大时，地方政府之间的资本流入量差异和基础设施投资的差异都增大。因为在均衡时，所有的资本都被投资（即资本市场出清），故 A_n/A_m 增加会提高 k_n，降低 k_m，再根据式（6-13）可知，k_i 变化会进一步提高 P_n，降低 P_m。

综上，假定资本可以完全自由流动对经济系统会产生两种效应：一是竞争效应，地方政府为吸引资本流入，会增加生产性支出。二是极化效应，初始禀赋越少的地区越会减少生产性投入，且生产性投入的减少会导致禀赋差异更大。

贫困地区经济基础薄弱，禀赋较差，地方政府主要依赖上级政府财政转移支付，地方政府财政支出行为直接反映财政转移支付最终使用方向和效果，而初始禀赋会直接影响地方政府支出行为策略。因此，初始禀赋差异会最终影响财政转移支付的"造血"能力。根据理论模型，初始禀赋越少的地区，很可能"破罐子破摔"，减少生产性投入，财政转移支付主要用于保证人员工资及维护机构正常运转，从而不利于提升财政转移支付的"造血"能力。此外，如前所述，该理论模型很难将收入、支出、客观指标三个维度同时纳入分析，仅以地方政府支出作为分析视角，同时为匹配模型得到研究结论，本书在实证分析部分相应增加相对贫困县与极度贫困县的分析，从实证角度分析禀赋差异对财政转移支付"输血"和"造血"能力的影响。

三、实证分析

本节主要围绕财政转移支付"输血"还是"造血"进行研究，但在具体研究设计上，需要有不同的切入点，首先，财政转移支付更多体现"输血"还是"造血"往往取决于自身的内在结构，特别是一些"戴帽资金"，往往体现上级政府意图，假定不存在地方政府"违规"使用转移支付资金的情况，通过分析财政转移支付结构，可以确定部分财政转移支付投向，进而为分析转移支付"输血"还是"造血"提供一个研究视角，毕竟对贫困地区而言，财政收入主要来自上级政府财政转移支付。其次，除专项转移支付外，财政转移支付最终效果往往取决于地方政府的支出行为，例如，贫困地区是否存在"破罐子破摔"，转移支付是否主要被用于维护官员自身的政治利益等。通过分析地方政府财政支出结构，可以确定地方政府财政支出偏向，由于贫困地区财政支出主要依赖财政转移支付资金，因此财政支出结构基本可以从另一个角度反映财政转移支付最终投向。最后，无论是"戴帽"下达的专项转移支付，还是未规定使用用途的财政转移支付，均会产生一定的经济效应，通过分析地方政府经济指标，可以从另一个视角反映财政转移支付的"造血"能力，本书认为，"造血"能力的提升离不开地方政府自身经济发展、自有财力水平以及农村家庭生产能力的提升，相应的本书选取贫困地区人均 GDP、人均财政收入以及农村户均机械总动力作为衡量代理指标，在稳健性分析中，进一步采用人均固定资产投资、人均税收收入、农村人均用电量作为代理指标。此外，指标体系中增加万人财政供养人口以及人均行政管理支出作为参考指标，衡量财政转移支付是否主要用于人员工资和行政支出。需要说明的是不同学者对指标的选取有不同的观点，但考虑贫困地区经济指标的可获得性以及数据质量问题，本书仍然采用这些最能反映地方经济发展成果的指标。

（一）基于国家扶贫开发重点县收入结构分析

贫困地区自身财政收入较低，财政收入主要依靠上级政府财政转移支付，2000 年我国开始实施西部大开发战略，并制定《中国农村扶贫开发纲要（2001—2010 年）》，财政转移支付规模不断增加，据统计，在此期间国家扶贫开发重点县财政转移支付规模由 2001 年的 579.18 亿元增加至 2010 年的 4437.45 亿元（见表 6.16）。

表 6.16　　　　　　　　2001～2009 年国家贫困县转移支付概况　　　　　　单位：亿元

年份	转移支付总额	税收返还	原体制补助	各种结算补助	专项转移支付	"因素法"下主要转移支付项目			
						一般性转移支付	民族地区转移支付	农村税费改革补助	调整工资补助
2001	579.18	55.51 (9.58)	40.14 (6.93)	28.12 (4.86)	175.35 (30.28)	58.76 (10.15)	6.43 (1.11)	—	136.36 (23.54)
2002	743.22	83.52 (11.24)	47.89 (6.44)	29.68 (3.99)	195.03 (26.24)	81.97 (11.03)	4.93 (0.66)	71.68 (9.64)	194.22 (26.13)
2003	828.55	87.16 (10.52)	64.92 (7.84)	30.72 (3.71)	210.34 (25.39)	111.77 (13.49)	6.52 (0.79)	79.51 (9.60)	200.24 (24.17)
2004	1079.17	90.70 (8.40)	73.35 (6.80)	47.58 (4.41)	301.62 (27.95)	194.60 (18.03)	10.37 (0.96)	79.88 (7.40)	221.17 (20.49)
2005	1337.55	95.09 (7.11)	74.89 (5.60)	61.16 (4.57)	361.77 (27.05)	282.14 (21.09)	17.54 (1.31)	82.51 (6.17)	224.51 (16.79)
2006	1749.64	99.56 (5.69)	87.65 (5.01)	80.37 (4.59)	488.29 (27.91)	345.29 (19.73)	28.13 (1.61)	83.89 (4.79)	329.56 (18.84)
2007	2317.76	103.59 (4.47)	105.84 (4.57)	92.43 (3.99)	783.75 (33.81)	487.85 (21.05)	30.49 (1.32)	157.83 (6.81)	429.87 (18.55)
2008	3355.04	122.36 (3.65)	—	—	1416.27 (42.21)	1816.41 (54.14)	—	—	—
2009	4437.45	120.01 (2.70)	—	—	2139.15 (48.21)	2178.29 (49.09)	—	—	—

注：括号内的数字代表所占转移支付总额的比重。

资料来源：根据《全国地市县财政统计资料》（北京：中国财政经济出版社）统计整理获得。

在具体财政转移支付结构方面，占比较大的分别为专项转移支付、调整工资补助以及一般性转移支付，其中调整工资补助主要用于工资的兑现及调整，一般性转移支付测算依据主要考虑标准收入与标准支出的差额，而标准支出主要是基于标准财政供养人数和全国统一支出水平等因素，按人员经费、公用经费和其他经常性支出项目分别计算确定。根据两类转移支付的测算方法，可以确定这些转移支付主要用于人员经费以及维持机构的正常运转，"输血"的作用更为明显一些。专项转移支付"专款专用"，具体用于"输血"还是"造血"取决于上级政府的"特定意图"。此外，还有一些没有明确使用用途的财政转移支付，如税收返还，原体制补助等，需基于其他角度进行分析。

（二）基于国家扶贫开发重点县支出结构分析

如表6.17所示，2001年国家扶贫开发重点县一般预算支出839.3亿元，2009年一般预算支出增加至5431.4亿元，在具体支出项目中，占比最大的分别为教育支出以及行政管理支出。2001年教育支出为219亿元，占财政支出比重的26.09%，2006年教育支出为511.65亿元，占财政支出比重的22.43%，可见，教育支出为国家扶贫开发重点县的主要支出项目，教育支出可以提升贫困地区人力资本，进而影响经济增长，本质上属于"投资性"支出，在"涓滴效应"下会惠及贫困地区，也有利于提升贫困地区自身的"造血"能力。2001年行政管理支出为128.83亿元，占当年财政支出15.35%，2006年行政管理支出为296.19亿元，占当年财政支出12.98%，虽然比重有所下降，但支出绝对规模年均增长18.2%，行政管理支出主要是维持机构的正常运转，本质上属于"消费性"支出，偏向于"输血"。此外，其他财政支出项目虽然占比不大，但一些财政支出有利于提升贫困地区的造血能力，如基本建设支出、农林水务支出等。

表6.17　　　　　国家扶贫开发重点县一般预算财政支出项目　　　单位：亿元

年份	一般预算支出	基本建设支出	农林水务支出	教育支出	医疗卫生支出	社会保障支出	行政管理支出
2001	839.3	51.84 (6.18)	—	219 (26.09)	—	19.64 (2.34)	128.83 (15.35)
2002	1082.2	61.34 (5.67)	32.3 (2.98)	263.56 (24.35)	—	30.3 (2.8)	149.77 (13.84)
2003	1214.5	70 (5.76)	64.8 (5.34)	289.59 (23.84)	54.67 (4.5)	33 (2.72)	168.45 (13.87)
2004	1451.6	74.08 (5.1)	78.6 (5.41)	341.38 (23.52)	60.57 (4.17)	39.85 (2.75)	196.51 (13.54)
2005	1794.2	103.98 (5.8)	104.7 (5.84)	400.49 (22.32)	76.68 (4.27)	37.59 (2.1)	234.57 (13.07)
2006	2281.3	127.06 (5.57)	129.8 (5.69)	511.65 (22.43)	112.79 (4.94)	57.66 (2.53)	296.19 (12.98)
2007	3054.3	—	274 (8.97)	730.33 (23.91)	201.78 (6.61)	380.85 (12.47)	—

年份	一般预算支出	基本建设支出	农林水务支出	教育支出	医疗卫生支出	社会保障支出	行政管理支出
2008	4232.1	—	575.5 (13.6)	1003.3 (23.71)	292.56 (6.91)	576.99 (13.63)	—
2009	5431.4	—	799 (14.71)	1177 (21.67)	424.90 (7.82)	876.69 (16.14)	—

注：2007 年财政支出预算口径发生了变化，2007 年前后数据除农林水务支出之外，没有完全的可比性；括号内的数字为此类财政支出项目占财政支出的比重；其中农林水务支出及教育支出数字来源于 2002～2010 年《中国农村贫困检测报告》（北京：中国统计出版社）中国家扶贫开发重点县的监测数据。

1. 模型设定。如何基于客观经济指标衡量贫困地区财政转移支付"输血"还是"造血"是本书研究的重点，本书认为贫困地区真正能够走出"贫困"，离不开自身经济发展，自身财力以及农村家庭生产能力的提升。地方经济发展可以为贫困人口提供更多就业机会，税源股实可以改善贫困地区生产建设能力和基本公共服务水平，提升自我"造血"能力。此外，国家在划定连片特困地区标准时，主要考察地方政府经济发展水平、地方财政收入水平以及贫困人口情况。因此，本书将选取贫困地区人均 GDP、人均财政收入以及农村户均机械总动力作为衡量指标。考虑到 2006 年前后财政统计口径调整，本书选取财政供养人口作为辅助参考指标，用于衡量财政转移支付对行政支出影响。本书基准模型设定如下：

$$Y_{it} = \alpha_0 + \alpha_1 Y_{it-1} + \beta_1 ntr_{it} + \sum \delta_r X_{it}^r + \sum \gamma_r Z_{it}^r + Dum_t + \eta_i + \varepsilon_{it}$$

$$(6-17)$$

$$Y_{it} = \alpha_0 + \alpha_1 Y_{it-1} + \beta_1 taxtr_{it} + \beta_2 etr_{it} + \beta_3 str_{it} + \sum \delta_r X_{it}^r$$
$$+ \sum \gamma_r Z_{it}^r + Dum_t + \eta_i + \varepsilon_{it}$$

$$(6-18)$$

其中，模型（6-17）和模型（6-18）分别从财政净转移支付和分类财政转移支付的角度进行分析。被解释变量 Y_{it} 代表各类衡量指标，包括人均 GDP、人均财政收入、农村户均机械总动力以及每万人财政供养人口，ntr 为人均净转移支付，即扣除地方上解之后的转移支付规模。taxtr 为人均税收返还，etr 为人均一般性转移支付，str 为人均专项转移支付。X 为其他核心解释变量。Z 为控制变量，分别为反映城市化进程的城市化率（urban）、反映产业结构的第一产业比重（stru）、反映就业情况的城乡就业人口比重（workp）、反映人口分布的人口密度（fd）、反映贫困地区社会状况的每千人拥有的医疗卫生床位数（bednum）以及每百户拥有的电话户数（telh）。η_i 为个体固定效应，Dum_t 为时间虚拟变量，ε_{it} 为随机误差项，且满足 $E(\varepsilon_{it}) = 0$，$E(\varepsilon_{it}\varepsilon_{is}) = 0$（$\forall i, t, s, t \neq s$）。各变量统计性描述如表 6.18 所示。

表 6.18　　　　　　　　　各变量统计性描述

变量	样本数	平均值	标准差	最小值	最大值
人均净转移支付（元）	5370	1246.059	1250.068	63.2568	15293.71
人均税收返还（元）	3759	46.9468	43.4422	1.68	550.64
人均一般性转移支付（元）	3759	133.8904	153.3789	0	1814.333
人均专项转移支付（元）	3759	240.662	228.1826	6.7188	2844.526
人均 GDP（元）	4831	5972.194	7657.756	773.3846	167255.4
人均预算内收入（元）	5370	314.1046	758.7556	13.1042	27051.94
农村户均机械总动力（千瓦特）	5370	2.5202	2.2904	0.1175	55.8211
每万人财政供养人口（人）	4833	342.3097	145.6927	100.7292	1507.333
城市化率（%）	5370	14.5526	10.3436	2.7823	72.2689
第一产业比重（%）	4833	33.5192	13.2097	1.0130	77.6593
就业人口占比（%）	5370	49.9228	9.1836	9.7359	87.1737
人口密度（人/平方公里）	5370	183.1209	181.4038	0.5211	1258.094
每千人拥有医疗卫生床位数（床）	5370	1.7465	0.8520	0.2106	13.99
每百户拥有的电话户数（户）	5370	35.4028	21.0605	1.5393	98.8284

本书的研究对象为 592 个国家级贫困开发重点县，但考虑一些地方实施县改区以及部分贫困县数据缺失严重，本书实际分析贫困县数量为 537 个。数据来源主要来自《中国县（市）社会经济统计年鉴》《全国地市县财政统计资料》《中国农村贫困检测报告》《中国农村统计年鉴》等公开数据。此外，本书分析时间跨度为 2001～2010 年，主要基于以下考虑：一是这一时期贫困县名单基本稳定，未发生贫困县进退情况。二是这一时期中央颁布实施《中国农村扶贫开发纲要（2001—2010 年）》，整体扶贫政策以及财政转移支付政策基本稳定，可以防止重大政策冲击带来的影响。三是为配合西部大开发以及国际减贫承诺，中央在这一时期开始对中西部贫困地区实施大规模财政转移支付，财政转移支付的政策效应才真正得以显现。

2. 实证结果分析。财政转移支付与客观指标之间可能存在内生性问题和反向因果问题，如果直接进行回归，很可能造成有偏估计，一些学者采用断点回归方法，通过前定规则获得"准自然实验"的结果，但该方法存在严格前提假定条件，而且对模型设定极为敏感，不同模型下，回归结果相差较大，虽然国外学者提供很多稳健性检验方法，但在实际操作中，外部扰动因素依然较多。因此，本书在模型设定方面，采取较为成熟的动态面板回归模型，该模型可在一定程度上克服普遍存在的内生性问题，即采用两阶段系统 GMM 方法进行估计，并给出 AR（1）、AR（2）的统计量和过度识别约束的 Sargan 统计值。同时在工具变量的选取上，为防止工具变量选取不当造成有偏估计，本书将选取财政转移支付及时间虚拟变量的滞后项作为工具变量。此外，为保障回归结果的稳健性，本书将使用稳健的 Robust 进行估计，得到调整后的异方差稳健标准误。具体结果详见表 6.19。

表 6.19 实证分析结果

项目	人均 GDP（lnrgdp）		人均财政收入（lnrrev）		户均机械总动力（lnhmac）		万人财政供养人口（lnfispop）	
	(1)	(2)	(3)	(4)	(5)	(6)	(7)	(8)
lnrgdp_1	0.6083 *** (0.0401)	0.6494 *** (0.0526)						
lnrrev_1			0.6324 *** (0.0272)	0.6644 *** (0.0381)				
lnhmac_1					0.4785 *** (0.0437)	0.2936 *** (0.0451)		
lnfispop_1							0.1972 *** (0.0197)	0.2040 *** (0.0286)
lnntr	0.0588 *** (0.0176)		0.0353 *** (0.0142)		0.0302 *** (0.0121)		0.0635 (0.0450)	
lntaxtr		0.0919 *** (0.0270)		0.1513 *** (0.0362)		0.0842 ** (0.0274)		0.0826 * (0.0457)
lnetr		0.0194 * (0.0112)		0.0056 ** (0.0021)		0.0268 ** (0.0089)		0.0267 ** (0.0061)
lnstr		0.0239 *** (0.0072)		0.0740 *** (0.0171)		0.0219 * (0.0105)		− 0.0222 (0.0178)
lnrgdp			0.2326 *** (0.0331)	0.1898 *** (0.0411)	0.0528 * (0.0202)	0.0444 * (0.0282)	0.0510 *** (0.0162)	0.0731 ** (0.0287)

项目	人均 GDP（lnrgdp）		人均财政收入（lnrrev）		户均机械总动力（lnhmac）		万人财政供养人口（lnfispop）	
	(1)	(2)	(3)	(4)	(5)	(6)	(7)	(8)
lnrrev	0.0942***	0.0687***			0.0368**	0.0276	0.0008	0.0207
	(0.0165)	(0.0195)			(0.0137)	(0.0178)	(0.0078)	(0.0135)
urban	0.0011	0.0009	0.0018	0.0046**	0.0064***	0.0094***	0.0035***	0.0023*
	(0.0010)	(0.0015)	(0.0015)	(0.0019)	(0.0015)	(0.0015)	(0.0008)	(0.0012)
struc	−0.0113***	−0.0053***	−0.0018**	−0.0021**	0.0007*	0.0011	0.0005	0.0009
	(0.0012)	(0.0014)	(0.0008)	(0.0009)	(0.0004)	(0.0007)	(0.0003)	(0.0005)
workp	0.0046***	0.0056**	0.0001	0.0027	0.0024	0.0016	0.0031***	0.0033***
	(0.0016)	(0.0021)	(0.0019)	(0.0024)	(0.0020)	(0.0024)	(0.0008)	(0.0009)
bednum	−0.0045	0.0379***	0.0868***	0.0748***	0.0094	0.0004	0.0032	0.0131*
	(0.0179)	(0.0160)	(0.0161)	(0.0164)	(0.0119)	(0.0159)	(0.0087)	(0.0078)
fd	0.0009***	0.0003*	0.0023***	0.0018***	0.0004	0.0002	0.0002	0.0002
	(0.0002)	(0.0001)	(0.0003)	(0.0003)	(0.0003)	(0.0002)	(0.0002)	(0.0002)
telh	0.0005**	0.0004	0.0010***	0.0002*	0.0005*	0.0007*	0.0004	0.0002
	(0.0002)	(0.0003)	(0.0003)	(0.0001)	(0.0003)	(0.0004)	(0.0002)	(0.0002)
AR (1)	0.0005	0.0003	0.0001	0.0001	0.0011	0.0012	0.0015	0.0017
AR (2)	0.1131	0.1983	0.1662	0.1642	0.2261	0.2217	0.2340	0.2403
Sargan	0.2321	0.2010	0.2135	0.1609	0.2052	0.2672	0.2563	0.2217
Obs	4294	3197	4294	3197	4294	3197	4294	3197

注：括号内系数为估计标准误；＊、＊＊和＊＊＊分别代表在 10%、5% 和 1% 显著水平上显著。本表未报告年份虚拟变量回归结果。

经济增长体现贫困地区自身"造血"能力，2001 年贫困地区人均 GDP 为 2658.18 元，2010 年增长至 11169.91 元，较 2001 年增加 4.2 倍，说明贫困地区经济得到一定的发展，特别是 2005 年之后，增长速度较快。回归结果中，无论是净转移支付还是分类转移支付，均有效促进贫困地区经济发展。在具体财政转移支付类别中，税收返还回归结果较为明显，这可能与税收返还分配机制存在较大关系，而且税收返还也经常被地方政府作为财政补贴的主要资金来源，不过，由于贫困地区税收返还本身体量较小，对经济增长的整体拉动作用有限。一般性转移支付主要与贫困地区财力缺口挂钩，主要维持机构正常运转，因此，一般性转移支付回归系数较小。专项转移支付"专款专用"，直接体现上级政府意图，对拉动贫困地区经济发展较为显著。地方财政收入也是体现贫困地区自身"造血"能力的重要指标，2001 年贫困地区人均财政收入仅为 122.5 元，2010 年增长至 559.01 元，虽然与全国同期水平相比，增长幅度较小，但也得到一定的发展。

回归结果中，无论是净转移支付还是分类转移支付，均有效促进贫困地区人均财政收入的增加，说明整体效果较好。在具体财政转移支付类别中，税收返还分配机制会激励地方政府增加地方财政收入，专项转移支付一般要求地方政府至少配套 30% 资金，这两类转移支付对贫困地区人均财政收入的影响较为显著，而一般性转移支付在 10% 的显著水平下才较为显著，主要原因在于此类转移支付很可能会引起地方政府"策略性行为"，一些地方政府会主动降低地方财政努力度，从而"倒逼"上级政府，以获得更多一般性转移支付。户均机械总动力体现贫困地区农户生产能力，2001～2010 年，贫困地区户均农业机械总动力由 1.65 千瓦特增加至 2.95 千瓦特，回归结果中，各类转移支付对户均机械总动力的影响均较为显著，说明财政转移支付极大提升贫困地区农业机械化水平。财政供养人口更多体现"消费性"支出，偏重"输血"，2001 年贫困地区财政供养人口为 574.54 万人，2009 年增至 651.64 万人，年均增长 1.64%，回归结果中，不同类型财政转移支付对财政供养人口的回归结果有所不同，人均净转移支付的回归结果并不显著，税收返还与一般性转移支付分别在 10% 和 5% 的水平下显著，专项转移支付回归结果为负，但并不显著。这说明财政转移支付并未引起贫困地区财政供养人口的大幅增加。

其他变量回归结果中，贫困地区经济增长有效提升地方财政收入和户均机械总动力，地方财政收入可以有效拉动经济增长，但对万人财政供养人口并不显著，贫困地区城市化率对地方经济及财政收入影响并不显著，第一产业比重过大会影响地方经济发展以及地方财政收入，每百户拥有的电话数会有效带动经济增长、财政收入以及户均机械总动力。

3. 稳健性检验。

（1）基于样本量的稳健性检验。为保证回归结果的稳健性，剔除异常值，本书对样本量进行 5% 的截尾处理，回归方法仍采用两阶段系统 GMM，同时控制个体固定效应和年份固定效应，被解释变量保持不变，具体回归结果如下：

经过截尾处理的回归结果与表 6.20 基本保持一致，但部分结果需要超过 10% 的显著水平时才较为显著，如一般性转移支付对人均财政收入的影响，正如前所言，一般性转移支付主要弥补人员经费及办公经费，而且会导致地方政府产生"策略性行为"。其他变量回归结果中与前面基本保持一致。

表 6. 20   基于样本量的稳健性检验

项目	人均 GDP（lnrgdp）		人均财政收入（lnrrev）		户均机械总动力（lnhmac）		万人财政供养人口（lnfispop）	
	(1)	(2)	(3)	(4)	(5)	(6)	(7)	(8)
lnrgdp_1	0. 5958 *** (0. 0407)	0. 5783 *** (0. 0555)						
lnrrev_1			0. 6705 *** (0. 0247)	0. 7102 *** (0. 0380)				
lnhmac_1					0. 4894 *** (0. 0443)	0. 2830 *** (0. 0473)		
lnfispop_1							0. 3170 *** (0. 0264)	0. 3237 *** (0. 0462)
lnntr	0. 0276 ** (0. 0106)		0. 0398 ** (0. 0171)		0. 0409 ** (0. 0208)		0. 0221 (0. 0136)	
lntaxtr		0. 0977 *** (0. 0283)		0. 0999 *** (0. 0319)		0. 0997 *** (0. 0286)		0. 0711 *** (0. 0265)
lnetr		0. 0267 * (0. 0142)		0. 0215 * (0. 0112)		0. 0321 ** (0. 0126)		0. 0253 *** (0. 0064)
lnstr		0. 0582 *** (0. 0110)		0. 0676 *** (0. 0179)		0. 0224 ** (0. 0109)		− 0. 0159 (0. 0948)
lnrgdp			0. 2003 *** (0. 0324)	0. 1619 *** (0. 0439)	0. 0178 ** (0. 0069)	0. 0488 * (0. 0281)	0. 0575 ** (0. 0161)	0. 0736 ** (0. 0326)
lnrrev	0. 0809 *** (0. 0163)	0. 0677 *** (0. 0211)			0. 0341 ** (0. 0135)	0. 0042 * (0. 0023)	0. 0009 (0. 0079)	0. 0145 (0. 0155)
urban	0. 0015 (0. 0012)	0. 0001 (0. 0015)	0. 0005 (0. 0016)	0. 0036 * (0. 0020)	0. 0063 *** (0. 0017)	0. 0086 *** (0. 0016)	0. 0025 *** (0. 0009)	0. 0033 ** (0. 0015)
struc	− 0. 0119 *** (0. 0012)	− 0. 0061 *** (0. 0014)	− 0. 0013 * (0. 0007)	− 0. 0019 ** (0. 0009)	0. 0006 (0. 0006)	0. 0008 (0. 0007)	0. 0008 ** (0. 0004)	0. 0005 (0. 0005)
workp	0. 0055 *** (0. 0016)	0. 0041 ** (0. 0020)	0. 0033 (0. 0022)	0. 0019 (0. 0026)	0. 0021 (0. 0029)	0. 0015 (0. 0027)	0. 0018 ** (0. 0008)	0. 0027 *** (0. 0010)
bednum	0. 0114 * (0. 0065)	0. 0478 *** (0. 0119)	0. 0392 *** (0. 0129)	0. 0615 *** (0. 0177)	0. 0013 (0. 0119)	0. 0020 (0. 0167)	0. 0143 *** (0. 0052)	0. 0169 ** (0. 0083)
fd	0. 0006 *** (0. 0002)	0. 0003 (0. 0002)	0. 0020 *** (0. 0003)	0. 0015 *** (0. 0003)	0. 0003 (0. 0003)	0. 0002 (0. 0002)	0. 0001 (0. 0002)	0. 0001 (0. 0002)
telh	0. 0005 ** (0. 0002)	0. 0004 (0. 0003)	0. 008 ** (0. 0004)	0. 0002 * (0. 0001)	0. 0003 (0. 0004)	0. 0001 (0. 0007)	0. 0002 * (0. 0001)	0. 0001 (0. 0002)
AR（1）	0. 0006	0. 0005	0. 0001	0. 0001	0. 0015	0. 0014	0. 0010	0. 0011
AR（2）	0. 1872	0. 2135	0. 1873	0. 1981	0. 2020	0. 2332	0. 2241	0. 2131
Sargan	0. 2015	0. 1782	0. 2118	0. 2236	0. 2671	0. 2875	0. 2553	0. 2517

注：括号内系数为估计标准误；*、** 和 *** 分别代表在 10%、5% 和 1% 显著水平上显著。

（2）基于被解释变量的稳健性检验。为进一步保证回归结果的稳健性，本书将更换被解释变量，以增加实证结果的"信度"和"效度"。其中，人均固定资产投资替代人均 GDP、人均税收收入替代人均财政收入、农村人均用电量替代农村户均机械总动力、人均行政管理支出替代万人财政供养人口。由于统计口径等原因，部分被解释变量的统计数据并不完整，如人均行政管理支出，2007 年之后不再统计。具体回归结果如表 6.21 所示。

表 6.21　　　　　　　　　基于被解释变量的稳健性检验

项目	人均固定资产投资（lninv）		人均税收收入（lnrtaxr）		人均用电量（lnrre）		人均行政管理支出（lngove）	
	(1)	(2)	(3)	(4)	(5)	(6)	(7)	(8)
lninv_1	0.5085 ***（0.0290）	0.4455 ***（0.0349）						
lnrtaxr_1			0.4731 ***（0.0356）	0.4812 ***（0.0304）				
lnrre_1					0.3952 ***（0.0349）	0.3617 ***（0.0473）		
lngove_1							0.2689 ***（0.0506）	0.2867 ***（0.0515）
lnntr	0.3416 ***（0.0643）		0.1771 *（0.0889）		0.1086 **（0.0505）		0.4177 ***（0.0483）	
lntaxtr		0.1326 *（0.0798）		0.3123 ***（0.0455）		0.1622 **（0.0737）		0.0814 *（0.0428）
lnetr		0.1278 ***（0.0270）		0.0307 ***（0.0117）		0.0434 **（0.0178）		0.0251 ***（0.0085）
lnstr		0.2396 ***（0.0234）		0.0265 *（0.0154）		0.0522 *（0.0267）		0.0752 ***（0.0148）
lnrgdp			0.5007 ***（0.0503）	0.2858 ***（0.0443）	0.0766 *（0.0444）	0.0768 **（0.0357）	0.1661 ***（0.0313）	0.2291 ***（0.0315）
lnrrev	0.3057 ***（0.0346）	0.1931 ***（0.0622）			0.1148 ***（0.0371）	0.1812 ***（0.0442）	0.0913 ***（0.0327）	0.0242 *（0.0142）
urban	0.0028 *（0.0015）	0.0041 **（0.0022）	0.0046 *（0.0025）	0.0019（0.0030）	0.0062 *（0.0035）	0.0093 *（0.0048）	- 0.0062 ***（0.0017）	- 0.00506 ***（0.0017）
struc	- 0.0021 *（0.0013）	- 0.0048 **（0.0022）	- 0.0006 **（0.0003）	- 0.0020 **（0.0009）	0.0016（0.0013）	0.0015（0.0016）	0.0009（0.0007）	0.0010（0.0007）
workp	0.0079 **（0.0035）	0.0131 *（0.0070）	0.0059 **（0.0029）	0.0032（0.0028）	0.0001（0.0041）	0.0027（0.0034）	0.0049 **（0.0022）	0.0023 **（0.0012）

项目	人均固定资产投资 (lninv)		人均税收收入 (lnrtaxr)		人均用电量 (lnrre)		人均行政管理支出 (lngove)	
	(1)	(2)	(3)	(4)	(5)	(6)	(7)	(8)
bednum	0.0074	0.0306	0.0234	0.0244	0.0293	0.0156	0.0311 **	0.0587 ***
	(0.0132)	(0.0351)	(0.0181)	(0.0167)	(0.0208)	(0.0236)	(0.0133)	(0.0204)
fd	0.0003 *	0.0001	0.0026 ***	0.0028 ***	0.0002	0.0003	−0.0005 **	−0.0006 ***
	(0.0002)	(0.0004)	(0.0003)	(0.0004)	(0.0004)	(0.0008)	(0.0002)	(0.0002)
telh	0.0016 *	0.0016 *	0.0020 ***	0.0013 *	0.0006	0.0003	0.0001	0.0001
	(0.0009)	(0.0009)	(0.0007)	(0.0007)	(0.0005)	(0.0005)	(0.0004)	(0.0004)
AR (1)	0.0000	0.0000	0.0001	0.0001	0.0002	0.0002	0.0005	0.0007
AR (2)	0.1762	0.2021	0.1975	0.2266	0.1764	0.2437	0.2677	0.3445
Sargan	0.2015	0.1781	0.1633	0.1547	0.2985	0.1893	0.2165	0.2895
Obs	4296	3197	3202	3177	4292	3195	2685	2664

注：括号内系数为估计标准误；*、** 和 *** 分别代表在10%、5%和1%显著水平上显著。

人均净转移支付及各类转移支付对固定资产投资的影响依然较为显著，特别是专项转移支付，回归系数较大，说明专项转移支付可以有效带动固定资产投资，如基本设施建设等。在人均税收收入方面，税收返还不仅较为显著而且回归系数较大，这与其内在分配机制存在较大关系。人均用电量可以综合反映农村生产生活水平，各类转移支付的回归结果均较为显著。行政管理支出分析中，人均净转移支付与其他各类转移支付对行政管理支出均较为显著，特别是专项转移支付，回归结果为正且较为显著，究其原因，贫困地区专项转移支付中，一般会提取部分行政管理费，用于人员开支和办公经费，即使财政供养人口没有增加，行政管理支出依然会增加，因此，这与前面回归结果并不矛盾。综上所述，在稳健性检验中虽然更换被解释变量，但回归结果基本与前面保持一致。

综上所述，由于贫困地区财政收入主要来自上级政府财政转移支付，基于收入角度分析财政转移支付结构，可以反映财政转移支付自身对"造血"能力的影响。经过分析可以发现财政转移占比较大的分别为专项转移支付、调整工资补助以及一般性转移支付，后两项主要用于人员经费以及维持机构正常运转，更偏向"输血"作用，专项转移支付虽然"专款专用"，但无法明确具体使用用途，但从实务调研情况来看，专项转移支付大多偏向公路及农田水利等基本设施建设。基于支出角度，在2007年之前，地方政府支出较大的分别为教育支出以及行政管理支出，教育支出偏向人力资本投资，行政管理支出偏向消费性支出；2007年之后，教育支出、社会保障支出以及农林水务支出占比较大，总体上更偏向"造血"能力的提升。基于客观结果角度，财政转移支付可有效拉动贫困地区经济增长、提升地方财政收入以及农村户均机械总动力，而且并未引起财政供养人口的大幅增加。总体上来看，财政转移支付注重为贫困地区"输血"的同时，也有效提升贫困地区自身的"造血"能力，随着财政转移支付制度不断完善以及财政支出绩效管理的全面铺开，贫困地区"造血"能力将进一步提升。

四、进一步分析

虽然目前贫困地区经济发展水平、财政收入水平以及农村生产生活水平与全国平均水平相比，依然"任重道远"，但根据前面的实证研究，可以明确在对贫困地区整体考察中，贫困地区并未"破罐子破摔"，财政转移支付在支持贫困地区"造血"方面起到关键作用，贫困地区自身经济实力得到进一步加强。不过，不同扶贫县之间差距相当明显，一些扶贫县人均 GDP 和人均财政收入甚至比非贫困县高出几倍。如果将扶贫县作为一个整体进行分析，很可能会导致回归结果的偏误，而且无益于改善现行财政转移支付政策。因此，本书将国家扶贫开发重点县分为两类，一类为极度贫困县，另一类为相对贫困县。划分依据主要基于两点：一是考虑 2000 年国家贫困县人均 GDP 和人均一般预算内财政收入平均水平；二是考虑同时满足条件下的样本量，如果满足条件样本量过少，则围绕平均水平适度调整。具体操作方面，以 2000 年数据为基数，人均 GDP 在 2000 元以下且人均一般预算内财政收入 100 元以下的为极度贫困县，经过比对筛选，共有 149 个扶贫县同时满足这一条件，人均 GDP 在 3000 元以上且人均一般预算内财政收入在 130 元以上的为相对贫困县，经过对比筛选，共有 105 个扶贫县同时满足这一条件。其他扶贫县介于两者之间或不能同时满足设定条件，因此不作为分析对象。通过筛选，研究对象确定为 254 个，其中极度贫困县为 149 个，相对贫困县为 105 个。

在模型设定上，根据贫困县划分类别，本书将极度贫困县设为实验组（$D_{it}=1$），相对贫困县设为参照组（$D_{it}=0$），相应的计量模型为：

$$Y_{it} = \alpha_0 + \beta_1 ntr_{it} + \beta_2 (D_{it} \times ntr_{it}) + \sum \delta_r X_{it}^r + \sum \gamma_r Z_{it}^r + \nu_t + \varepsilon_{it}$$

$$(6-19)$$

$$Y_{it} = \alpha_0 + \beta_1 taxtr_{it} + \chi_1 (D_{it} \times taxtr_{it}) + \beta_2 etr_{it} + \chi_2 (D_{it} \times etr_{it})$$
$$+ \beta_3 str_{it} + \chi_3 (D_{it} \times str_{it}) + \sum \delta_r X_{it}^r + \sum \gamma_r Z_{it}^r + \nu_t + \varepsilon_{it}$$

$$(6-20)$$

回归模型参数与前述一致，由于模型本身已经控制个体固定效应，因此模型中仅添加时间固定效应。在回归方法上，本书将采用二阶段最小二乘法（2SLS）进行估计，同时为避免工具变量选取不当造成的偏误，本书保守采用转移支付滞后项及时间虚拟变量作为工具变量，同时采用稳健标准误消除个体可能引起的异方差问题。基于贫困县分组的回归结果如表6.22所示。

表 6.22　　　　　　　　　基于贫困县分组的回归结果

项目	人均 GDP	人均财政收入	贫困地区农村户均机械总动力	人均行政管理支出
ntr	1.4548 *** (0.1220)	− 0.0364 *** (0.0067)	0.0005 *** (0.00003)	0.0014 *** (0.0001)
D × ntr	− 0.9145 *** (0.1498)	0.0581 *** (0.0098)	− 0.0003 *** (0.00004)	0.0002 ** (0.0001)
taxtr	21.0616 *** (3.1939)	− 0.6101 ** (0.2077)	0.0053 *** (0.0008)	0.0073 *** (0.0012)
D × taxtr	− 24.4608 * (14.2426)	1.0861 (0.9164)	0.0017 (0.0037)	0.0160 *** (0.0051)
etr	3.4663 *** (1.1105)	− 0.2955 *** (0.0712)	0.0011 *** (0.0003)	0.0066 *** (0.0004)
D × etr	0.1438 (1.6810)	0.0489 (0.1081)	− 0.0001 (0.0004)	0.0006 * (0.0003)
str	3.5050 *** (0.5916)	0.0807 ** (0.0384)	0.0007 *** (0.0002)	0.0075 *** (0.0004)
D × str	− 3.3451 *** (1.1154)	− 0.0646 (0.0848)	− 0.0006 * (0.0003)	0.0019 *** (0.0002)

注：括号内系数为估计标准误；＊、＊＊和＊＊＊分别代表在10%、5%和1%显著水平上显著。

贫困地区经济发展水平更多体现地方政府自身的"造血"能力，基于回归结果，人均净转移支付、税收返还以及专项转移支付对参照组（相对贫困地区）的影响效应相较于实验组（极度贫困地区），回归结果更为显著。在人均财政收入方面，虽然部分回归结果并不显著，无法直接进行比较，但从人均净转移支付的回归结果可知，相对贫困地区地方政府很可能会产生"策略性行为"，通过降低自身财政努力度，"做穷"自己以获得更多财政转移支付。贫困地区农村户均机械总动力反映贫困地区机械化水平，基于回归结果，人均净转移支付以及各类财政转移支付均可以有效提升户均机械总动力，但对相对贫困地区的回归效应显著大于极度贫困地区。行政管理支出更多偏向消费性支出，在回归结果中，人均净转移支付以及各类财政转移支付均提升人均行政管理支出，不过相较于相对贫困县，回归结果对极度贫困县的影响更为显著。

通过进一步研究，本书认为对于极度贫困地区，财政转移支付虽然可以提升人均GDP、人均财政收入以及户均机械总动力，但由于经济基础过于薄弱，自然环境过于恶劣，地方政府自身的"造血"能力仍然不足，财政转移支付更多体现"输血"功能，包括维护机构的正常运转。对这些地区，应进一步加大一般性转移支付规模以改善贫困现状，同时通过专项转移支付支持地方实施"易地搬迁"，加大投资性专项转移支付比重等。对于相对贫困地区，财政转移支付在提供"输血"功能的同时，"造血"能力也较为突出，因此，对这些地区，上级政府要"做对激励"，积极引导地方政府发展自身经济，提高自身财力。

五、本节小结

本书以国家扶贫开发重点县为研究对象，分别基于收入角度、支出角度以及客观结果角度系统研究财政净转移支付及各类财政转移支付对贫困地区自身"造血"能力的影响。主要结论如下：一是基于收入角度，财政转移支付既有"输血"作用，也有"造血"作用，其中，专项转移支付更加偏向"造血"。二是基于支出角度，在维护政府机构正常运转外，教育支出、社会保障支出以及农林水务支出占比较大，总体上财政支出有利于提升贫困地区的"造血"能力。三是基于客观指标，净转移支付以及各类财政转移支付可以有效拉动地方经济发展以及地方财政收入，同时提升贫困地区农户机械总动力，财政转移支付总体效果较好。四是通过进一步研究，财政转移支付对极度贫困地区和相对贫困地区的回归结果相差较大，总体来看，财政转移支付可以有效提升相对贫困地区的"造血"能力，而对极度贫困地区，财政转移支付更多体现"输血"，地方政府自身"造血"能力不足。

根据以上结论，本书提出一些建议，希望能够为完善财政转移支付制度以及实现全面建成小康社会提供一定的借鉴作用。

首先，进一步加大对脱贫地区财政转移支付力度，目前属于巩固拓展脱贫攻坚成果的关键时期，需要优先保障脱贫地区财政转移支付规模。同时，在具体转移支付项目方面，注重"输血"的同时，应更加注重"造血"，例如加大农村合作社的发展、引导龙头企业参与带头示范作用、加大劳动力技能培训等。

其次，上级政府应完善对脱贫地区财政支出绩效考核机制，激励脱贫地区地方政府在维持基本人员经费及办公经费基础上，侧重投资性支出，包括基本设施、农田水利建设、教育支出及医疗支出等。同时创新财政支出模式，实施财政资金股权投资收益等。

再次，在提升一般性转移支付比重的同时，也应保证专项转移支付的比重，对欠发达地区而言，一般性转移支付和税收返还均为无条件转移支付，很可能被地方政府挪作他用，不利于"精准帮扶"，专项转移支付"专款专用"，可以锁定帮扶目标，实现减贫效果。同时上级政府应加强专项转移支付的资金管理，减少"滴漏"，提升专项转移支付使用效益。

最后，上级政府对脱贫地区要分类施策，财政转移支付既要注重"输血"，也要注重"造血"，对极度欠发达地区以及丧失劳动能力的帮扶对象，要注重"输血"，例如对自然环境不适宜人类居住的地区，实施易地扶贫搬迁政策。对相对贫困地区以及具备劳动能力的贫困人口，要注重"造血"，例如构建财政转移支付激励机制和税收优惠政策，鼓励地方政府发展经济，吸纳帮扶对象就业，提升地方财政能力。

第四节　财政转移支付对地方政府财政能力的影响

一、研究思路

前面主要实证分析财政转移支付的减贫效应，并对财政转移支付的"输血"和"造血"能力进行分析，本节则聚焦财政转移支付对地方政府财政能力影响，1994 年分税制主要解决中央和省级政府之间的财政分配体制，省以下财政分配体制则"百花齐放"，各有不同，但总体来看，在分税制体制下，县级政府财政收支矛盾突出，财政压力较大。2020 年受减税降费以及经济形势的影响，县级政府财政压力凸显，国家通过发行国债①，并建立特殊转移支付机制，资金直达市县基层，缓解地方财政困难。可见，县级政府财政能力建设亟须引起理论界的重点关注。然而现有文献鲜有涉及贫困地区财政能力的研究，提升贫困地区财政能力不仅仅涉

---

① 2020 年我国财政赤字规模比去年增加 1 万亿元，同时发行 1 万亿元抗疫特别国债。上述 2 万亿元全部转给地方，建立特殊转移支付机制，资金直达市县基层。2021 年，国家将 2.8 万亿中央财政资金纳入直达机制范围，切实解决县级财政困难。

及以往各类扶贫举措的减贫成效，而且直接关系未来巩固脱贫攻坚成果和解决相对贫困问题。如果国家扶贫开发重点县的设立可以有效提升地方财政能力，那么，在脱贫之后5年过渡期内以及在西部地区设定的乡村振兴重点帮扶县的政策契机下，应进一步发挥各类帮扶政策，巩固和提升地方政府财政能力，如果国家扶贫开发重点县的设立未能有效提升地方财政能力，则需要重新考量现有的支持政策，探究影响地方政府财政能力的深层次的原因，结合最新财政制度改革，有效提升县级政府的财政能力。

对于县级地方政府而言，财政能力无非表现为财政收入能力和财政支出能力，一般公共预算收入和一般公共预算支出是县级地方政府财政收支能力最主要的表现形式，图6.3为2006~2020年新增国家扶贫开发重点县的财政收支状况，从图中可以看到，2012年之后，新增贫困县人均一般公共预算收入占GDP的比重和一般公共预算支出占GDP的比重明显上升，其中人均一般公共预算收入占GDP的比重由2006年的3.54%上升至2020年的7.30%，人均一般预算公共支出占GDP的比重由2006年的19.82%增长至2020年的45.5%。

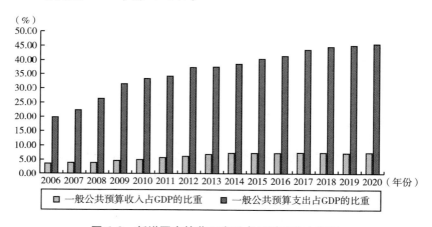

图6.3　新增国家扶贫开发重点县财政收支概况
资料来源：根据历年《中国县域统计年鉴》（北京：中国统计出版社）整理。

鉴于此，本书将对贫困地区财政能力提升问题进行深入研究，但如何衡量财政转移支付对地方政府财政能力的影响，考虑到财政转移支付与地方政府财政能力之间存在一定的内生性，本节研究的具体思路如下，一是以2012年国家扶贫开发重点县名单调整为契机，将新进入的国家扶贫开发重点县作为研究对象，实证分析这些县在进入国家级名单之后自身财政能力变化情况，相较于非国家扶贫开发重点县而言，进入国家扶贫开发重点县则意味着可获得大量财政转移支付，因此可以利用国家扶贫开发重点县名单的调整分析财政转移支付增加对地方政府财政能力的影响。二是在研究方法上，采取双重差分倾向得分匹配法（PSM－DID），在确定研究对象（处理组）的同时，通过倾向得分匹配法在未进入国家扶贫开发重点县的样本中确定对照组，从而减少处理组和对照组因初始条件较大差异带来自选择偏误和内生性问题，同时通过双重差分法，消除随时间不变和随时间同步变化因素的影响，相较于单差分法，估计结果更加准确。

此外，本节利用国家扶贫开发重点县名单调整还有另外一个重要原因，长久以来，我国在各类扶贫举措中，设立国家贫困县往往会引起社会的广泛关注，自1986年以来，我国就已经开始以"县"为中心确定扶贫"抓手"，并以文件形式明确"县级政府"在减贫中要起到关键作用。从最初的331个国家扶贫开发重点县，调整至592个国家扶贫开发重点县，加上14个连片特困地区，我国共确定832个贫困县。虽然2020年全国贫困县已经完全脱贫摘帽，但中央对脱贫县实施5年过渡期政策，同时，2021年政府工作报告提出在西部脱贫地区集中支持一批乡村振兴重点帮扶县，仍然以"县"为中心确定工作任务的"抓手"。因此，以国家扶贫开发重点县的设立代替财政转移支付增加分析地方政府财政能力是否得到提升具有重要的现实意义，而且只有县级政府财政能力真正得到提升才能确保巩固拓展脱贫攻坚成果和实现乡村振兴战略，各类长效机制才能真正"长效"。

二、财政能力内涵及衡量方法

财政能力是一个复杂的概念，既包括财政收入汲取能力，也包括财政支出配置能力。财政收入汲取能力主要指利用最少的资源征收最多的收入且对市场造成的扭曲效应最小，财政支出配置能力则是能够最有效地配置财政资源，促进辖区居民效应最大化。可见，财政能力的内涵极其丰富，但本书认为在衡量财政能力方面，中央政府、不同层级的地方政府之间应有所区别，在目前财税分配体制下，省、市、县以及乡镇政府，随着地方政府层级的下移，财政能力的内涵会变得越窄。对于县级政府，特别是国家扶贫开发重点县，自然环境恶劣，经济基础薄弱，地方财政支出主要依赖上级政府的财政转移支付，衡量这些地区的财政能力，更重要的是分析地方政府财政收支状况是否得到改善，财政自有财力是否得到提升，各项财政支出是否能够得到保障①。因此，本书利用双重差分法，分析县级政府在进入国家扶贫开发重点县名单之后，在财政、金融、产业等政策大力扶持之下，这些地区相对于过去以及在与非国家扶贫开发重点县比较中，设立国家扶贫开发重点县对地方政府财政能力的影响，这不仅涉及以往各类扶贫举措的减贫成效，而且直接关系未来县级政府在巩固脱贫攻坚成果和解决相对贫困问题过程中的财力保障问题。

国家扶贫开发重点县的财政能力主要集中在地方政府的财政收入水平和地方政府的财政支出水平，因此，本节将围绕县级财政收支情况进行深入分析，首先，在地方财政收入方面，主要考察地方财政收入水平是否得到提升、自有财政收入比重是否得到提高、是否降低对财政转移支付的依赖度，在具体指标设定方面，可选择人均一般预算收入、财政自给率等指标。其次，在地方财政支出方面，主要考察财政支出水平是否得到提升、基本公共服务水平和质量是否得到改善，在具体指标方面，可选择人均一般预算支出、教育、医疗等基本公共服务供给水平等指标。最后，考察地方政府财政努力度，该指标主要反映地方政府在组织财政收入方面主观积极性，是否实现"应收尽收"，在指标测算方面，借鉴巴赫拉（Bahl，1971）所提出的公式，估计实际财政总收入与预期财政总收入的比值，其中预期财政总收入借鉴乔宝云等（2006）的测算方法进行计算，考虑农业税取消后，第一产业涉及税收较少，本节在估算预期财政总收入时，采用的 GDP 仅包含第二产业和第三产业。此外，本节还将考察地方政府经济层面指标，包括人均 GDP、固定资产投资、规模以上工业总产值、第二和第三产业占 GDP 的比重等，这些指标反映地方经济基础，一般而言，经济规模越大，产业结构越合理，对地方财政收入水平提升的贡献也越大。

三、研究方法与模型设定

（一）研究方法

本部分主要考察国家扶贫开发重点县设立对县级财政能力的影响，由于国家扶贫开发重点县的设立并非随机选取，因而需要构造"反事实"来识别政策效应。倾向得分匹配法来构造"反事实"，从而可以有效解决样

---

① 一些学者认为用财政收入规模和财政支出衡量财政收支能力，不一定合理，认为规模不能代替能力，"花了钱"也不代表"会花钱"。但是本书认为财政能力的衡量要把握三点，一是研究对象的特殊性，二是衡量指标的可获得性，三是指标所反映的动态性。例如财政支出配置能力，目前普遍的做法是研究财政支出规模和结构，至于如何是"会花钱"，这个很难获得比较一致的衡量指标。

本偏差问题（Rosenbaum and Rubin，1983），即在特征变量 X 给定的条件下，测算进入国家扶贫开发重点县的概率 P（X），然后将进入国家扶贫开发重点县名单的县（处理组）和未进入国家扶贫开发重点县名单的县（参照组）进行匹配，从而选择特征变量 X 比较接近的非国家扶贫开发重点县作为国家扶贫开发重点县的"反事实"的对象。平均处置效应可设定为：

$$ATT_{PSM} = E_{P(X)|D=1} \{ E[Y(1)|D=1,P(X)] - E[Y(0)|D=0,P(X)] \}$$

$$(6-21)$$

其中，E 为期望，D 为虚拟变量，2012 年进入国家扶贫开发重点县则设定为 1，如果未进入则设定为 0，Y 为结果变量。

双重差分法（DID）则可用于考察国家扶贫开发重点县与非国家扶贫开发重点县之间财政能力是否存在差异，通过此方法可有效缓解内生性问题，从而更好识别政策效果。假定在 2012 年为时间节点，在此之前，所有样本均为非国家扶贫开发重点县，在 2012 年之后，进入国家扶贫开发重点县的为处理组，未进入国家扶贫开发重点县的为参照组。因为可以得到：

$$ATT_{DID} = E[Y_{t1}(1) - Y_{t0}(1)|D=1] - E[Y_{t1}(0) - Y_{t0}(0)|D=0]$$

$$(6-22)$$

其中，t_1 和 t_0 分别为政策前后的时点，括号里自身的差分可以消除自身的变化趋势，然后再次差分则得到设立国家扶贫开发重点县对县级政府财政能力影响的净效应。

目前，实证分析中往往将倾向得分匹配法和双重差分法结合使用，倾向得分法虽然可以解决样本选择偏差问题，但会忽略非观测因素带来的影响，双重差分则可以消除随时间不变或随时间同步变化因素的影响，从而弥补倾向得分法自身的缺陷（Heckman et al.，1997）。

$$ATT_{PSM-DID} = E[Y_{t1}(1) - Y_{t0}(1)|D=1,P(X_{t0})]$$
$$- E[Y_{t1}(0) - Y_{t0}(0)|D=0,P(X_{t0})] \quad (6-23)$$

其中，括号内为样本组和对照组自身的差分，主要为了消除自身趋势性因素带来的影响，括号外再次差分则为得分匹配法之后国家扶贫开发重点县设立对地方财政能力的净效应。

（二）模型构建与变量描述

1. 模型的构建。根据研究需要，本部分采取双重差分倾向得分匹配法，基准模型设定如下：

$$Y_{it} = \alpha_0 + \alpha_1 \cdot DID + \sum \alpha_x \cdot Control + \eta_i + \gamma_t + \varepsilon_{it} \qquad (6-24)$$

其中，Y_{it} 为被解释变量，衡量县级政府的财政能力，具体指标包括人均财政收入、人均财政支出、自主财政能力、财政努力度等，下标 i 和 t 分别表示第 i 个县和第 t 年，DID = Treatment · Post。Treatment 用于区分处理组和参照组，如果 i 县进入处理组，则 Treatment = 1，否则为 0，Post 用于区分实验前后，如果 t ≥ 2012，Post = 1，否则为 0，Control 为控制变量，包括人口密度、产业结构、人均 GDP、居民储蓄率水平等。η_i 和 γ_t 分别控制县级政府固定效应和时间效应，ε_{it} 为误差项。

2. 变量的选择。

（1）被解释变量。根据研究思路，县级政府财政能力无非体现在财政收入和财政支出两个层面，考虑到县级财政数据的可得性，在财政收入方面，选取人均一般预算收入、自主财政能力（一般预算收入占一般预算支出的比重）、财政努力度进行衡量；在财政支出方面，选取人均一般预算支出、医疗卫生以及社会保障等基本公共服务供给水平进行衡量，为保障数据的完整和口径的统一，医疗卫生服务采用万人拥有的医疗机构床位数进行衡量，社会保障采用万人拥有社会福利院床位数进行衡量。此外，根据以往研究结论，地方政府往往存在财政支出结构偏向，医疗卫生服务及社会保障等公共服务支出属于财政支出中的"短板"，如果这些支出项目已经存在明显改善，可以说明地方财政能力得到有效提升。

（2）核心解释变量。设立国家扶贫开发重点县交互项 DID = Treatment · Post 为核心解释变量，其中，Treatment 为政策虚拟变量，如果 i 县 2012 年进入国家扶贫开发重点县，则 Treatment = 1，否则为 0，Post 为时间虚拟变量，如果 t 在 2012 年之后，则 Post = 1，否则为 0。

（3）控制变量。除设立国家扶贫开发重点县本身会影响县级财政能力之外，其他因素也会产生重要影响。因此本部分将选取人口密度、人均 GDP、产业结构、居民储蓄率、城镇化水平等指标作为控制变量，其中产业结构为第二、三产业占 GDP 的比重，居民储蓄率为居民储蓄存款余额占 GDP 的比重，城镇化水平为城镇人口占总人口的比重。

（4）其他变量。除基准回归模型之外，本部分还将深入探讨国家扶贫开发重点县设立对县级财政能力影响的内在机制。根据前面所述，国家扶贫开发重点县的设立本身会带来财政、金融、产业发展等各项优惠政策，因此，选取人均净转移支付和固定资产投资代表财政扶贫政策，选取金融机构人民币各项贷款规模代表金融扶贫政策，选取农村户均农业机械总动力以及规模以上工业总产值作为产业扶贫政策。

3. 变量来源及描述性统计。本部分研究时间范围为 2007～2017 年，在参照组样本的选择方面，根据人均县域国内生产总值、产业结构、储蓄率、城镇化水平等作为参照指标，采用一对一近邻倾向得分匹配法。共得到 76 个县 836 个样本。数据来源于《全国地市县财政统计资料》、《中国县域统计年鉴》、EPS 数据平台、县级政府网站以及县级政府年度工作报告，具体数据及描述性统计详见表 6.23。

表 6.23 数据描述性统计

变量类别	变量名称	变量定义	平均值	标准差	最小值	最大值
被解释变量	lnrrev	人均一般预算收入	6.2215	0.9074	3.9455	8.7316
	fiscal	自主财政收入占比（%）	15.8502	10.7769	0.9715	68.3807
	effort	财政努力度	1.7425	1.1802	0.1641	8.9432
	lnrexp	人均一般预算支出	8.3159	0.8956	5.3432	11.5809
	medic	万人拥有医疗机构床位数	28.2631	14.0617	0.0010	132.5532
	welf	万人拥有社会福利院床位数	25.7041	27.7200	0.0001	172.8333
控制变量	lnrgdp	人均 GDP	9.5786	0.5844	7.4319	11.4389
	stru	二三产业占 GDP 的比重（%）	71.2714	12.9789	24.8306	93.8432
	urban	城镇化率（%）	20.2417	15.3027	2.8571	85.7143
	fd	人口密度	317.8686	318.7636	0.3809	1244.3780
	save	居民储蓄率	73.4493	34.4738	0.8483	242.5882
其他变量	lnntr	人均净转移支付	8.0687	0.9241	4.5556	11.4654
	lninv	固定资产投资	12.6689	1.1622	7.6611	15.1496
	lnloan	年末金融机构贷款余额	12.0011	1.6368	5.2204	14.7515
	lnind	规模以上工业总产值	12.7267	1.8755	3.9318	15.7150
	hmac	户均农业机械总动力	5.4971	4.5247	0.0011	33.7677

在数据整理过程中，2010 年之前的数据较为完整，2010 年之后存在部分数据缺失，本部分通过查找县级政府公开预决算数据、政府工作报告以及地方政府统计年鉴进行补缺。不过，即便如此，仍有部分数据无法获取，本部分借鉴以往学者研究经验，采取移动平均法进行弥补，由于涉及补缺的数据较少，对研究结果不会产生重要影响。

四、实证分析

（一）基准回归分析

表 6.24 为设定国家扶贫开发重点县对地方财政能力的综合效应，第

（1）列至第（3）列侧重分析财政收入能力，从回归结果看，相对于非国家扶贫开发重点县，设定国家扶贫开发重点县可有效提升地方政府人均一般公共预算收入，但对财政自主收入占比以及地方财政努力度均显著为负。

表 6.24 基准回归结果

变量	财政收入能力			财政支出能力		
	lnrrev	fiscal	effort	lnrexp	medic	welf
	（1）	（2）	（3）	（4）	（5）	（6）
DID	0.4245 ***	− 0.7493 **	− 0.1099 *	0.1613 ***	1.7260 *	1.4607 *
	（0.0705）	（0.3892）	（0.0603）	（0.0754）	（0.8210）	（0.6954）
Treatment	− 0.1879 ***	− 3.6745 ***	− 0.2901 ***	0.0653	− 0.0084	0.4314
	（0.0529）	（0.9453）	（0.1078）	（0.0567）	（1.1471）	（2.6811）
Post	0.4387 ***	− 0.9764	− 0.7992 ***	0.8439 ***	4.7538 ***	9.9262 ***
	（0.0611）	（1.0859）	（0.1239）	（0.0651）	（1.3177）	（3.0799）
lnrgdp	0.9338 ***	4.5508 ***	0.1128	0.1992 ***	5.5769 ***	5.2215 *
	（0.0494）	（0.8820）	（0.1006）	（0.0528）	（1.0702）	（2.5015）
stru	0.0012	0.1424 ***	0.0263 ***	0.0027 *	0.1632 ***	0.3490 ***
	（0.0015）	（0.0281）	（0.0032）	（0.0016）	（0.0341）	（0.0796）
save	0.0056 ***	0.0179	− 0.0092 ***	0.0001	0.1545 ***	0.1180 ***
	（0.0007）	（0.0116）	（0.0013）	（0.0001）	（0.0143）	（0.0330）
urban	0.0070 ***	0.0582 **	− 0.0133 ***	0.0055 ***	0.1056 ***	0.3330 ***
	（0.0013）	（0.0236）	（0.0027）	（0.0014）	（0.0287）	（0.0671）
fd	0.0003 ***	0.0138 ***	0.0005 ***	0.0013 ***	− 0.0160 ***	− 0.0150 ***
	（0.0001）	（0.0012）	（0.0001）	（0.0001）	（0.0015）	（0.0034）
Obs	825	825	825	825	825	825
R^2	0.6977	0.5149	0.5266	0.6431	0.5049	0.5270

注：括号内为聚类到县级层面的标准误；***、** 和 * 分别表示 1%、5% 和 10% 显著性水平上显著。

究其原因可能有两个方面，一方面，地方政府进入国家扶贫开发重点县名单之后将获得大量财政转移支付，财政转移支付的增加会相应提升地方财政支出规模，当一般预算收入增长幅度低于一般预算支出增长时，财政自主收入处于下降趋势，不过，相对于非国家扶贫开发重点县而言，国家扶贫开发重点县自主财政收入占比下降的幅度更加明显。另一方面，对于进入国家扶贫开发重点县的地方政府，往往会在自有财政收入与财政转移支付之间有所权衡，由于财政收支缺口可以依赖上级政府财政转移支付，地方政府往往会降低自身财政努力度，"藏富于民""藏富于企业"，从而提升本辖区的竞争力。第（4）列至第（6）列侧重分析财政支出能力，从回归结果看，核心变量均显著为正，说明相对于非国家扶贫开发重点县，设定国家扶贫开发重点县可有效提升地方政府人均一般公共预算支出和民生福利性支出。

（二）动态效应分析

为考察设定国家扶贫开发重点县对地方政府财政能力是否具有持续推动作用，本部分将进一步分析设立国家扶贫开发重点县对县域财政能力的动态效应。变量 Treatment·Post[1] 中的上标序号代表新进入国家扶贫开发重点县之后的第 1 年，以此类推。表 6.25 为动态效应回归结果。

表 6.25　　　　　　　　　　　　动态效应回归结果

变量	财政收入能力			财政支出能力		
	lnrrev	fiscal	effort	lnrexp	medic	welf
	（1）	（2）	（3）	（4）	（5）	（6）
Treatment·Post[1]	0. 0819 ***	− 2. 8477 *	− 0. 3224 *	0. 1941 *	0. 9656 *	1. 5627 ***
	（0. 0327）	（1. 5406）	（0. 1775）	（0. 1029）	（0. 5776）	（0. 3428）
Treatment·Post[2]	0. 1358 ***	− 2. 8814	− 0. 4238 **	0. 2293 **	1. 1997 *	3. 9877 ***
	（0. 0543）	（1. 6079）	（0. 1784）	（0. 1035）	（0. 5929）	（0. 3476）
Treatment·Post[3]	0. 1840 ***	− 3. 3973 ***	− 0. 4289 **	0. 3042 ***	2. 4038 ***	5. 3448 ***
	（0. 0532）	（1. 5595）	（0. 1797）	（0. 1042）	（0. 6871）	（0. 3507）
Treatment·Post[4]	0. 3329 ***	− 3. 4583 ***	− 0. 4332 *	0. 3954 ***	5. 3196 ***	10. 6856 ***
	（0. 0587）	（1. 5687）	（0. 1886）	（0. 1024）	（0. 8211）	（0. 5877）
Treatment·Post[5]	0. 5543 ***	− 3. 8974 ***	− 0. 4527 ***	0. 4557 ***	7. 5709 ***	14. 6354 ***
	（0. 0608）	（1. 5927）	（0. 1891）	（0. 1031）	（0. 8541）	（0. 6080）
Control	是	是	是	是	是	是
Obs	825	825	825	825	825	825
R^2	0. 6577	0. 4876	0. 4726	0. 5387	0. 4946	0. 4660

注：括号内为聚类到县级层面的标准误；*** 、** 和 * 分别表示 1%、5% 和 10% 显著性水平上显著。

从回归结果看，无论是财政收入能力还是财政支出能力，随着时间推移，Treatment·Post[1] 回归结果均较为显著，且回归系数的绝对值不断增加，说明设定国家扶贫开发重点县对人均一般公共预算收入、人均一般公共预算支出以及民生福利性支出具有持续的推动作用，相对于非国家扶贫开发重点县而言，新进入国家扶贫开发重点县的总体财政能力得到较大的提升。

（三）平行趋势检验

根据前面的实证分析，相对于非国家扶贫开发重点县，设定国家扶贫开发重点县总体上可以有效提升地方政府的财政能力。但除这一政策冲击之外，仍有可能存在其他因素，即可能存在遗漏变量的问题，为有效解决这一问题，本部分将进行平行趋势检验，以确保上面回归结果的可靠性。借鉴雅各布森等（Jacobson et al.，1993）、范子英和田彬彬（2013）的做法，采取反事实的平行趋势检验，2012 年当年为政策冲击的时点（Current），2009～2011 年分别用 Before^3、Before^2、Before^1 表示，2013～2015 年分别用 After^1、After^2、After^3 表示，Treatment·Post 所反映的 DID 核心解释变量将被 Before、Current、After 代替，政策实施时点当年，Current 取值为 1，否则为 0，政策实施前和政策实施后相应年份取值为 1，否则为 0。详见表 6.26。

表 6.26 平行趋势检验

变量	财政收入能力			财政支出能力		
	lnrrev	fiscal	effort	lnrexp	medic	welf
	（1）	（2）	（3）	（4）	（5）	（6）
Before^3	0.0293	− 2.2772	− 0.2373	0.0293	1.2302	1.2595
	(0.0895)	(1.5511)	(0.1717)	(0.1028)	(1.8258)	(4.2889)
Before^2	0.0537	− 3.3782	− 0.2489	0.0690	1.5585	1.4286
	(0.0899)	(1.7024)	(0.1726)	(0.1033)	(1.8360)	(4.3127)
Before^1	0.0589	− 3.4224	− 0.1162	0.1512	2.3256	3.0300
	(0.0905)	(1.8340)	(0.1749)	(0.1043)	(1.8602)	(4.3696)
Current	0.0727	− 3.6448	− 0.0944	0.1667	2.6372	3.2201
	(0.0849)	(1.8442)	(0.1717)	(0.1055)	(1.8262)	(4.2897)
After^1	0.1823 **	− 3.7751 *	− 0.3526 **	0.1911 *	3.7485 *	9.3611 **
	(0.0890)	(1.8450)	(0.1720)	(0.1033)	(1.8291)	(4.2967)
After^2	0.1997 **	− 3.8535 **	− 0.3628 **	0.2273 ***	5.5521 ***	10.2189 **
	(0.0895)	(1.8518)	(0.1729)	(0.1038)	(1.8390)	(4.3201)
After^3	0.3003 ***	− 4.1724 **	− 0.3809 **	0.3033 ***	8.5233 ***	13.3096 ***
	(0.0903)	(1.8567)	(0.1738)	(0.1045)	(1.8594)	(4.3200)
Time	0.0889 ***	− 0.6389 ***	− 0.1550 ***	0.2067 ***	0.9450 ***	1.5118 ***
	(0.0092)	(0.1644)	(0.0186)	(0.0085)	(0.1981)	(0.4653)
Control	是	是	是	是	是	是

变量	财政收入能力			财政支出能力		
	lnrrev	fiscal	effort	lnrexp	medic	welf
	(1)	(2)	(3)	(4)	(5)	(6)
Obs	825	825	825	825	825	825
R^2	0.7003	0.5215	0.5744	0.7337	0.5191	0.5788

注：括号内为聚类到县级层面的标准误，*** 、 ** 和 * 分别表示在1%、5%和10%显著性水平上显著。

从回归结果看，假定国家扶贫开发重点县调整的年份提前3年，Before³、Before²、Before¹的回归系数均不显著，而After¹、After²、After³的回归系数均较为显著，满足平行趋势假设检验的条件。这说明，通过倾向得分匹配法，控制组和对照组在财政能力指标方面没有显著差异，Treatment·Post所反映DID核心变量的回归系数为无偏估计，设定国家贫困县对地方政府财政能力的提升具有显著作用，上述实证分析的回归结果具有稳健性。

（四）稳健性检验

1. 更改匹配变量。在参照组的选择方面，根据人均县域国内生产总值、产业结构、储蓄率、城镇化水平等作为参照指标，采用一对一近邻倾向得分匹配法匹配相近的参照组，为保障回归结果的稳健性，本部分通过更改匹配变量的方式重新进行一对一近邻倾向得分匹配，新的参照指标包括固定资产投资、规模以上工业总产值、人口密度等指标。对照组确定之后，再进行双重差分法，回归结果见表6.27。DID核心变量回归系数无论在符号还是显著性方面与前面基准回归结果基本一致，说明本部分的研究结论较为稳健。

表6.27   **稳健性检验**

变量	更改匹配变量		更改样本时间跨度		剔除民族扶贫县		控制变量滞后一期	
	lnrrev	lnrexp	lnrrev	lnrexp	lnrrev	lnrexp	lnrrev	lnrexp
	(1)	(2)	(3)	(4)	(5)	(6)	(7)	(8)
DID	0.3916 ***	0.1533 ***	0.1148 *	0.1227 **	0.4852 ***	0.2017 ***	0.4533 ***	0.1852 ***
	(0.0711)	(0.0785)	(0.0602)	(0.0602)	(0.0685)	(0.0707)	(0.0815)	(0.0711)
Control	是	是	是	是	是	是	是	
L. Control								是
个体效应	是	是	是	是	是	是	是	是
时间效应	是	是	是	是	是	是	是	是

变量	更改匹配变量		更改样本时间跨度		剔除民族扶贫县		控制变量滞后一期	
	lnrrev	lnrexp	lnrrev	lnrexp	lnrrev	lnrexp	lnrrev	lnrexp
	(1)	(2)	(3)	(4)	(5)	(6)	(7)	(8)
Obs	825	825	608	608	484	484	825	825
R^2	0.6851	0.6433	0.6142	0.6221	0.4985	0.5201	0.6210	0.6345

注：括号内为聚类到县级层面的标准误；***、** 和 * 分别表示在 1%、5% 和 10% 显著水平上显著。

2. 更改样本时间跨度。本部分研究的时间跨度为 2007 ~ 2017 年，为避免 2008 年金融危机带来的不利影响①，保证回归结果的稳健性，本部分更改时间跨度，选择样本时间为 2010 ~ 2017 年，回归结果见表 6.27。DID 核心变量回归系数在 10% 和 5% 的置信区间仍然较为显著，回归结果与前面基本保持一致。

3. 剔除民族扶贫县。在样本中，处理组中包括内蒙古、广西、云南、青海等少数民族扶贫县，参照组中也存在部分民族扶贫县，考虑到国家针对民族地区具有特殊的优惠政策，为保障回归结果稳健性，剔除民族扶贫地区政策带来的影响，本部分将从样本中剔除民族扶贫县，然后再利用双重差分法进行回归分析，回归结果见表 6.27。剔除民族扶贫县之后的回归结果相对于基准回归结果，DID 核心变量回归系数明显提高，说明民族县无论是否进入国家扶贫开发重点县名单，其本身已经享受很多国家优惠政策，在剔除民族扶贫县之后，非民族县之间的效应明显增大。

4. 控制变量滞后一期。本部分所选的控制变量与设定国家扶贫开发重点县之间可能会存在反向关系，为保障回归结果的稳健性，将控制变量滞后一期，降低可能存在的内生性问题。回归结果见表 6.27。回归结果与前面基本保持一致，由于控制变量滞后一期，DID 核心变量回归系数有所上升，但回归结果仍然较为稳健。

5. 进一步研究。前面主要以 2012 年国家扶贫县调整为契机，分析设定国家扶贫开发重点县对地方政府财政能力的影响。为进一步分析设定国家扶贫县的政策效应，本部分还查找了"八七扶贫攻坚"时期与 2001 年新扶贫时期扶贫县名单的变化情况，分析新增扶贫县财政能力的变化情况，为与前面有所区分，这里新增扶贫县指在"八七扶贫攻坚"时期没有

---

① 2008 年美国次贷危机对中国经济产生重要影响，中央财政收入增速下滑很可能会影响对中西部地区财政转移支付的支持力度。

被列入国家级扶贫县名单的县，在 2001 年之后被列入国家级扶贫县名单。在具体名单上，根据比对，扣除县级市以及区级政府，2001 年之后新进入国家级扶贫县名单数量和被剔除国家扶贫开发重点县名单数量均为 84 个，国家扶贫县名单总数仍为 592 个。

为更加直观感受新进入国家扶贫县财政能力变化情况，本文仅对新增扶贫县财政收支情况进行简要分析。从表 6.28 中可以看到，在"八七扶贫攻坚时期"，由于这些县没有进入国家扶贫开发重点县名单，人均财政收入、人均财政支出以及人均净转移支付增长幅度均较小，甚至存在部分指标下降的情况。在 2001 年之后，新增扶贫县各类指标出现快速增长，其中，人均财政收入、人均财政支出以及人均净转移支付在"八七扶贫攻坚时期"平均增长速度分别为 10.51%、12.03% 以及 13.23%，这些指标在 2001 年之后平均增长速度分别为 11.41%、25.06% 以及 33.36%，增长幅度较为明显①。由于财政转移支付的增加，财政支出对转移支付的依赖度有所增加，在 2006 年，这一比重已经达到 84.03%。此外，从人均财力变异系数看，相较于"八七扶贫攻坚时期"，2001 年之后人均财力变异系数有所扩大。

表 6.28　　　　　　　　　新增扶贫县财政收支状况

年份	人均财政收入（元）	人均净转移支付（元）	人均财政支出（元）	人均财政收支缺口（元）	财政支出对转移支付依赖度（%）	转移支付前人均财力变异系数（A）	转移支付后人均财力变异系数（B）	A－B
1994	57.87	81.79	143.85	85.98	56.86	0.56	0.54	0.03
1995	73.75	82.87	158.83	85.07	52.18	0.55	0.54	0.01
1996	94.87	101.00	196.01	101.14	51.53	0.58	0.52	0.06
1997	101.21	109.49	204.80	103.59	53.46	0.56	0.54	0.02
1998	102.71	120.06	222.86	120.15	53.87	0.57	0.55	0.02
1999	102.33	148.64	255.77	153.44	58.12	0.60	0.52	0.09
2000	101.54	169.96	282.06	180.52	60.26	0.63	0.59	0.04
2001	104.64	272.07	381.79	277.15	71.26	0.55	0.68	－0.14

---

① 相较于前面的实证分析，本部分在此得出的研究结论会受到其他影响财政收支变化因素的影响，为此，本部分对 2001 年未进入国家扶贫开发重点县名单但与进入国家级名单经济基础相近的县也进行了统计性分析，虽然这些未进入国家扶贫开发重点县名单的县在各类指标中也有所增长，但增长幅度相对较小，因而，仍然可以认为设定国家级扶贫县名单对地方政府财政能力会产生重要影响。

年份	人均财政收入（元）	人均净转移支付（元）	人均财政支出（元）	人均财政收支缺口（元）	财政支出对转移支付依赖度（％）	转移支付前人均财力变异系数（A）	转移支付后人均财力变异系数（B）	A－B
2002	114.08	384.16	481.19	367.11	79.83	0.49	0.61	－0.12
2003	128.27	423.84	549.86	421.60	77.08	0.57	0.66	－0.09
2004	129.30	477.57	662.25	532.96	72.11	0.64	0.69	－0.05
2005	144.09	590.23	817.76	673.67	72.18	0.74	0.70	0.04
2006	189.86	898.73	1069.49	879.63	84.03	0.75	0.65	0.10

资料来源：根据历年《全国地市县财政统计资料》（北京：中国财政经济出版社）整理。

五、内在机制分析

基于人均财政收入和人均财政支出的角度，设定国家贫困县可以有效提升地方政府的财政收支能力，但如何理解其中的内在传导机制，中央对于进入国家扶贫开发重点县名单的县采取了哪些扶贫政策，这些政策如何影响地方政府的财政能力。鉴于此，本部分主要从三个角度进行分析，分别为财政扶贫政策、金融扶贫政策以及产业扶贫政策。如图6.4所示。

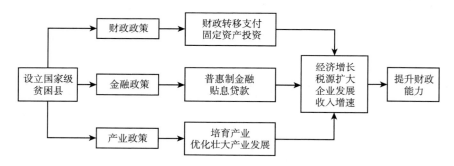

图6.4 设立国家扶贫开发重点县对地方财政能力的传导机制

在财政扶贫政策中，选取人均净转移支付和固定资产投资作为代理变量，一般而言，国家贫困县每年可获得大量财政转移支付，同时对于贫困地区而言，政府在固定资产投资中往往起到主导作用。在金融扶贫政策中，选取年末金融机构贷款余额作为代理变量，国家为支持贫困地区的发展，在金融贷款方面往往给予贴息等支持政策，在产业扶贫政策中，选取规模以上工业总产值和农村户均机械总动力作为代理变量，涵盖第一产业和第二产业的发展指标。

为有效分析其中的内在传导机制，本部分首先分析设定国家扶贫开发重点县名单之后，相对于非国家扶贫开发重点县，这些扶贫政策的代理变量是否存在明显差异，如果回归结果不显著，则说明并非通过这种传导途径影响地方政府财力。如果回归结果显著，则可以进一步进行分析。表6.29 为针对各类扶贫政策的回归结果。根据回归结果，设定国家扶贫开发重点县之后，相对于非国家扶贫开发重点县，新进入国家扶贫开发重点县在人均净转移支付、固定资产投资、金融机构贷款、规模以上工业总产值以及户均机械总动力方面回归系数均有显著为正，说明各类政策取得显著效果。

表 6.29   各类减贫举措有效性分析

变量	财政扶贫		金融扶贫	产业扶贫	
	lnntr	lninv	lnloan	lnind	hmac
	（1）	（2）	（3）	（4）	（5）
DID	0.2161 ***	0.1389 ***	0.5215 ***	0.0989 *	0.3094 **
	（0.0809）	（0.0674）	（0.1586）	（0.0567）	（0.1452）
Control	是	是	是	是	是
Obs	836	818	836	766	832
R^2	0.6736	0.6232	0.6411	0.5653	0.5334

注：括号内为聚类到县级层面的标准误；*** 、** 和 * 分别表示在 1% 、5% 和 10% 显著水平上显著。

其次，为进一步分析各类扶贫政策对地方财政能力的影响，借鉴温忠麟等（2004）、张国建等（2019）提出的中介效应检验方法，设定如下模型：

$$Y_{it} = \alpha_0 + \alpha_1 \cdot DID + \sum \alpha_x \cdot Control + \eta_i + \gamma_t + \varepsilon_{it} \quad (6-25)$$

$$M_{it} = \beta_0 + \beta_1 \cdot DID + \sum \beta_x \cdot Control + \eta_i + \gamma_t + \varepsilon_{it} \quad (6-26)$$

$$Y_{it} = \gamma_0 + \gamma_1 \cdot DID + \gamma_2 \cdot M_{it} + \sum \gamma_x \cdot Control + \eta_i + \gamma_t + \varepsilon_{it}$$
$$(6-27)$$

其中，Y_{it} 为被解释变量，具体指标包括人均财政收入、人均财政支出。M_{it} 为中介变量，分别表示财政扶贫政策、金融扶贫政策以及产业扶贫政策，中介效应系数为 $\beta_1\gamma_2$。表 6.30 和表 6.31 分别为影响地方政府财政收入的中介检验效应和影响地方政府财政支出的中介检验效应。从回归结果来看，各类扶贫政策的回归系数均显著为正，而且从回归系数来看，γ_1

的系数相较于基准回归结果有所减小，说明 M_{it} 为部分中介变量。说明设定国家级扶贫县以及国家针对贫困地区的各类扶贫政策均有效提升地方政府的财政能力。

表 6.30　　　　　　　影响地方政府财政收入的中介效应检验

变量	被解释变量：lnrrev					
	基准回归	财政扶贫		金融扶贫	产业扶贫	
	（1）	（2）	（3）	（4）	（5）	（6）
DID	0.4245 ***	0.2142 ***	0.1863 **	0.0817 *	0.0722 **	0.0640 *
	（0.0705）	（0.0929）	（0.0978）	（0.0532）	（0.0327）	（0.0375）
lnntr		0.2785 ***				
		（0.0293）				
lninv			0.1278 ***			
			（0.0235）			
lnloan				0.0706 ***		
				（0.0156）		
lnind					0.0454 ***	
					（0.0147）	
hmac						0.0382 ***
						（0.0053）
Control	是	是	是	是	是	是
Obs	825	836	818	836	766	832
R^2	0.6977	0.5944	0.5412	0.5441	0.5064	0.5433

注：括号内为聚类到县级层面的标准误；***、** 和 * 分别表示在 1%、5% 和 10% 显著水平上显著。

表 6.31　　　　　　　影响地方政府财政支出能力的中介效应检验

变量	被解释变量：lnrexp					
	基准回归	财政扶贫		金融扶贫	产业扶贫	
	（1）	（2）	（3）	（4）	（5）	（6）
DID	0.1613 ***	0.1274 ***	0.1425 ***	0.0867 *	0.0617 **	0.0234 *
	（0.0754）	（0.0132）	（0.0676）	（0.0547）	（0.0347）	（0.0121）
lnntr		0.9286 ***				
		（0.0056）				
lninv			0.3453 ***			
			（0.0218）			
lnloan				0.3124 ***		
				（0.0128）		

变量	被解释变量：lnrexp					
	基准回归	财政扶贫		金融扶贫	产业扶贫	
	（1）	（2）	（3）	（4）	（5）	（6）
lnind					0.1542***	
					(0.0117)	
hmac						0.0135**
						(0.0056)
Control	是	是	是	是	是	是
Obs	825	836	818	836	766	832
R^2	0.6431	0.9797	0.5831	0.6003	0.4831	0.5223

注：括号内为聚类到县级层面的标准误；***、** 和 * 分别表示在 1%、5% 和 10% 显著水平上显著。

六、本节小结

设定国家扶贫开发重点县名单是我国解决贫困问题的重要举措，2020年全面建成小康社会之后，为巩固拓展脱贫攻坚成果，实施乡村振兴战略，国家对脱贫县设立 5 年过渡期，同时在西部脱贫县中集中支持一批乡村振兴重点帮扶县，确保"五个不摘"。因此，研究国家扶贫开发重点县设立对地方财政能力的影响，对"后脱贫时代"长期帮扶举措以及西部脱贫地区实施乡村振兴战略规划具有重要的现实意义。鉴于此，本节以2012年国家扶贫开发重点县名单调整为契机，采取双重差分倾向得分匹配法（PSM - DID）以及中介效应模型分析设定国家扶贫开发重点县名单对县级政府财政能力的影响，本节研究结论如下：首先，设定国家扶贫开发重点县对县级地方政府财政能力具有重要的影响，人均一般预算收入、人均一般预算支出以及民生类财政支出显著提升。此外，随着国家财政转移支付的增加，县级政府自主财政收入占比有所下降，财政支出对上级政府的依赖度有所增加。其次，设定国家扶贫开发重点县对县级地方政府财政能力具有持续的推动作用，进入国家扶贫开发重点县名单的时间越长，持续推动效应越明显。最后，在传导机制分析中，设定国家扶贫开发重点县主要通过财政扶贫政策、金融扶贫政策以及产业扶贫政策提升地方政府的财政收入水平和支出水平。

根据研究结论，政策建议如下：首先，国家对脱贫县设立 5 年过渡期，考虑到设定贫困县对县域财政能力的影响，上级政府可以继续发挥财政、金融、产业等帮扶政策，提升脱贫县的财政能力。特别是稳定财政转移支付力度，发挥财政转移支付的"造血"能力，降低地方政府对财政转移支付的依赖度。其次，2021年政府工作报告提出在西部脱贫地区集中支持一批乡村振兴重点帮扶县，这与设定国家扶贫开发重点县虽然在性质上完全不同，但在帮扶举措方面，以往的经验仍然值得借鉴。例如稳定现有财政帮扶政策、扩大固定资产投资、改善基础设施、支持金融机构发放各项贷款等。最后，中央政府要建立常态化财政资金直达机制并扩大范围，省级政府要继续下沉财政资金，给予县级政府更多的自主权，切实提升县级政府的财政能力。

第五节　财政转移支付不确定性对贫困地区财政支出空间溢出效应的研究

这部分仍然基于财政转移支付的视角，将不确定性和空间效应引入分析框架，财政转移支付不确定性对地方政府财政支出空间溢出效应的影响，在研究对象方面，仍然以贫困地区作为研究对象。

一、研究背景

目前，我国减贫事业已取得巨大成就，现行标准下农村贫困人口全部脱贫，全国832个贫困县全部脱贫摘帽，解决了绝对贫困和区域性整体贫困问题，如期完成全面建成小康社会的宏伟目标。对于脱贫地区而言，地方政府财政支出仍然主要依靠上级政府的财政转移支付，不过，以往研究认为地方政府往往"重投资建设、轻公共服务"（傅勇和张晏，2007；尹恒和朱虹，2011），虽然生产性支出在促进经济增长、减少地区不平等有明显作用（林伯强，2005；周波和张凯丽，2019），但民生性支出安排弱化可能导致我国减贫效果递减，特别是在巩固拓展脱贫攻坚关键时期，需要规范地方政府的支出行为（杨宜勇和张强，2016；杨均华和刘璨，2019；徐明，2021）。

在研究视角上，本节以财政转移支付不确定性作为切入点，一方面，财政转移支付制度本身并不完善，在资金分配方面既不规范也不透明，即使是均衡性转移支付，在资金分配上也存在一定的缺陷，容易造成财政转移支付的不确定性（刘贯春和周伟，2019）；另一方面，中央监管力度有限，上级政府财政转移支付往往存在截留和挪用（马光荣等，2016），而且省以下财政转移支付制度"百花齐放"，对县级政府财政转移支付的预期会产生重要影响。可见，县级政府每年获得的财政转移支付存在较大的不确定性，即存在波动性（王小龙和余龙，2018）。财政转移支付的不确定性会造成地方政府期望效用下降，一方面，财政转移支付不确定性会激励地方政府加强税收征管、加重企业税负，增加土地出让等方式稳定地方政府财政收入；另一方面，财政转移支付不确定性会促使地方政府改变自身财政支出结构，由于在短期内受财政支出刚性的限制，地方政府往往通过改变财政支出结构的方式来应对财政转移支付的不确定性。

目前，国内外学者对财政转移支付的研究较多，但对财政转移支付不确定性的研究并未引起学者的足够重视，在国内已有的研究中，王小龙和余龙（2018）主要分析财政转移支付不确定性对地方政府财政收入行为的影响，继而分析企业的实际税负；刘贯春和周伟（2019）则偏向财政转移支付不确定对地方政府财政支出行为的影响。本部分将在前人研究基础上进一步研究财政转移不确定性对地方政策财政支出空间溢出效应的影响，原因有三，一是相对于收入行为，地方政府财政支出行为更为重要，毕竟每一笔财政转移支付取得的效果都是通过地方政府财政支出行为来实现；二是以往关于财政转移支付不确定性的研究中，缺乏针对地方政府财政支出空间溢出效应的研究，对于贫困地区而言，尤其是国家扶贫开发重点县，每年可获得大量财政转移支付，财政转移支付的不确定性会直接影响地方政府财政支出行为，继而最终影响财政转移支付的使用效果；三是我国目前已经全面建成小康社会，但长期减贫任务依然繁重，在未来 5 年巩固拓展脱贫攻坚成果关键时期，一方面需要进一步发挥财政转移支付的作用，稳定地方政府的预期；另一方面需要优化脱贫地区财政支出结构，促使地区之间财政支出形成良性互动，确保财政资金减贫效果经得起历史的检验。此外，在研究对象方面，以往并没有学者针对国家扶贫开发重点县的财政转移支付不确定性问题进行研究。鉴于此，本节继续选取国家扶贫开发重点县作为研究对象，利用空间计量模型，实证研究财政转移支付不确定性对地方财政支出空间溢出效应的影响。

在研究设计方面，首先，系统测算国家扶贫开发重点县财政转移支付不确定性指数，分析造成财政转移支付不确定性的内在原因。其次，厘清财政转移支付不确定性对财政支出空间溢出效应的内在影响机制。最后，实证分析财政转移支付不确定性对地方政府财政支出结构的空间溢出效应。

二、研究思路

不确定性指某种决策或某个事件所导致的结果不能事先被准确获得，

不确定性的概念最早可以追溯到古希腊时期，最初的不确定性还只是一个哲学概念，之后被引入到经济学领域并得到广泛应用，特别是在奈特和凯恩斯的影响下，不确定性在经济学领域的应用研究日趋成熟（汪浩瀚和徐文明，2005），其中经济政策的不确定性作为该领域的热点话题，成果颇丰。一是微观层面，经济政策不确定性的提升将显著影响企业出口（Handley，2014；周定根等，2019）、现金持有水平（王红建等，2014）、研发创新（Bhattacharya et al.，2017；顾夏铭等，2018；张峰等，2019）、高管变更（饶品贵和徐子慧，2017）、资本结构调整及杠杆率（顾研和周强龙，2018；纪洋等，2018）等；二是宏观层面，经济政策的不确定性会显著降低产出和消费，削弱对宏观经济的调控效果（王霞和郑挺国，2020）；在影响机制方面，有学者以居民预防性储蓄为切入点，发现居民预防性储蓄随着不确定性的增加而上升，消费则呈现下降趋势，同时价格调整滞后性的存在使得市场难以及时出清，供过于求，因此失业率上升、产出和投资下降（Basu et al.，2017）。

在财政支出结构方面，大多数研究均表明财政转移支付对地方政府财政支出结构存在扭曲作用。财政转移支付的设计初衷是平衡各地区经济发展，填补贫困地区财政收支缺口，提升贫困地区基本公共服务水平，然而有学者认为在现有的均等化再分配机制下，很有可能导致地方政府改变其财政支出结构，降低基本公共服务供给水平，从而倒逼上级政府增加财政转移支付（Stein，1998）。此外，也有学者认为地方政府获得大量财政转移支付之后，会加剧现有财政支出结构的扭曲，从而偏离转移支付的基本公共服务均等化目标（张军等，2007；尹恒和朱虹，2011；付文林和沈坤荣，2012）。

然而关于财政转移支付不确定性与地方政府行为的研究较少，王小龙和余龙（2018）从微观角度出发，利用中国工业企业的数据探究了地方政府转移支付的不确定性如何影响企业税负，研究表明地方政府转移支付不确定性增大会显著提高企业实际税率；刘贯春与周伟（2019）则指出，地方政府财政支出偏向性受到转移支付的不确定性影响十分显著，在其影响下地方政府会更偏向于生产性支出以稳定自身财政收入。

现有研究已取得丰硕成果，但仍存在以下不足之处：（1）现有关于经济不确定性的文献主要关注企业层面，鲜有学者注意到经济政策不确定性对政府行为的影响。本节以财政转移支付的不确定性为切入点，研究财政转移支付不确定性对财政支出行为的影响。（2）关于财政转移支付不确定性与地方政府行为之间的关系并未引起学者们的足够关注。理论上，财政转移支付的不确定性增加会引起地方政府财政收入不确定性提高，导致地方政府自身的期望效用降低。因此，为稳定财政收入水平，地方政府不得不寻找其他途径以稳定自身财政收入，财政支出方面，政府可以通过调整支出结构使支出更偏向于生产性方面从而达到增加财政收入的目的，造成财政支出结构偏向。（3）关于财政转移支付与地方政府支出行为的研究中鲜有学者考虑到空间溢出效应。理论上，地方政府的行为不仅会影响本辖区内的居民福利水平，对其他辖区的福利水平也会产生影响。（4）现有研究缺乏针对国定贫困县财政转移支付不确定性的研究，而国定贫困县恰恰是每年获得财政转移支付最多的地区。因此，本节以国定扶贫县为研究对象，引入空间计量模型，采用理论与实证分析，探究财政转移支付的不确定性对于地方政府财政支出行为的影响。

三、理论机制

财政转移支付为什么会出现不确定性，本书认为有以下几个原因：一是财政转移支付名目繁多。根据财政部官网披露的财政转移支付种类来看，目前我国一般性转移支付有 12 种，而专项转移支付的种类已超过 100 种。其中，2016 年财政部颁布《边境地区转移支付资金管理办法》以及《革命老区转移支付资金管理办法》，2019 年印发《民族地区转移支付资金管理办法》，各类特殊类型的财政转移支付的增加导致地方政府对财政转移支付的预期难以确定。二是尚未建立规范的省以下财政管理体制。省以下地方政府之间财政资金分配方法不规范、不透明、不合理。无法做到事权与支出责任相匹配，县级政府作为"弱势"一方，每年难以确定获得财政转移支付的规模，虽然部分地区实施"省直管县"改革，但财政转移支付不确定性问题依然较为突出。三是一般性转移支付的资金分配公式仍不完善。虽然一般性转移支付采用标准公式法，但指标的选择与测算中仍存在一定的主观随意性（安体富，2007；李万慧，2011）。四是专项转移支付较为庞杂。由于专项转移支付在支出项目上分布面广，种类众多，同时分配方法多为项目法，分配过程不清晰不透明，专项转移支付的不确定性程度较大。

图 6.5 中（a）和（b）分别展示 2010～2019 年中央对地方转移支付不确定性趋势及 2011～2019 年中央对地方"老少边穷"地区财政转移支付不确定性趋势。由图 6.5（a）可知，2010～2019 年中央对地方总转移支付不确定性呈现出先下降后上升再下降的趋势，中央对地方转移支付不确定性逐渐下降的潜在原因可以归结为转移支付制度的不断完善以及省财

政体制改革的不断推进；图6.5（b）则显示中央针对"老少边穷"地区财政转移支付不确定性呈现出上升下降再上升再下降的波动趋势，表现出一定的反复性①；图6.6中（a）和（b）则展示了样本期内即2003～2007年国定扶贫县财政转移支付不确定性趋势图，其中，图6.6（a）为2003～2007年国定扶贫县净财政转移支付不确定性趋势，图6.6（b）为国定扶贫县一般性转移支付与专项转移支付不确定性趋势图。

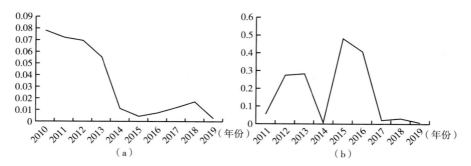

图6.5　2010～2019年中央对地方财政转移支付不确定性趋势

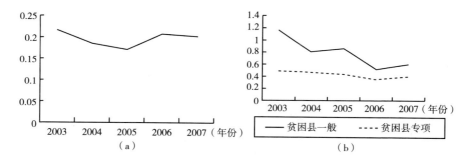

图6.6　2003～2007年（样本期）国定扶贫县财政转移支付不确定性趋势

　　根据前面所述，财政转移支付不确定性会导致地方政府财政收入的不确定性，继而影响地方政府的财政支出行为。财政支出行为可以从两个方面进行调整，第一是减少财政支出规模，在财政转移支付不确定情况下，地方政府可降低财政支出的倾向，但由于财政支出存在刚性，地方政府在短期内很难缩减其财政支出规模，因此通过减少财政支出达到稳定自身期

──────────
　　①　数据来源于财政部预算司披露的2009～2019年历年全国财政决算中的中央对地方税收返还和转移支付决算表，转移支付波动为当年及前一年转移支付增长率的标准差，原始数据为2008～2019年，计算增长率与标准差之后年份为2010～2019年；其中图6.5（b）中由于老少边穷转移支付项目自2009年以后开始正式实行，因此计算增长率与标准差之后数据年份为2011～2019年。

望效用的方式并不可行。第二是调整财政支出结构，在理论上，地方政府财政支出结构调整往往会产生两种效应：一是通过增加生产性支出比重，在"脱贫锦标赛"的激励下，地方政府能够吸引更多资本，进而提高自身经济产出，促进财政收入的增长，稳定自身收入预期；二是地方政府财政支出结构调整会对邻近地区的政府支出行为造成一定程度的影响。为进一步阐明转移支付不确定性如何影响地方财政支出偏向以及存在的空间溢出效应，本部分基于蔡和特里斯曼（Cai and Treisman，2005）、马光荣等（2016）、刘贯春和周伟（2019）以及赵永辉等（2019）的理论模型同时纳入转移支付波动，构建了一个简单的拓展理论框架。

假定一个经济系统中存在 N 个地方政府，G_i 表示第 i 个地方政府。假定地方政府财政支出由两类组成：一是生产性支出 P_i，辖区内产出有助于"脱贫锦标赛"的胜出以及官员政治晋升；二是福利性支出 C_i。基于德沃特里庞等（Dewatripont et al.，1999）的职业生涯模型，将政府效用函数设定为如下拟线性形式：

$$U_i = Y_i + \lambda_i \ln (C_i) \qquad (6-28)$$

其中，C_i 表示福利性支出，$\lambda_i > 0$，表明相对于产出而言，居民福利对政府效用的重要性。地方政府收入来源于自身税收收入和中央政府给予的转移支付，因此地方政府受到如下预算约束：

$$C_i + P_i = S_i + tY_i \qquad (6-29)$$

其中，tY_i 表示地方政府税收收入，假定每个地区税率均相同，即 $t_i = t$。除地方税之外，中央政府还征收中央税，税率为 $\xi_i = \xi$。S_i 为中央政府向本地发放的转移支付，假定其分配方式如下：

$$S_i = \sigma (Y^0 - Y_i) \qquad (6-30)$$

其中，σ 表示转移支付系数，代表各地区转移支付的均等化程度。Y^0 为外生给定参数，并假定 Y^0 远大于 Y_i，即每个地区均可获得数额为正的转移支付。同时，假定 $\sigma < t$，表明一个地区产出增加带来的地方财力提高效应大于转移支付所带来的效应。

假定地区生产函数符合 Cobb – Douglas 形式，设定为：

$$Y_i = A_i K_i^{\alpha} P_i^{\beta} \qquad (6-31)$$

其中，i 表示第 i 个地方政府，Y_i 表示产出，K_i 表示当地资本存量，p_i 表示当地政府生产性支出。A 表示全要素生产率，由每个地区初始禀赋决定，且 A > 0，α > 0，β > 0，且 α + β < 1，表示除了资本与生产性支出投入外，还存在影响产出的生产要素，如土地、劳动力等。

本部分框架等博弈顺序为：（1）中央税率 ξ、地方税率 t 以及转移支付的分配方案均由中央政府决定；（2）地方政府在得知分配方案之后，通过决定自身生产性支出以最大化自身效用；（3）假定资本在地区间完全自由流动，企业决定在不同地区投资数量 K_i。均衡时，应满足各地区的净资本回报率 r 均相等，即满足以下均衡方程：

$$(1 - t - \xi)\frac{\partial Y_i}{\partial K_i} = r \qquad (6-32)$$

其中，r 是经济系统的净资本回报率。由于相对于整个经济系统而言，每个经济辖区都很小，地区资本存量有限，因此可将净资本回报率 r 视为给定。由式（6-31）与式（6-32）整理可得均衡时资本存量为：

$$K_i = \left[\frac{1}{r}(1 - t - \xi)\alpha A_i P_i^{\beta}\right]^{\frac{1}{(1-\alpha)}} \qquad (6-33)$$

由于本部分旨在探究转移支付不确定性如何影响地方政府财政支出，因此，借鉴刘贯春和周伟（2019）的研究，将转移支付不确定性引入理论模型。假定转移支付 S_i 为随机变量，服从于均匀分布 $S_1 = [s_1, s_2]$ 且均值为 S。给定 r 和预算约束，地方政府通过选择生产性支出 P_i 最大化期望效用，即：

$$\max_{P_i} E(U_i) = E[Y_i + \lambda_i \ln(C_i)] \qquad (6-34)$$

通过求解地方政府 G_i 的效用最大化问题，易得一阶条件为：

$$\frac{\partial Y_i}{\partial P_i} + \frac{\partial Y_i}{\partial K_i} \cdot \frac{\partial K_i}{\partial P_i} = \frac{\lambda_i}{[E(S_i + tY_i - P_i | S_1) + \lambda_i(t - \sigma)]} \qquad (6-35)$$

其中，式（6-35）等号左边表示地方政府 G_i 进行生产性投资带来的边际效用，等号右边表示地方政府 G_i 进行福利性支出带来的边际效用，只有两者相等时，地方政府才能实现期望效用最大化的目标。

引入转移支付不确定性，假定转移支付不确定性增加，此时转移支付 S_i 服从均匀分布 $S_2 = [s_3, s_4]$ 均值为 S，且 $S_2 \supset S_1$，即转移支付均值未变，方差增大。此时为满足期望效用最大化的一阶条件，可以看到式（6-35）等号左边未发生变化，仅有等号右边发生变化，所以此时只需选择生产性支出 P_i 使其满足福利性支出边际效用维持原水平不变，即：

$$\frac{\lambda_i}{[E(S_i + tY_i - P_i|S_1) + \lambda_i(t-\sigma)]} = \frac{\lambda_i}{[E(S_i + tY_i - P_i'|S_2) + \lambda_i(t-\sigma)]} \qquad (6-36)$$

式（6-36）成立的充要条件为：

$$E(S_i + tY_i - P_i|S_1) = E(S_i + tY_i - P_i'|S_2) \qquad (6-37)$$

结合式（6-30）S_i 分配方式可得：

$$S_i + tY_i = \sigma Y^0 + (t-\sigma)Y_i \qquad (6-38)$$

由于转移支付不确定性通过生产性支出对经济产出产生影响，同时生产函数 Y_i 为凹函数，因此根据确定性等值定理可得，转移支付不确定性越大，函数 $(S_i + tY_i - P_i)$ 的凹性越强，对应期望值越小，由于 $S_2 \supset S_1$，因此 $P_i' > P_i$。

据此提出假设1：财政转移支付不确定性增加时，地方政府为满足自身期望效用最大化，倾向于增加生产性支出。

进一步，考虑到地方政府行为存在空间溢出效用，假定本地区 i 的邻近地区为 -i。同时假定一定时期内转移支付总额固定，有：

$$S_i + S_{-i} = S \qquad (6-39)$$

假定地区间公共支出投资可以相互影响，令 θ 代表生产性支出的外溢效应且 $0 \leqslant \theta < 1$。此时地方政府 G_i 的效用函数可表示为：

$$U_i = U(P_i, P_{-i}) = Y_i(P_i, P_{-i}) + \lambda_i \ln(C_i) = A_i K_i^{\alpha} (P_i + \theta P_{-i})^{\beta} + \lambda_i \ln(C_i) \qquad (6-40)$$

由于假定资本可在地区间自由流动，因此借鉴资本竞争模型（Wildasin，2000），不考虑资本积累，假定两地区资本总量为 K，即 $K_i + K_{-i} = K$。由流动性约束可知，当均衡时，两地区资本回报率相等，即 $\frac{\partial Y_i}{\partial K_i} = \frac{\partial Y_{-i}}{\partial K_{-i}}$，即：

$$\alpha K_i^{\alpha-1}(P_i + \theta P_{-i})^{\beta} = \alpha K_{-i}^{\alpha-1}(P_{-i} + \theta P_i)^{\beta} \qquad (6-41)$$

为简化分析（不失一般性），假定 $\alpha + \beta = 1$，由此可得均衡时 i 地区资本存量为：

$$K_i = \frac{(P_i + \theta P_{-i})}{(P_i + P_{-i})(1+\theta)}K \qquad (6-42)$$

由式（6-40）易得 $\dfrac{\partial\left(\dfrac{K_i}{K}\right)}{\partial P_i} > 0$ 且 $\dfrac{\partial\left(\dfrac{K_i}{K}\right)}{\partial P_{-i}} < 0$。即地区资本存量大小与本地区生产性支出正相关，与邻近竞争性地区生产性支出负相关。

据此可提出假设2：地方政府生产性支出存在空间溢出效应。

四、模型设计、数据来源与变量统计性分析

（一）模型设计

根据本节研究重点，基准模型设定如下：

$$\exp_{it} = \beta_0 + \beta_1\, \text{ntr\_rate\_sd}_{it} + \theta\, X_{it} + \alpha_i + \mu_t + \varepsilon_{it} \qquad (6-43)$$

其中，$\exp_{it}$ 为被解释变量，代表 i 国定贫困县政府第 t 年各类财政支出项目的人均值，生产性支出指标选取人均基本建设支出、人均农林水务支出，福利性支出指标选取人均教育支出、人均社会保障支出，自身消耗性支出选取人均行政管理支出；ntr_rate_sd_{it} 为核心解释变量，代表 i 国定贫困县政府第 t 年的财政转移支付不确定性程度，借鉴以往研究方法（Huang et al.，2015；王小龙和余龙，2018；刘贯春和周伟，2019），主要采用移动标准差的方法进行测度，具体衡量方式定义为该地方政府两年包括当年以及前一年的财政转移支付增长率的标准差，该指标数值越大表示国定扶贫县财政转移支付的不确定性越大；X 为一系列县级层面控制变量：地方人均 GDP，以控制不同地方政府经济发展水平的差异；产业结构，以第一产业比重衡量，用于反映经济发展总体情况；财政供养人口规模，采用财政供养人口具体数值的自然对数衡量；地区人口规模，以万人的自然对数衡量；医院、福利院万人拥有的床位数，以具体数值的自然对数衡量；城市化率，以城市人口占总人口的比重衡量；转移支付规模，以转移支付规模占一般预算收入的比重衡量；地方富裕程度，以各县人均 GDP 占全国人均 GDP 的比重衡量；同时，为了消除经济增长波动对地方政府财政支出的影响，控制变量中加入经济增长波动率，以当年及前一年的经济增长率的标准差衡量（刘贯春和周伟，2019）。β_0 为截距项；α_i 为县级政府的固定效应，通过控制县级政府的固定效应，可以在一定程度上控制县级政府由于不随时间变化因素所带来的财政行为的差异；μ_t 为时间固定效应，可以在一定程度上控制县级政府随时间因素变化所产生的财政行为差异；ε_{it} 为随机扰动项。

考虑到地方政府行为存在空间外溢性，在式（6-43）的基础上加入空间因素，因此设定空间计量模型为：

$$\text{exp} = \rho W \times \text{exp} + \beta_0 \text{ntr\_rate\_sd}_{it} + X\beta + W \times \text{ntr\_rate\_sd}_{it} \times \theta_0 + WX\theta + \varepsilon$$

$$(6-44)$$

其中，W 表示国定扶贫县的地理距离空间权重矩阵，地理距离权重矩阵可设定为$W_d = 1/d_{ij}$，其中d_{ij}是使用 569 个国定扶贫县的经纬度数据计算的城市间距离，且 $i \neq j$。

（二）数据来源及变量的描述性统计

考虑到数据的可得性，本部分数据主要来源于 2001～2007 年历年的《中国县市社会经济统计年鉴》以及《全国地市县财政统计资料》等。本部分以 592 个国定扶贫县为样本，核心解释变量是财政转移支付不确定性，其衡量方式为当年以及前一年共两年的转移支付增长率的标准差，因此最终将样本区间确定为 2003～2007 年。

由于县级数据某些指标存在异常值的问题，通过计算指标数据的杠杆值并剔除掉杠杆值较大的异常值观测样本，以避免异常值对回归结果造成干扰。此外，为避免回归结果受异常值影响，本部分对主要变量进行缩尾处理，删除上下各 0.5% 的样本。经过处理后，最终得到样本期间内涉及569 个国定扶贫县自 2003～2007 年的面板数据。所有变量定义及描述性统计如表 6.32 所示。

表 6.32　　　　　　　　　变量定义及描述性统计

变量名称	变量符号	变量定义	样本数	最小值	最大值	均值	标准差
人均基本建设支出	lnrconexp	人均基本建设支出的自然对数	2163	−4.4543	6.9752	4.1439	1.6229
人均农林水务支出	Lnragrexp	人均农林水务支出的自然对数	2802	2.2331	6.5909	4.5822	0.8433
人均教育支出	lnreduexp	人均教育支出的自然对数	2802	3.3673	6.7045	5.3763	0.5501
人均社会保障支出	lnrsocexp	人均社会保障支出的自然对数	2753	−3.2958	6.2816	3.1482	1.4648
人均行政管理支出	lnradmexp	人均行政管理支出的自然对数	2802	2.2251	6.6191	4.5654	0.8546
转移支付波动	ntr_rate_sd	两期转移支付增长率标准差	2845	0.0000	21.6870	0.1963	0.6861
地方人均GDP	lnidrgdp	地方人均GDP的自然对数	2792	−0.7091	11.8025	8.3294	0.7878

变量名称	变量符号	变量定义	样本数	最小值	最大值	均值	标准差
产业结构	struc	各县第一产业占GDP比重	2834	0.0000	4539.4410	8.8978	172.7975
财政供养人口	lnfinpop	财政供养人口的自然对数	2832	7.1115	11.9446	9.1672	0.5220
县级人口规模	Lnpop	各县人口万人的自然对数	2803	0.6931	5.3471	3.3806	0.7610
医院、福利院床位	lnbed	医院福利院床位数的自然对数	2797	6.4731	0.7899	2.0794	11.1712
城市化率	urban	县级城镇人口/地方总人口	2803	0.0000	1.0000	0.1594	0.1624
转移支付规模	transfer	转移支付规模/一般预算收入	2803	0.4803	42.6926	6.8929	7.0969
经济发展水平	rw	各县人均GDP/全国人均GDP	2800	0.0000	7.9231	0.3618	0.4172
经济增长率波动	idgdp_rate_sd	两期地区GDP增长率标准差	2786	0.0002	8348.5000	7.9709	219.7560

（三）空间溢出分析方法

1. 空间权重矩阵的构建。构建合适的空间权重矩阵能够充分反映空间单元间相互关联的紧密程度，本部分参照博尔克等（Borck et al.，2007）的思路构建空间权重矩阵。由于"0－1"邻接矩阵仅通过空间单元在地理位置上是否相邻来衡量区域间不同观测值的相关关系，无法刻画地理上互相接近但并不相邻的空间单元之间的区域影响，因此本部分采用地理距离权重矩阵进行空间计量分析，其构造方法主要是采用经纬度数据计算城市距离，并用该地理距离的倒数建立权重矩阵（W_d）：

$$W_d = 1/d_{ij} \qquad (6-45)$$

其中，d_{ij}是使用569个国定扶贫县的经纬度数据计算的城市间距离，且 $i \neq j$。

2. 空间相关性检验。在构建空间计量模型之前，本文先对被解释变量进行空间相关性检验，即面板全局的 Moran I 检验；在 Moran I 检验的基础上进行 LM 检验，两者检验结果均如表6.33所示。根据表6.33可知，Moran I 指数在1%的置信水平上大于0，表明国定扶贫县的财政支出行为具有明显的正向空间相关性；LM 检验结果表明，LM lag、R－LM lag、LM error、R－LM error 检验均在1%的水平上显著通过检验，说明 SEM 与

SAR 模型均适用，接下来进行空间杜宾模型（SDM）的固定效应与随机效应的检验。

表 6.33　　　　　　　　　　空间相关性检验及 LM 检验

所做检验	检验内容	检验结果
面板全局的 Moran I 检验	Moran I	0.0871
	Moran I – statistic	32.2116
	Marginal Probability	0.0000
LM 检验	LM lag	0.0000
	R – LM lag	0.0000
	LM error	0.0000
	R – LM error	0.0000

（四）空间计量模型检验与结果

在确定空间计量模型之后，本部分针对不同被解释变量分别进行空间杜宾模型（SDM）的固定效应检验、随机效应检验以及 Hausman 检验，检验结果如表 6.34 所示，Hausman 检验结果表明，以基本建设支出为被解释变量时，应采用随机效应模型；以农林水务支出为被解释变量时，应采用时空双重固定效应模型；以教育支出为被解释变量时，应采用时空双重固定效应模型；以社会保障支出为被解释变量时，应采用随机效应模型；以行政管理支出为被解释变量时，应采用随机效应模型。基于以上检验结果，分别构建 SDM 模型进行估计。

表 6.34　　　　　　　　　　SDM 模型检验内容及结果

被解释变量	检验内容	检验方法	检验结果
基本建设支出 lnrconexp	SDM 模型的固定效应检验	SFE – LR 检验	存在空间固定效应
		TFE – LR 检验	存在时间固定效应
		STFE – LR 检验	存在时空双重固定效应
	SDM 模型的随机效应检验	RE – LR 检验	存在随机效应
	SDM 模型的 Hausman 检验	Hausman 检验	应采用随机效应模型
农林水务支出 lnragrexp	SDM 模型的固定效应检验	SFE – LR 检验	存在空间固定效应
		TFE – LR 检验	存在时间固定效应
		STFE – LR 检验	存在时空双重固定效应
	SDM 模型的随机效应检验	RE – LR 检验	存在随机效应
	SDM 模型的 Hausman 检验	Hausman 检验	应采用时空双重固定效应模型

被解释变量	检验内容	检验方法	检验结果
教育支出 lnreduexp	SDM 模型的固定效应检验	SFE－LR 检验	存在空间固定效应
		TFE－LR 检验	存在时间固定效应
		STFE－LR 检验	存在时空双重固定效应
	SDM 模型的随机效应检验	RE－LR 检验	存在随机效应
	SDM 模型的 Hausman 检验	Hausman 检验	应采用时空双重固定效应模型
社会保障支出 lnrsocexp	SDM 模型的固定效应检验	SFE－LR 检验	不存在空间固定效应
		TFE－LR 检验	存在时间固定效应
		STFE－LR 检验	不存在时空双重固定效应
	SDM 模型的随机效应检验	RE－LR 检验	存在随机效应
	SDM 模型的 Hausman 检验	Hausman 检验	应采用随机效应模型
行政管理支出 lnradmexp	SDM 模型的固定效应检验	SFE－LR 检验	不存在空间固定效应
		TFE－LR 检验	存在时间固定效应
		STFE－LR 检验	不存在时空双重固定效应
	SDM 模型的随机效应检验	RE－LR 检验	存在随机效应
	SDM 模型的 Hausman 检验	Hausman 检验	应采用随机效应模型

五、实证分析

(一) 基于财政支出总量的实证分析

基于计量模型 (6-43)、(6-44) 分析财政转移支付不确定性对国家扶贫开发重点县地方政府财政支出总量的影响研究,其中基于计量模型 (6-43) 的回归结果如表 6.35 所示,基于计量模型 (6-44) 空间计量模型回归结果如表 6.36 所示。

表 6.35　　　　　基于财政支出总量的非空间效应回归结果

变量	(1)	(2)	(3)	(4)
	混合回归	固定效应		
	被解释变量:人均财政支出 lnrfinexp			
转移支付波动	0.0330 *** (0.0107)	0.0176 *** (0.00453)	0.0174 *** (0.00425)	0.0164 *** (0.00453)
人均 GDP	0.245 *** (0.0153)			0.0247 ** (0.00976)
产业结构	0.269 *** (0.0559)			0.178 *** (0.0683)

变量	(1)	(2)	(3)	(4)
	混合回归	固定效应		
	被解释变量：人均财政支出 lnrfinexp			
财政供养人口	0.251 ***			0.0291
	(0.0353)			(0.0378)
人口规模	−0.640 ***			−1.039 ***
	(0.0255)			(0.0659)
医院福利院床位数	0.0945 ***			−0.00356
	(0.0149)			(0.0216)
城市化率	0.378 ***			0.0242
	(0.0483)			(0.0222)
转移支付规模	0.0159 ***		0.00425	0.000257
	(0.00121)		(0.00414)	(0.00340)
经济发展水平	0.0779 ***			0.0281
	(0.0229)			(0.0186)
经济增长波动率	1.30e−05		−1.05e−05 ***	−1.58e−05 ***
	(3.31e−05)		(2.19e−06)	(3.12e−06)
Constant	3.758 ***	6.429 ***	6.411 ***	9.394 ***
	(0.286)	(0.00575)	(0.0221)	(0.432)
Obs	2725	2802	2744	2725
R−squared	0.597	0.741	0.744	0.775

注：括号内数值表示稳健估计标准误；*** 、** 和 * 分别表示在 1% 、5% 和 10% 显著水平上显著。

在基于计量模型（6-43）进行计量回归时，借鉴以往研究的计量方法（胡祖铨等，2013；刘贯春和周伟，2019），分别使用面板数据的混合回归及面板数据的固定效应方法[①]；基于计量模型（6-44）进行空间杜宾模型的回归时，由固定效应与随机效应的 LR 检验与 Hausman 检验可得，应采用固定效应的空间杜宾模型。

表 6.35 中第（1）列给出了混合回归结果，回归结果显示变量转移支付波动的回归系数在 1% 的水平上显著为正，说明财政转移支付波动会引起地方政府的财政支出规模的扩张；表 6.35 中第（2）列到第（4）列给出固定效应方法回归结果，在进行回归时，逐步加入控制变量以说明回归结果的稳健性。可见，即使改变回归模型，回归结果仍然显著为正，而且都在 1% 的水平上显著为正，即财政转移支付的不确定性显著扩大地方财

---

① 对模型回归之前，通过 Hausman 检验，拒绝原假设，因此采用固定效应模型。

政支出规模，且回归系数在 0.0164~0.0176 之间较为稳定，可能的原因在于转移支付的不确定性会带来地方政府收入的不确定性，这会使得地方政府的期望效用下降，从而激励地方政府增加生产性支出以增加自身财政收入。可以看出，相比较前一种估计方法，核心变量财政转移支付不确定性的回归系数明显下降，说明混合回归高估财政转移支付不确定性对地方财政支出的影响程度。此外，控制变量中人均 GDP 与产业结构的回归系数均显著为正，说明人均 GDP 与产业结构中第一产业的比重增加均会扩大地方政府的财政支出总额；同时人口规模与经济增长波动率的回归系数显著为负，说明人口规模增大会显著降低地方政府的人均财政支出，同时经济增长率波动的增加也会进一步降低地方政府的财政支出额，可能的原因在于当经济增长面临的不确定性增大时，地方政府的财政收入会随之产生波动，从而影响自身期望效用，因此地方政府会更倾向于减少自身开支而非增加生产性支出。

表 6.36 基于国家扶贫开发重点县地方政府财政支出总量的空间杜宾模型的回归结果，国家扶贫开发重点县的地方政府财政支出总量受到其他地区财政转移支付不确定性的影响并不显著，但产业结构、人口规模以及城市化率对国家扶贫开发重点县地方政府对财政支出总量影响均显著，表明国家扶贫开发重点县的财政支出总量不仅受到自身地区的产业结构、人口规模以及城市化率的影响，同时也受到邻近地区的影响，可能的原因在于地方政府之间存在以官员晋升为目标的竞争性，因此其他地区的产业结构优化、城市化率的提升会激励本地的地方政府增加财政支出。同时，空间自相关系数（rho）在 1% 的置信水平下显著为正，说明被解释变量地方政府财政支出总量具有明显的空间溢出效应，即其他地区的财政支出会显著影响本地区财政支出规模。

表 6.36　　　　　基于财政支出总量的固定效应空间杜宾模型

变量	（1）	（2）	（3）	（4）	（5）
	Main	Wx	Spatial	LR_Direct	LR_Indirect
转移支付波动	0.00883 (0.0108)	0.124 (0.181)		0.0107 (0.0116)	-0.197 (0.265)
人均 GDP	0.207 *** (0.0105)	-0.636 *** (0.186)		0.203 *** (0.0100)	0.413 (0.278)
产业结构	0.000530 *** (4.50e-05)	-0.00292 *** (0.000798)		0.000511 *** (4.57e-05)	0.00303 ** (0.00124)

变量	(1) Main	(2) Wx	(3) Spatial	(4) LR_Direct	(5) LR_Indirect
财政供养人口	0.00208 (0.0112)	0.0906 (0.108)		0.00296 (0.0107)	−0.139 (0.152)
人口规模	0.847*** (0.0374)	−0.609 (0.407)		0.856*** (0.0345)	−1.168** (0.583)
医院床位数	0.195*** (0.0160)	−0.426*** (0.121)		0.194*** (0.0157)	0.141 (0.170)
城市化率	0.354*** (0.0674)	−1.658*** (0.380)		0.343*** (0.0696)	1.541*** (0.530)
转移支付规模	0.0169*** (0.00249)	−0.0286** (0.0123)		0.0168*** (0.00234)	0.000729 (0.0174)
经济发展水平	−0.0254 (0.0276)	0.537 (0.443)		−0.0179 (0.0278)	−0.712 (0.687)
经济增长波动	−2.22e−05 (3.09e−05)	−6.65e−06 (0.000433)		−2.09e−05 (3.20e−05)	5.80e−05 (0.000669)
rho			1.683*** (0.0805)		
Obs	2845	2845	2845	2845	2845
Number of id	569	569	569	569	569

注：括号内数值表示稳健估计标准误；***、**和*分别表示在1%、5%和10%显著水平上显著。

（二）基于财政支出结构的实证分析

接下来主要研究财政转移支付不确定性对国家扶贫开发重点县地方政府财政支出结构的影响研究，具体回归结果如表6.37和表6.38所示。

表6.37　　　　　　　基于财政支出结构的非空间效应回归结果

变量	(1) 基本建设支出	(2) 农林水务支出	(3) 教育建设支出	(4) 社会保障支出	(5) 行政管理支出
转移支付波动	0.123* (0.0719)	0.0285*** (0.0107)	0.00707 (0.00606)	0.0229 (0.0145)	0.0487*** (0.0141)
人均GDP	0.0848 (0.0973)	0.0241 (0.0191)	−0.00911 (0.0240)	0.0731* (0.0418)	0.0446 (0.0409)

变量	(1)	(2)	(3)	(4)	(5)
	基本建设支出	农林水务支出	教育建设支出	社会保障支出	行政管理支出
产业结构	0.413 (0.385)	0.172 * (0.102)	−0.0458 (0.152)	0.489 * (0.261)	0.0897 (0.139)
财政供养人口	0.317 (0.195)	0.120 (0.125)	0.107 (0.0983)	0.0142 (0.174)	0.141 (0.122)
人口规模	−1.047 *** (0.219)	−1.048 *** (0.0998)	−0.930 *** (0.119)	−0.841 *** (0.236)	−1.180 *** (0.111)
医院福利院床位	−0.114 (0.101)	0.0307 (0.0338)	−0.00162 (0.0362)	−0.00918 (0.0581)	0.0189 (0.0364)
城市化率	0.226 (0.175)	−0.0353 (0.0361)	0.0534 (0.0345)	0.309 ** (0.120)	−0.0336 (0.0414)
转移支付规模	0.00104 (0.00972)	0.00757 (0.00555)	−0.00177 (0.00603)	0.0315 *** (0.00623)	−0.00943 (0.00695)
经济发展水平	0.0162 (0.0946)	0.0640 (0.0432)	0.0207 (0.0197)	−0.0804 * (0.0471)	0.0605 (0.0630)
经济增长率波动	−0.000165 *** (2.20e−05)	3.80e−05 (4.19e−05)	4.59e−06 (5.67e−06)	−6.64e−05 (9.33e−05)	0.000112 *** (3.30e−05)
Constant	3.699 * (2.174)	5.901 *** (1.214)	7.257 *** (0.999)	4.255 ** (1.891)	6.728 *** (1.242)
Obs	2102	2725	2725	2678	2725
R−squared	0.535	0.661	0.498	0.697	0.555

注：括号内数值表示稳健估计标准误；*** 、** 和 * 分别表示在 1%、5% 和 10% 显著水平上显著。

表 6.38　　基本建设支出与农林水务支出空间杜宾模型回归结果

变量	(1)	(2)	(3)	(4)	(5)	(6)
	基本建设支出			农林水务支出		
	LR_Direct	LR_Indirect	Spatial	LR_Direct	LR_Indirect	Spatial
转移支付波动	0.0506 (0.0405)	1.801 (2.039)		0.0297 * (0.0175)	−0.447 * (0.262)	
人均 GDP	0.208 *** (0.0329)	5.064 *** (0.736)		0.135 *** (0.0146)	0.208 (0.277)	
产业结构	0.000658 *** (0.000152)	0.0244 *** (0.00705)		0.000295 *** (9.13e−05)	0.00337 *** (0.00122)	

变量	（1）	（2）	（3）	（4）	（5）	（6）
	基本建设支出			农林水务支出		
	LR_Direct	LR_Indirect	Spatial	LR_Direct	LR_Indirect	Spatial
财政供养人口	−0.0682* (0.0392)	0.507 (0.719)		−0.0292** (0.0138)	−0.325** (0.151)	
人口规模	−0.187** (0.0867)	−2.285 (1.880)		0.389*** (0.0436)	−0.149 (0.572)	
医院床位数	0.152*** (0.0542)	−1.402 (1.150)		0.171*** (0.0188)	−0.290* (0.169)	
城市化率	−0.119 (0.226)	1.784 (2.682)		0.357*** (0.0884)	1.591*** (0.479)	
转移支付规模	0.0407*** (0.00639)	−0.0271 (0.0834)		0.0168*** (0.00282)	0.0159 (0.0170)	
经济发展水平	0.293*** (0.0936)	−13.65*** (3.317)		0.0391 (0.0382)	−0.108 (0.674)	
经济增长波动	−0.000167 (0.000112)	0.0229*** (0.00596)		5.42e−05 (5.22e−05)	−0.00114* (0.000669)	
rho			1.296*** (0.0387)			1.813*** (0.0496)
Observations	2845	2845	2845	2845	2845	2845
Number of id	569	569	569	569	569	569

注：括号内数值表示稳健估计标准误；***、**和*分别表示在1%、5%和10%显著水平上显著。

在基于计量模型（6-43）进行计量回归时，通过 Hausman 检验，仍然采用固定效应模型，根据表6.37结果可知，转移支付不确定性对作为生产性支出的基本建设支出、农林水务支出影响均显著为正，与前面研究假设保持一致。而对于福利性支出的教育建设支出和社会保障支出的影响并不显著，即财政转移支付不确定性增大会使地方政府倾向于增加生产性支出以提升自身收入，减少财政收支缺口。

在表6.37中，财政转移支付不确定性对生产性支出的基本建设支出、农林水务支出影响均显著为正，而对福利性支出的教育支出和社会保障支出的影响并不显著，这也与刘贯春和周伟（2019）的研究结论一致，即财政转移支付不确定性的增大会使地方政府倾向于增加生产性支出以提升自身收入。不仅如此，财政转移支付不确定性对基本建设支出的回归系数较大，说明财政转移支付不确定性幅度增大很大程度上会激励地方政府基本建设支出的上升。值得注意的是，财政转移支付不确定性对行政管理支出存在显著正向影响，这说明财政转移支付不确定性的增大非但不会减少行政性支出，反而显著增加地方政府用于维护自身利益的行政管理支出，可能的原因在于国定扶贫县作为较贫困地区，对财政转移支付依赖度较高，而当财政转移支付不确定性增大时，地方政府更优先于维护自身利益，增加行政管理支出。财政转移支付不确定性造成的财政支出结构变化，很可能会进一步扭曲地方政府的支出行为。

根据表 6.38 与表 6.39 可得，财政转移支付不确定性对农林水务支出与行政管理支出的直接效应与间接效应均显著，表明国定扶贫县财政转移支付不确定性不仅会影响本县农林水务支出及行政管理支出，同时也会对其他地区的这两类支出产生影响。值得注意的是，财政转移支付不确定性对本地区的农林水务支出与行政管理支出的影响均显著为正，但对其他地区的农林水务支出与行政管理支出均产生显著负向影响，也即本地区财政转移支付不确定性增大时，地方政府会增加自身农林水务支出与行政管理支出，但其他地区政府会显著降低自身农林水务支出与行政管理支出，这说明地方政府在财政支出行为方面可能存在一定的异质性。

表 6.39　　教育建设、社会保障与行政管理支出空间杜宾模型回归结果

变量	(1)	(2)	(3)	(4)	(5)	(6)
	教育建设支出		社会保障支出		行政管理支出	
	LR_Direct	LR_Indirect	LR_Direct	LR_Indirect	LR_Direct	LR_Indirect
转移支付波动	0.000486	0.0788	0.00984	−0.905	0.0533 ***	−3.625 ***
	(0.0129)	(0.292)	(0.0276)	(2.148)	(0.0167)	(0.771)
人均GDP	0.154 ***	0.281	0.187 ***	2.115 ***	0.317 ***	−2.703 ***
	(0.0112)	(0.306)	(0.0223)	(0.672)	(0.0136)	(0.279)
产业结构	0.000359 ***	0.00227 *	0.000516 ***	0.0393 ***	0.000703 ***	−0.00670 **
	(5.07e−05)	(0.00136)	(0.000102)	(0.00732)	(6.52e−05)	(0.00261)
财政供养人口	−0.0209 *	−0.337 **	−0.0798 ***	0.122	−0.0662 ***	−0.234
	(0.0121)	(0.171)	(0.0274)	(0.734)	(0.0167)	(0.252)
人口规模	0.645 ***	−0.962	−0.324 ***	−4.192 **	−0.445 ***	1.182 **
	(0.0389)	(0.638)	(0.0510)	(1.679)	(0.0304)	(0.550)
医院床位数	0.163 ***	0.112	0.258 ***	0.590	0.303 ***	0.785 **
	(0.0176)	(0.187)	(0.0359)	(1.089)	(0.0215)	(0.364)

变量	(1)	(2)	(3)	(4)	(5)	(6)
	教育建设支出		社会保障支出		行政管理支出	
	LR_Direct	LR_Indirect	LR_Direct	LR_Indirect	LR_Direct	LR_Indirect
城市化率	0.283 ***	0.989 *	0.862 ***	−0.928	0.471 ***	2.446 **
	(0.0780)	(0.544)	(0.151)	(2.645)	(0.0918)	(0.964)
转移支付规模	0.0114 ***	−0.00351	0.0168 ***	−0.0398	0.0176 ***	−0.00314
	(0.00263)	(0.0193)	(0.00370)	(0.0709)	(0.00216)	(0.0235)
经济发展水平	−0.0120	−1.053	0.0436	−6.858 **	0.0294	6.459 ***
	(0.0314)	(0.760)	(0.0593)	(2.929)	(0.0351)	(1.041)
经济增长波动	5.24e−06	−0.000541	2.68e−05	0.00172	3.12e−05	−0.0051 ***
	(3.61e−05)	(0.000739)	(7.62e−05)	(0.00551)	(4.76e−05)	(0.00195)
观察值	2845	2845	2845	2845	2845	2845
个体数	569	569	569	569	569	569

注：括号内数值表示稳健估计标准误；*** 、** 和 * 分别表示在 1% 、5% 和 10% 显著水平上显著。

（三）异质性分析

按照财政转移支付的分类方法，我国现行制度下的转移支付形式为一般性转移支付和专项转移支付。其中，一般性转移支付的资金用途限制较小，地方政府可以根据自身需求安排一般性转移支付的使用，而专项转移支付则专款专用，因此从财政支出"偏向"的角度而言，一般性转移支付对财政支出结构的影响更加明显，因此，相较于专项转移支付，一般性转移支付不确定性对地方政府的财政支出影响程度也更大，为分析不同资金用途限制的转移支付对财政支出结构的影响，本部分拟对一般性转移支付不确定性与专项转移支付不确定性进行异质性分析，其中，表6.40与表6.41分别为两类财政转移支付不确定性对财政支出结构影响的回归结果。

表 6.40　　　　　　基于财政支出结构的一般性转移支付回归结果

变量	(1)	(2)	(3)	(4)	(5)
	基本建设支出	农林水务支出	教育事业支出	社会保障支出	行政管理支出
一般性转移支付不确定性	−0.00598	−0.00701	−0.00942	−0.0146	0.00594 *
	(0.00486)	(0.00801)	(0.00622)	(0.0107)	(0.00346)
Constant	−24.18 ***	−8.432 ***	−3.970 *	−26.83 ***	14.88 ***
	(4.973)	(2.617)	(2.065)	(5.597)	(2.391)

变量	(1)	(2)	(3)	(4)	(5)
	基本建设支出	农林水务支出	教育事业支出	社会保障支出	行政管理支出
控制变量	是	是	是	是	是
Obs	2029	2633	2633	2587	2633
个体数	565	566	566	566	566

注：括号内数值表示稳健估计标准误；*** 、* 分别表示在1%、10%显著水平上显著。

表 6.41   基于财政支出结构的专项转移支付回归结果

变量	(1)	(2)	(3)	(4)	(5)
	基本建设支出	农林水务支出	教育事业支出	社会保障支出	行政管理支出
专项转移支付 不确定性	0.0174 **	0.00800	− 0.00375 *	− 0.00251	− 0.00582 *
	(0.00791)	(0.0153)	(0.00217)	(0.00605)	(0.00304)
Constant	− 25.49 ***	− 8.430 ***	− 4.158 **	− 27.13 ***	14.53 ***
	(5.044)	(2.520)	(2.051)	(5.483)	(2.283)
控制变量	是	是	是	是	是
Obs	2089	2710	2710	2663	2710
个体数	569	569	569	569	569

注：括号内数值表示稳健估计标准误；*** 、** 和 * 分别表示在1%、5%和10%显著水平上显著。

根据表 6.40 的回归结果，一般性转移支付不确定性仅对行政管理支出有着显著的正向影响，而对基本建设支出、农林水务支出、教育事业支出以及社会保障支出均无显著影响，说明当一般性转移支付不确定性增加时，地方政府会相应增加自身较为"青睐"的行政管理支出，以维护自身利益，而忽视基本建设支出、农林水务支出等基本公共服务的项目支出。

表 6.41 的估计结果显示，专项转移支付不确定性对基本建设支出有着显著的正向影响，对教育事业支出与行政管理支出有着显著的负向影响，而对农林水务支出及社会保障支出无显著影响，说明当专项转移支付不确定性增加时，地方政府会增加自身基本建设支出，减少教育事业支出与行政管理支出。

六、稳健型检验

（一）更换核心解释变量的衡量指标

为检验核心解释变量估计结果的稳定性，本部分通过更换财政转移支付不确定性的衡量指标对计量模型进行重新估计。借鉴以往研究方法，采用当期及前两期共三期转移支付增长率的标准差作为转移支付不确定性的衡量指标进行估计，结果如表 6.42 所示。由表 6.42 可得，重新衡量的财政转移支付不确定性对财政支出总量及基本建设支出、农林水务支出、行政管理支出的正向影响均与前面基准回归结果一致。

表 6.42　　　　　　　　　　更换解释变量衡量指标回归结果

变量	更换转移支付波动：当期及前两期共三期增长率的标准差				
	(1)	(2)	(3)	(4)	(5)
	基本建设支出	农林水务支出	教育支出	社会保障支出	行政管理支出
转移支付波动不确定性	0.149 **	0.0413 **	0.000324	0.0443	0.0651 **
	(0.0580)	(0.0182)	(0.0152)	(0.0425)	(0.0272)
Constant	3.390	7.326 ***	8.187 ***	2.845	6.591 ***
	(3.655)	(1.280)	(1.078)	(3.001)	(1.916)
控制变量	是	是	是	是	是
观察值	1733	2181	2156	2136	2181
R – squared	0.549	0.594	0.551	0.708	0.549
个体数	569	569	569	569	569

注：括号内数值表示稳健估计标准误；***、** 和 * 分别表示在 1%、5% 和 10% 显著水平上显著。

（二）更换核心被解释变量的衡量指标

为进一步检验核心被解释变量估计结果的稳健性，本部分将核心被解释变量衡量指标由人均财政支出变换为财政支出总额的自然对数值并进行重新估计，估计结果如表 6.43 所示。由表 6.43 可知，估计结果回归系数呈现出与前面基准回归结果一致，说明实证回归结果具有稳健性。

表 6.43　　　　　　　　　　更换被解释变量衡量指标回归结果

变量	更换财政支出变量				
	(1)	(2)	(3)	(4)	(5)
	基本建设支出	农林水务支出	教育支出	社会保障支出	行政管理支出
转移支付不确定性	0.481 ***	0.294 ***	0.0432	0.0576	0.0967 *
	(0.181)	(0.0666)	(0.0443)	(0.170)	(0.0564)
Constant	− 4.289	4.453 ***	7.784 ***	− 34.88 ***	5.654 ***
	(3.975)	(1.246)	(0.925)	(5.438)	(1.612)
控制变量	是	是	是	是	是
观察值	2102	2709	2700	2678	2707

变量	更换财政支出变量				
	（1）	（2）	（3）	（4）	（5）
	基本建设支出	农林水务支出	教育支出	社会保障支出	行政管理支出
R – squared	0.556	0.705	0.683	0.392	0.629
个体数	569	569	569	569	569

注：括号内数值表示稳健估计标准误；***、** 和 * 分别表示在 1%、5% 和 10% 显著水平上显著。

七、本节小结

本节以国家扶贫开发重点县为研究对象，引入空间计量模型，基于财政支出总量和财政支出结构分别探究财政转移支付的不确定性对地方政府财政支出的影响。主要结论如下：首先，基于财政支出总量的非空间效应研究显示，财政转移支付的不确定性会显著提升国家扶贫开发重点县地方政府财政支出，且转移支付增长率波动每增加 1 个标准差幅度，相应的会带来地方政府财政努力度上升 0.0164 ~ 0.0176 个百分点；其次，财政转移支付不确定性对基本建设支出、农林水务支出有着显著正向影响，而对于福利性支出的教育建设支出和社会保障支出的影响并不显著；加入空间因素后，研究显示，首先，其他地区的财政支出会显著影响本地区的财政支出额，即国家扶贫开发重点县地方政府的财政支出存在明显的空间外溢性；其次，国家扶贫开发重点县转移支付波动不仅会影响本县农林水务支出及行政管理支出，同时也会对其他地区的这两类支出产生影响。

国家扶贫开发重点县仍然处于落后的贫困地区，当地方政府的财政收支缺口过大时，中央会加大财政转移支付力度，从而导致地方政府在财政支出上对于转移支付的过度依赖。一方面，中央向地方发放转移支付的目的主要是平衡地区间经济发展，促进地方公共服务的均等化。然而，根据研究结论显示可以得知，转移支付的波动进一步加剧了地方政府支出的扭曲，使一些地方政府偏向于弥补自身财政收支缺口的生产性支出和维护自身利益的行政管理支出。另一方面，由于地区的联动性以及地方政府存在竞争性和效仿行为，因此地方政府的财政行为存在空间外溢性，同时一个地区转移支付的波动对其他地区的财政行为也会产生影响，也就是说，转移支付的波动很可能也会扭曲其他地区地方政府的支出结构，这就使得规范完善财政转移支付制度成为必由之路。

财政转移支付制度应该遵循其初衷，致力于地区公共服务均等化的目标，同时也要尽量减少对地方政府财政支出结构的扭曲。因此，降低转移支付不确定性应该作为接下来转移支付制度改革与完善的一部分要求，转移支付资金的分配应该做到公开、透明，不仅如此，也要加大监管力度，减少地方政府对于转移支付的过度依赖。同时由于产生转移支付不确定性的根本原因在于中央与地方财权与支出责任的不平衡不匹配，因此逐步改善中央和地方财权事权匹配度对于减少转移支付波动也有一定程度的影响。鉴于此，相应的改革建议如下：首先，明确各类财政转移支付的目标和边界，避免资金重复发放造成资源错配，减少地方政府"不合理"的预期。其次，中央与地方政府之间，要深化、细化事权与支出责任划分改革，同时利用好转移支付直达机制，减少上级政府的占用和截留，减缓县级地方政府财政转移支付的不确定性。同时，规范省以下的财政管理体制，明确省以下财政资金分配方法，确保事权与支出责任相匹配。最后，继续优化一般性转移支付资金分配方法，严格按照公式进行财政转移支付资金的分配。大刀阔斧地进行专项转移支付改革，完善专项转移支付管理办法，建立和完善规范、公开、公平、透明的财政转移支付管理制度。

第六节　财政转移支付视域下贫困地区税收竞争行为研究

贫困地区是否存在税收竞争直接影响财政转移支付的减贫效应，毕竟地方政府的竞争能力主要来自上级政府财政转移支付政策的支撑，如果产生恶性竞争行为，将会直接影响财政转移支付总体的减贫效果。在以往的研究中，地方政府之间往往存在税收竞争行为，但是对于贫困地区而言，是否存在税收竞争行为，并没有引起学者的重点关注。随着财政转移支付的增加，贫困地区是否参与税收竞争存在不确定性，一方面财政转移支付可以弥补自身的财力缺口，贫困地区可能放弃税收竞争；另一方面，随着财政转移支付的增加，贫困地区财政能力有所提升，可能会为获取配套资金等目标主动参与税收竞争，因此，在理论上贫困地区的行为存在不确定性，有必要在财政转移支付视域下展开研究。

一、研究思路

1994 年分税制改革，我国基本形成了财政分权的管理模式，在该模式下，地方政府既有动力也有能力，通过必要的政策工具进行税收竞争，从而吸引流动性较强的资本，扩大地方 GDP，实现地方政府的经济目标和政治目标。也正是在这种制度背景下，地方政府间税收竞争往往被认为是推动我国经济长期增长的主要动力，特别是县域经济之间的竞争（Qian and Weingast，1997；张五常，2009），但也有学者认为，并不是所有的县级政府都会参与税收竞争，特别是一些贫困地区，自然环境恶劣，经济基础薄弱，财力匮乏，缺乏参与税收竞争的实力，甚至会"破罐子破摔"，放弃竞争（Cai and Treisman，2006；沈坤荣和付文林，2006），不过，这些学者并没有给出相应的实证证明。那么，县域经济之间的税收竞争到底如何，贫困地区是否真的会放弃竞争，本书将尝试对这一问题进行分析，以弥补以往学者在此问题上实证方面的缺失。

为使本节的研究具有针对性，在贫困地区的选择上，本书仍然选取国家扶贫开发重点县作为研究对象。同时，为更好地对这一问题进行研究，笔者也实地调研了部分扶贫县，从调研情况看，扶贫地区财政实力较以往有了较大改善，一些贫困地区转移支付后的人均财力甚至高于东部发达地区。可见，国家扶贫开发重点县在一定范围内仍然具有参与税收竞争的实力。但也存在部分贫困县明显放弃县域竞争的情况，如四川省 YL 县，大量财政资金存放在财政专户，用于收取银行利息。同时，笔者认为，国家扶贫开发重点县与非扶贫县毕竟不同，即使具备相同的税收竞争能力，也可能存在不同的竞争逻辑。国家扶贫开发重点县一方面可以采用"倒逼"手段获得财政转移支付而不用担心财政收支缺口，积极参与税收竞争，吸引流动资本，带动经济发展；另一方面国家扶贫开发重点县还要控制经济发展速度与规模，以保住国家扶贫开发重点县的"帽子"。因此，国家扶贫开发重点县在追求自身发展与保住扶贫县"帽子"之间进行"理性"选择，国家扶贫开发重点县之间的税收竞争内涵，也不能完全像发达地区税收竞争一样进行解释与理解。国家扶贫开发重点县之间以及国家扶贫开发重点县与非扶贫县之间究竟存在怎样的税收竞争，需要深入研究与分析，同时也为新时期国家扶贫、脱贫政策的制定提供一定借鉴作用。

与以往研究相比，本节的边际贡献主要有以下几个方面：一是弥补以往学者在研究贫困地区税收竞争方面缺乏实证研究的空白。二是在分析内容上，本书不仅从整体上分析国家扶贫开发重点县之间是否存在税收竞争行为，而且还将分析国家扶贫开发重点县与非国家扶贫开发重点县之间是否存在税收竞争行为，以及同一辖区扶贫县与不同辖区扶贫县之间税收竞争的行为变化，从而弥补和完善现有的研究成果。三是在研究方法上，本书将采用分区制空间计量模型对不同辖区扶贫县的税收竞争进行分析，从而克服线性空间计量模型的缺陷。在模型权重设置上，本书将采用地理权重、经济权重以及复合权重分别进行研究。

二、关于税收竞争的学术探讨

早期的税收竞争理论认为地方政府出于对流动性税基的竞争，将迫使地方政府保持较低税负（Oates，1972），有学者对此观点进行模型化分析，其核心观点认为资本流动性将导致次优的资本税率（race to bottom）以及地方公共产品供给不足，但这一结论的假定前提较为严格（Wilson and Wildasim，2004），之后很多学者不断放松假定前提，扩展基本税收竞争模型，例如有学者将税收竞争置于一个主体数目有限的框架内展开分析（Wildasin，1988），有学者放松博弈主体都是同质的假定，对区域规模大小不等情形下的税收竞争进行分析（Bucovetsky，1991），有学者认为放松只能通过资本课税对地方公共产品进行融资的限制，将劳动要素收入课税纳入分析框架中（Razin and Sadka，1991）。此外，随着经济学不断发展，税收竞争理论也得到不断发展，有学者借鉴公共选择理论，不再将政府视作"仁慈"，而是将其看作是功利的政府（Wilson and Gordon，2003）。有学者在 Dixit – Stigliz 模型基础上，借鉴新经济地理学理论，形成新经济地理学税收竞争行为分析框架，在该框架下，资本不再自由流动，而是产生"凝滞"现象（Andersson and Forslid，2003；Baldwin and Krugman，2004）。在实证研究方面，绝大部分文献都支持税收竞争假说。

我国学者对税收竞争也进行了大量研究。沈坤荣和付文林（2006）运用空间滞后模型对 1992 年和 2003 年省际间税收竞争与博弈行为进行分析，结果显示省际间税收竞争反应函数斜率为负，说明我国省际间税收竞争采取差异化的竞争策略。李永友和沈坤荣（2008）进一步研究发现，与1995 年相比，2005 年省际间税收竞争显著下降，但税收竞争反应系数为正。可见，早期研究通过省际间截面数据得到的结论差异较大。郭杰和李涛（2009）采用面板数据研究 1999 ~ 2005 年省际间税收竞争，研究发现各省份的增值税、企业所得税、财产税类的税负水平表现出显著的同期空间策略互补特征，而各省份的营业税、个人所得税的税负水平却表现出显著的同期空间策略替代特征。除利用省际间数据研究之外，一些学者开始对我国县级政府税收竞争行为进行研究，龙小宁等（2014）基于空间计量模型，采用企业所得税税率以及营业税税率的税收竞争反应系数研究县级政府的税收竞争，研究发现我国县级政府存在正向空间竞争行为，而且对外资企业的竞争程度要明显高于内资企业，内陆省份的县对邻县税收政策的敏感度要高于沿海省份的县。杨龙见和尹恒（2014）同样利用县级数据进行分析，他们认为县级政府税收竞争存在群分现象，并认为异质性政府税率存在差异，贫穷县的实际税率要高于富裕县。此外，还有诸多学者从不同角度对税收竞争进行研究，例如尚铁力和王娜（2009）在资本流动约束的条件下研究税收竞争，范子英和田彬彬（2013）基于断点回归分析方法，以2002年所得税改革为研究出发点，分析税收竞争、税收执法与企业避税的关系。王佳杰等（2014）利用2000~2011年省际动态面板数据分析税收竞争、财政支出压力以及非税收入增长之间的关系。李丹和刘小川（2014）在县级数据中，选取民族扶贫县作为研究对象，分析转移支付对地方政府税收竞争行为的影响。谢贞发和范子英（2015）以企业所得税改革为研究对象，研究税收征管权与税收竞争的关系。王凤荣和苗妙（2015）基于企业异地并购的视角研究税收竞争、区域环境与资本跨区流动。可见，我国学者对税收竞争的研究在逐步深入、细化。

三、理论模型

借鉴布克维斯基（Bucovetsky，1991）以及杨龙见和尹恒（2014）的做法，构建一个两地区税收竞争模型，假定在一个封闭空间内，存在地方政府 i 以及邻近地区 -i，代表性居民的效用 U^i 由私人消费 c^i 和公共物品消费 g^i 所决定，企业生产函数为 $Y^i = F(K^i, L^i)$，其中 K^i 为资本，L^i 为同质的劳动数量，则人均产出为 $y^i = f(k^i)$，k^i 为人均资本。假定人口不能流动，资本可以完全流动，那么资本在每个辖区的净回报相同，均衡条件为：$f'(k^i) - t^i = f'(k^{-i}) - t^{-i}$，（资本总量为 k，即 $k^i + k^{-i} = k$），分别对 t^i 求导可以得到 $f''(k^i) \frac{\partial k^i}{\partial t^i} - 1 = f''(k^{-i}) \frac{\partial k^{-i}}{\partial t^i}$ 以及 $\frac{\partial k^i}{\partial t^i} = -\frac{\partial k^{-i}}{\partial t^i}$，经重新整理可以得到：

$$\frac{\partial k^i}{\partial t^i} = \frac{1}{f''(k^i) + f''(k^{-i})} < 0 \qquad (6-46)$$

$$\frac{\partial k^{-i}}{\partial t^i} = \frac{-1}{f''(k^i) + f''(k^{-i})} > 0 \qquad (6-47)$$

从式（6-46）、式（6-47）可以看到，如果以实际税率作为税收竞争工具，本地产出与本地实际税率成反比，与其他地区实际税率成正比。

产出 $y = f(k(t^i, t^{-i}))$ 主要用于私人物品及公共物品的供给，假定两者的消费比为产出的一个比例，可以得到：

$$\frac{c}{g} \equiv \gamma y = \gamma f(k(t^i, t^{-i})) = E(t) \qquad (6-48)$$

地方政府通过选择最优税率以满足自身最大化效用，为便于进行消费品需求数量分析，根据霍塔克（Houthakker，1960）建立一个可加性间接效用函数：

$$V(y) = \lambda_c \left(\frac{y}{p_c}\right)^{\theta_c} + \lambda_g \left(\frac{y}{p_g}\right)^{\theta_g} \qquad (6-49)$$

其中，p_c，p_g 分别为私人物品与公共物品价格，由 Roy 恒等式可以得到：

$$\frac{c}{g} = \left.\frac{\dfrac{\partial V(y)}{\partial p_c}}{\dfrac{\partial V(y)}{\partial y}}\right/\frac{\dfrac{\partial V(y)}{\partial p_g}}{\dfrac{\partial V(y)}{\partial y}} = \frac{\partial V(y)}{\partial p_c} / \frac{\partial V(y)}{\partial p_g} = \frac{-\theta_c \lambda_c p_c^{-2}\left[\dfrac{y}{p_c}\right]^{\theta_c-1}}{-\theta_g \lambda_g p_g^{-2}\left[\dfrac{y}{p_g}\right]^{\theta_g-1}}$$

$$(6-50)$$

为便于分析，将价格标准和为 1，则式（6-49）可以简化为 $\dfrac{c}{g} = \lambda(y)^\eta$。其中，$\lambda = \dfrac{\theta_c \lambda_c}{\theta_g \lambda_g}$，$\eta = \theta_c - \theta_g$。接下来对式（6-50）进行全微分，整理可以得到：

$$\frac{dt_i}{dt_{-i}} = \frac{\gamma y_2}{E'(t) - \gamma y_1} \qquad (6-51)$$

进一步可以得到：

$$\left(\frac{c}{g}\right)' = E'(t) = \frac{\eta \lambda(y)^\eta + (y_1 + y_2)}{y} \qquad (6-52)$$

由链式法则得到：

$$y_1 = \frac{\partial y}{\partial t^i} = \eta_{yk} \eta_{kt^i} \frac{y}{t^i} \quad y_2 = \frac{\partial y}{\partial t^{-i}} = \eta_{yk} \eta_{kt^{-i}} \frac{y}{t^{-i}} \qquad (6-53)$$

将式（6-48）、式（6-49）代入式（6-50），可以得到：

$$\frac{\partial t^i}{\partial t^{-i}} = \frac{-\gamma \eta_{yk} \eta_{tk^{-i}} \dfrac{y}{t^{-i}}}{-\eta \lambda(y)^\eta \eta_{yk} \eta_{kt^i}\left(\dfrac{1}{t^i} - \dfrac{1}{t^{-i}}\right) - \gamma \eta_{yk} \eta_{tk^i} \dfrac{y}{t^i}}$$

$$= \frac{\gamma \pi \dfrac{y}{t^{-i}}}{-\eta \lambda(y)^\eta \pi\left(\dfrac{1}{t^i} - \dfrac{1}{t^{-i}}\right) + \gamma \pi \dfrac{y}{t^i}} \qquad (6-54)$$

在这里，假定资本完全流动，则 $\eta_{kti} = -\eta_{kt-i} > 0$，其中 $\pi = -\eta_{yk}\eta_{kti}$，式（6-54）为本地税率对邻近税率变动的反应函数，在正负判断上，可以进一步表示为：当 $\dfrac{t^i}{t^{-i}} < 1 + \dfrac{\gamma}{-\eta\lambda y^{\eta-1}}$ 时 $\dfrac{dt^i}{dt^{-i}} > 0$，当 $\dfrac{t^i}{t^{-i}} > 1 + \dfrac{\gamma}{-\eta\lambda y^{\eta-1}}$ 时 $\dfrac{dt^i}{dt^{-i}} < 0$，其中 $1 + \dfrac{\gamma}{-\eta\lambda y^{\eta-1}}$ 为临界点。可见，地方政府之间税收竞争可能存在"群分"现象，贫困地区是选择"破罐子破摔"，放弃竞争，还是选择主动参与税收竞争，需要进一步实证研究。

四、构建模型与数据说明

（一）税收竞争的计量方法

资源稀缺性是研究经济学的主要原因，地方政府展开税收竞争即是对稀缺资源的竞争，因此，一个地方政府的税收竞争行为往往会引起其他地区的跟随或模仿，为更好地捕捉邻近地方政府之间的税收竞争行为，本书将采用空间计量模型进行分析。

根据空间依赖性体现在因变量滞后项还是误差项滞后项，空间计量模型分为空间自回归模型（SAR）和空间误差模型（SEM）。根据以往学者研究经验以及本书主要考察贫困地区地方政府是否存在主动的税收竞争行为，本书拟采用空间自回归模型进行分析：

$$y_{it} = \rho \sum_{j=1}^{N} W_{ij}y_{jt} + X_{it}\beta + \varepsilon_{it} \qquad (6-55)$$

其中，y_{it} 为因变量，ρ 为税收竞争反应系数，W_{ij} 为经过行标准化处理后的空间权重矩阵，$\sum_{j=1}^{N} W_{ij}y_{jt}$ 为空间滞后因变量，指在年度 t 除区域 i 之外其他地区观测值的加权平均值，X_{it} 为外生解释变量，ε_{it} 为残差扰动项。

在估计方法上，式（6-55）显然违背解释变量严格外生的假定条件，不能采用传统 OLS 或 2SLS 估计方法，因此，本书将采用最大似然估计法（MLE）对模型进行估计。

（二）空间权重设置

从已有文献来看，空间权重设定主要有两种方法：一种是利用真实地理信息来确定；另一种是利用社会经济指标之间的差距来确定，最常见的为人均 GDP、人均财政收入等。考虑本书研究对象的特殊性，本书拟采用两种方法共同进行分析。

1. 地理权重设置。空间权重矩阵的 W 为经过行标准化处理后的一阶地理邻近矩阵，其矩阵元素 $W_{ij}^{d1} = w_{ij} \Big/ \sum\limits_{j=1}^{N} w_{ij}$，令所有对角线元素为 0。其中：

$$w_{ij} = \begin{cases} 1 & \text{贫困县 i 与贫困县 j 相邻} \\ 0 & \text{其他} \end{cases}$$

为进一步考察贫困县的税收竞争逻辑，本书还将分析贫困县与非贫困县之间是否存在税收竞争行为。按照地理权重的设置方法，其矩阵元素 $W_{ij}^{d2} = w_{ij} \Big/ \sum\limits_{j=1}^{N} w_{ij}$，令所有对角线元素为 0。其中：

$$w_{ij} = \begin{cases} 1 & \text{贫困县 i 与非贫困县 j 相邻} \\ 0 & \text{其他} \end{cases}$$

2. 行政权重设置。2001 年国家扶贫开发重点县名单调整之后，国家扶贫开发重点县全部集中在中西部地区，而且每个省基本可以获得相对固定的扶贫县指标，县级政府一旦获得扶贫县资格，每年可以获得大量财政转移支付和政策优惠，因此，同一省份扶贫县之间的税收竞争行为与不处于同一省份扶贫县之间的税收竞争行为可能有所不同，在这一政策背景下，本书将通过设置分区制的空间计量模型分析省内邻县与省外邻县的税收竞争，因此，模型设定为：

$$y_{it} = \rho_1 \sum_{j=1}^{N} W_{ij,1} y_{jt} + \rho_2 \sum_{j=1}^{N} W_{ij,2} y_{jt} + X_{it}\beta + \varepsilon_{it} \quad (6-56)$$

其中，ρ_1，ρ_2 分别表示省内邻县和省外邻县的税收竞争反应系数，$W_{ij,1}{}^3$，$W_{ij,2}{}^3$ 分别表示空间矩阵 W_1 和 W_2 的矩阵元素，$W_{ij,1}{}^3 = w_{ij} \Big/ \sum\limits_{j=1}^{N} w_{ij,1}$，$W_{ij,2}{}^3 = w_{ij} \Big/ \sum\limits_{j=1}^{N} w_{ij,2}$，令 W_1 和 W_2 的对角线元素为 0，具体而言：

$$w_{ij,1} = \begin{cases} 1 & \text{贫困县 i 与贫困县 j 相邻且处于同一省份} \\ 0 & \text{其他} \end{cases}$$

$$w_{ij,2} = \begin{cases} 1 & \text{贫困县 i 与贫困县 j 相邻但不处于同一省份} \\ 0 & \text{其他} \end{cases}$$

此外，为进一步深化研究内容，本书还将考察省内贫困县与非贫困县的税收竞争以及省外贫困县与非贫困县的税收竞争。模型设定为：

$$y_{it} = \rho_1 \sum_{j=1}^{N} W_{ij,1} y_{jt} + \rho_2 \sum_{j=1}^{N} W_{ij,2} y_{jt} + X_{it}\beta + \varepsilon_{it} \quad (6-57)$$

其中，ρ_1，ρ_2 分别表示省内贫困县与非贫困县的税收竞争反应系数，以及不处于同一省份贫困县与非贫困县的税收竞争反应系数，$W^4_{ij,1}$，$W^4_{ij,2}$ 分别表示空间矩阵 W_1 和 W_2 的矩阵元素，$W^4_{ij,1} = w_{ij} \Big/ \sum\limits_{j=1}^{N} w_{ij,1}$，$W^4_{ij,2} = w_{ij} \Big/ \sum\limits_{j=1}^{N} w_{ij,2}$，令 W_1 和 W_2 对角线元素为 0，具体而言：

$$w_{ij,1} = \begin{cases} 1 & \text{贫困县 i 与非贫困县 j 相邻且处于同一省份} \\ 0 & \text{其他} \end{cases}$$

$$w_{ij,2} = \begin{cases} 1 & \text{贫困县 i 与非贫困县 j 相邻但不处于同一省份} \\ 0 & \text{其他} \end{cases}$$

3. 经济权重设置。本书选取人均本级财政收入（rev）作为经济指标权重，主要考察贫困县财政实力之间的差距。经济权重可以简单设置为：$W_{ij}^{e} = 1 / |\text{rev}_i - \text{rev}_j|$。

4. 复合权重设置。在地理权重和经济权重设置的基础上，本书还将考察邻近地区经济水平差异而引起的税收竞争问题，因此，本书将设置复合矩阵 W^{DE}，由 $w_{ij}^{DE} = w_{ij}^{d} w_{ij}^{e}$ 给出具体元素值。其中，w_{ij}^{d} 为地理权重，扶贫县之间相邻为 1，不相邻为 0，w_{ij}^{e} 为经济权重，仍然以人均本级财政收入作为指标权重。

（三）研究对象、数据来源及变量描述

1. 研究对象及数据来源。2001 年，中共中央、国务院颁布实施《中国农村扶贫开发纲要（2001—2010 年）》，对国家重点扶持的贫困县名单进行第二次调整，贫困县改称国家扶贫开发工作重点县，同时，西藏自治区作为特殊扶持区域，整体享受重点县待遇，不占用重点县指标。这期间国家扶贫开发重点县共 592 个，在扣除县改区、极端值以及部分缺失数值的县之外，本书实际分析的国家扶贫开发重点县共 569 个。在涉及非贫困县的研究中，仍然不包括西藏地区，扣除缺失值以及行政规划变动的县之后，实际分析的非贫困县共 1052 个。因此，本书涉及的县级政府的数量为 1621 个。

本书数据来源于《全国地市县财政统计资料》《中国县（市）社会经济统计年鉴》以及大中型工业企业数据库，地理数据采用百度地图进行收集整理。由于 2008 年之后，《全国地市县财政统计资料》不再提供详细的财政数据，因此本书研究的时间跨度为 2001～2007 年。

2. 变量选取与描述。为考察地方政府之间的税收竞争行为，本书选取营业税税率及企业所得税税率作为被解释变量，其中营业税税率为地方政府营业税与第三产业的比值，企业所得税税率为工业企业所得税与工业企业利润总额的比值。

在控制变量上，本书分别选取人均 GDP、产业结构、人口密度、城市化率、万人供养人口以及医院福利院万人拥有的床位数。这些变量反映了地方政府的基本特征。另外，国家扶贫开发重点县每年可以获取大量财政转移支付，而大规模转移支付很可能会影响地方政府的税收竞争行为，因此，本书在解释变量中加入人均净转移支付。表 6.44 为主要变量的统计性描述。

表 6.44　　　　　国家扶贫开发重点县主要变量的统计性描述

变量	样本数	平均值	标准误差	最小值	最大值
企业所得税税率	3983	0.158	0.079	0.083	0.196
营业税税率	3983	0.018	0.023	0.005	0.031
医院福利院万人拥有床位数（个/万人）（bed）	3983	25.557	38.869	0.538	121
人均 GDP（元）（rgdp）	3983	4161.46	4168.375	721.29	7666.66
人口密度（人/平方公里）（pd）	3983	216.72	384.16	0.248	1941
城市化率（%）（urban）	3983	13.867	10.098	0	66.66
产业结构（%）（struc）	3983	36.183	13.190	1.446	98.702
万人供养人口（fiscalpop）	3983	335.34	146.72	100.72	2772
人均净转移支付（元）（ntr）	3983	680.87	530.73	63.256	3672.6

注：人均净转移支付为人均转移支付总额扣除人均上解的部分。

资料来源：企业所得税税率根据大中型工业企业数据库整理获得，其他数据来自《全国地市县财政统计资料》（北京：中国财政经济出版社）以及《中国县（市）社会经济统计年鉴》（北京：中国统计出版社）。

五、实证分析

无论在理论上，还是在实证分析中，我国是否存在税收竞争一直没有定论，因为地方政府之间税收政策变化很可能并不是由于税收竞争而产生的，很可能是由于其他原因造成的，例如中央税制政策的改变，收入分成的重新划分，国税地税的征管变化等。虽然本书将研究对象聚焦于国家扶贫开发重点县，但也可能面临来自其他因素的干扰。为解决这一问题，本书遵循以往研究方法，引入空间权重矩阵数据进行分析，如果区域间的确存在税收竞争行为，那么这种竞争行为的程度应该随着空间权重的变化而变化，例如在地理权重中，相邻扶贫县之间的税收竞争系数应该高于不相邻扶贫县之间的税收竞争系数，如果这种关系存在，则可以支持扶贫县之间存在税收竞争行为。不过，国家扶贫开发重点县之间税收竞争系数的大小可能并不能代表纯粹的税收竞争程度，更多的可能是扶贫县之间地方政府行为的"趋同"，而这种趋同可能是"向下地"竞争，也可能是"向上地"竞争。

此外，为更加全面分析国家扶贫开发重点县税收竞争行为，本书在地理权重及行政权重的分析中，还将考察国家扶贫开发重点县与非国家扶贫开发重点县之间税收竞争行为，接下来本书将按照地理权重、行政权重、经济权重以及复合权重分别进行分析。

（一）地理权重的实证分析

在表6.45中，模型1考察了扶贫县之间的税收竞争，模型2考察了扶贫县与非扶贫县之间的税收竞争，从回归结果看，税收竞争反应系数 ρ 均显著异于零，即存在同向策略行为。以往研究认为与其他发达地区相比，国家扶贫开发重点县财力较弱，缺乏税收竞争的实力，但实际上，国家扶贫开发重点县每年可以获得大量财政转移支付，因此，在一定范围内，扶贫县仍然具有参与税收竞争的能力，尤其是为了获取可支配能力较强的营业税，在表6.45中，扶贫县与非扶贫县之间营业税的税收竞争反应系数甚至高于扶贫县之间营业税的税收竞争反应系数。从税种比较来看，两个模型中所得税的税收竞争反应系数均小于营业税的税收竞争反应系数，本书认为造成这一现象的主要原因在于我国企业所得税为共享税，地方政府自身调整能力有限，而且在现有财政体制下，扶贫县最终能够获得所得税的规模非常小，营业税则可以成为地方政府可支配收入的重要来源。此外，在所得税方面，相对非贫困县，国家扶贫开发重点县更加注重扶贫县之间的税收竞争，对其他扶贫县税收政策变动也更加敏感。

表6.45　　　　　　　　　　地理权重下的回归结果

模型	模型1		模型2	
矩阵	W^{d1}		W^{d2}	
变量	所得税	营业税	所得税	营业税
ρ	0.045 ** (0.021)	0.072 *** (0.023)	0.013 ** (0.006)	0.094 * (0.053)
ntr	− 0.062 *** (0.015)	− 0.073 *** (0.013)	− 0.031 ** (0.011)	− 0.033 *** (0.010)

模型	模型 1		模型 2	
矩阵	W^{d1}		W^{d2}	
变量	所得税	营业税	所得税	营业税
rgdp	- 0. 008 **	- 0. 010 ***	- 0. 027 ***	- 0. 012 **
	（0. 003）	（0. 003）	（0. 008）	（0. 005）
pd	- 0. 001	- 0. 001	- 0. 012 **	- 0. 010 ***
	（0. 002）	（0. 002）	（0. 005）	（0. 003）
bed	- 0. 001	- 0. 001	- 0. 001	- 0. 001
	（0. 004）	（0. 003）	（0. 003）	（0. 002）
urban	- 0. 003 ***	- 0. 002 **	- 0. 011 ***	- 0. 018 ***
	（0. 001）	（0. 001）	（0. 003）	（0. 003）
struc	0. 009	0. 005	0. 003	0. 003
	（0. 011）	（0. 004）	（0. 013）	（0. 013）
fiscalpop	0. 041 **	0. 042 ***	0. 051 ***	0. 067 ***
	（0. 014）	（0. 009）	（0. 017）	（0. 023）
R^2	0. 627	0. 593	0. 489	0. 501
σ^2	0. 0002	0. 0001	0. 0002	0. 0002
LogL	6721	6543	11872	13421
Obs	3983	3983	11347	11347

注：括号内数值表示稳健估计标准误； *** 、 ** 和 * 分别表示在 1% 、5% 和 10% 显著水平上显著。

在其他变量中，本书着重考察人均净转移支付对两个税种税率的影响，从回归结果看，两个模型中人均净转移支付均显著为负，特别是在模型 1 中，这说明大量财政转移支付相对缓解了地方政府的财政收入压力，转移支付与地方财政收入之间存在明显的替代关系，国家扶贫开发重点县很可能一方面通过降低税收努力度，藏富于民，减轻税负；另一方面通过人为因素主动扩大财力缺口，以便获取更多的财政转移支付。其他控制变量的符号与本书预期基本一致，经济实力越强的地区，两税税率下降的可能性越大。人口密度、城市化率以及医院福利院万人拥有床位数，这些变量有些并不显著，但回归系数基本为负，这说明人口密度越大的地方，城市化率越高的地方，财政支出存在规模效应，可以减轻地方政府财政支出压力，从而为降低两税税率提供可能。财政供养人口回归系数显著为正，说明财政供养人口加重地方政府的财政支出压力，地方政府不得不提高征管强度，减少税收优惠，提高两税实际税率。

（二）行政权重的实证分析

行政权重下的回归结果如表 6.46 所示。

表 6.46 行政权重下的回归结果

模型	模型 3		模型 4	
矩阵	$W_1{}^3$，$W_2{}^3$		$W_1{}^4$，$W_2{}^4$	
变量	所得税	营业税	所得税	营业税
ρ_1	0.051 ** (0.022)	0.079 *** (0.017)	0.023 * (0.011)	0.107 * (0.008)
ρ_2	0.008 ** (0.003)	0.012 *** (0.002)	0.006 ** (0.003)	0.008 ** (0.003)
ntr	− 0.059 *** (0.012)	− 0.063 *** (0.015)	− 0.052 *** (0.013)	− 0.050 *** (0.009)
rgdp	− 0.009 ** (0.004)	− 0.010 *** (0.003)	− 0.018 ** (0.007)	− 0.015 *** (0.006)
pd	− 0.002 * (0.001)	− 0.001 (0.003)	− 0.013 ** (0.005)	− 0.009 *** (0.002)
bed	− 0.001 (0.005)	− 0.001 (0.004)	− 0.001 (0.004)	− 0.001 (0.002)
urban	− 0.002 (0.001)	− 0.003 (0.001)	− 0.008 *** (0.002)	− 0.013 *** (0.002)
struc	0.005 (0.011)	0.003 (0.007)	0.004 (0.009)	0.002 (0.004)
fiscalpop	0.039 ** (0.018)	0.040 *** (0.013)	0.061 ** (0.021)	0.063 ** (0.027)
R^2	0.572	0.428	0.583	0.552
σ^2	0.0003	0.0001	0.0004	0.0002
LogL	5576	7821	12673	11962
Obs	3983	3983	11347	11347

注：括号内数值表示稳健估计标准误；*** 、** 和 * 分别表示在 1% 、5% 和 10% 显著水平上显著。

在模型 3 中，ρ_1 考察同一省份扶贫县之间税收竞争反应系数，ρ_2 考察不同省份扶贫县之间的税收竞争反应系数，从回归结果看，ρ_1，ρ_2 均显著异于零，而且 ρ_1 的系数明显大于 ρ_2 的系数。正如前所述，每个省获得扶贫县的指标相对固定，任何扶贫县都不希望摘掉贫困的"帽子"，因此，扶贫县指标的竞争其实是同省内部的竞争，无论是积极脱贫，壮大经济，还是消极发展，坐享转移支付，同省扶贫县之间均存在同向策略行为。而对于不在同一省份的扶贫县，它们之间也存在税收竞争，但竞争程度明显小于同省的扶贫县。

在模型 4 中，ρ_1 考察同一省份扶贫县与非扶贫县之间税收竞争反应系数，ρ_2 考察不在同一省份扶贫县与非扶贫县之间的税收竞争反应系数，从回归结果看，ρ_1、ρ_2 均显著异于零，而且 ρ_1 的系数显著大于 ρ_2 的系数。这说明省内扶贫县与非扶贫县之间的税收竞争依然大于不同省扶贫县与非扶贫县之间的税收竞争。这一点与以往研究有所不同，没有出现龙小宁等（2014）认为的同一辖区各县之间存在相互协调的现象。

（三）经济权重及复合权重的实证分析

扶贫县内部的税收竞争也可能存在"群分"现象，即税收竞争可能更多地来自经济实力相仿的扶贫县。经济权重及复合权重下的回归结果如表6.47 所示。模型 5 利用经济权重得到的税收竞争反应系数明显大于地理权重。模型 6 同时利用地理权重与经济权重的复合权重进行实证分析，从回归结果看，扶贫县之间的税收竞争系数更加明显。这说明，扶贫县更加关注相邻扶贫县以及与自身经济实力相仿扶贫县所实施的税收政策，这一点与以往研究基本一致。

表 6.47　　　　　　　　经济权重及复合权重下的回归结果

模型	模型 5		模型 6	
矩阵	W^e		W^{DE}	
变量	所得税	营业税	所得税	营业税
ρ	0.067 *** (0.011)	0.083 *** (0.017)	0.074 *** (0.013)	0.115 *** (0.015)
ntr	−0.068 *** (0.013)	−0.070 *** (0.021)	−0.042 ** (0.014)	−0.039 ** (0.017)
rgdp	−0.011 *** (0.002)	−0.013 ** (0.005)	−0.010 ** (0.004)	−0.009 *** (0.003)
pd	−0.011 ** (0.004)	−0.007 ** (0.004)	−0.009 *** (0.002)	−0.010 *** (0.003)
bed	−0.001 (0.003)	−0.001 (0.002)	−0.001 (0.003)	−0.001 (0.002)
urban	−0.003 (0.002)	−0.002 * (0.001)	−0.010 ** (0.003)	−0.009 *** (0.002)

模型	模型 5		模型 6	
矩阵	W^e		W^DE	
变量	所得税	营业税	所得税	营业税
struc	0.008 (0.003)	0.006 (0.004)	0.007 (0.002)	0.006 (0.003)
fiscalpop	0.044 ** (0.017)	0.047 *** (0.013)	0.053 *** (0.012)	0.052 *** (0.019)
R^2	0.702	0.682	0.752	0.723
σ^2	0.0001	0.0002	0.0001	0.0001
LogL	10923	13271	12098	11343
Obs	3983	3983	3983	3983

注：括号内数值表示稳健估计标准误； *** 、** 和 * 分别表示在 1%、5% 和 10% 显著水平上显著。

六、本节小结

本节以国家扶贫开发重点县作为主要研究对象，探讨了贫困地区的税收竞争行为，并尝试分析贫困县之间、贫困县与非贫困县之间以及不同省域条件下不同地区的税收竞争行为。通过实证分析，本节研究得到的主要结论如下。

首先，国家扶贫开发重点县之间同样存在税收竞争行为。与其他地区相比，国家扶贫开发重点县财力较弱，税收竞争实力有限，但国家扶贫开发重点县每年可以获得大量财政转移支付，因此，国家扶贫开发重点县具有一定税收竞争的实力，特别是为了获取地方政府可支配收入较强的营业税。

其次，同一省份国家扶贫开发重点县之间的税收竞争要明显强于不同省份国家扶贫开发重点县之间的税收竞争。在我国，扶贫县指标的竞争其实是同省内部的竞争，每个省获得扶贫县指标的数量相对固定，而扶贫县一般并不希望摘掉扶贫的"帽子"，因此，国家扶贫开发重点县更加关注同省其他扶贫县的税收行为，国家扶贫开发重点县无论是积极脱贫，壮大经济，还是消极发展，坐享转移支付，同省扶贫县之间均存在同向策略行为。

再次，经济实力相仿的国家扶贫开发重点县之间税收竞争更加明显。在扶贫县内部，国家扶贫开发重点县更加关注与自身实力相仿的扶贫县，可见，贫困地区税收竞争也存在一定的群分现象。在同时考察经济权重和地理权重的回归分析中，这种税收竞争现象更加明显。

最后，国家扶贫开发重点县之间的税收竞争要显著强于国家扶贫开发重点县与非国家扶贫开发重点县之间的税收竞争。虽然扶贫县与非扶贫县之间经济实力仍然差距较大，但仍存在一定的税收竞争行为，只不过，这种竞争程度要弱于扶贫县之间的税收竞争。

适宜的税收竞争可以成为经济发展的推动力，而不适宜的税收竞争很可能导致税基流失、公共品提供下降，不利于经济的长期发展。针对贫困地区之间的税收竞争行为，本节提出几点思考：一是正确认识贫困地区的税收竞争行为，鼓励贫困县参与税收竞争，恰当的税收竞争可以促进经济发展；二是规范贫困地区之间的税收竞争行为。降低相对税率是税收竞争的低级形式，但是符合贫困地区的理性选择，而要改善和规范贫困地区的税收竞争行为，需要进一步增加财政转移支付，提高基本公共服务水平，改善投资环境；三是完善脱贫地区的政策扶持方式。贫困地区更加关注其他贫困地区的税收行为，而较少关注非贫困地区的税收行为，主要原因在于贫困地区之间的行为往往追求"一致性"，而要根本改变这种情况，需要在制度上明确帮扶政策的稳定性，特别是在全面建成小康社会之后，脱贫地区巩固脱贫攻坚成果以及设立乡村振兴帮扶县方面，需要规范帮扶县之间的税收竞争行为。

第七章 "后脱贫"时代完善财政转移支付制度的政策建议

第一节 完善财政转移支付政策，巩固拓展脱贫攻坚成果

　　2020年我国全面建成小康社会，实现第一个百年奋斗目标，与此同时，中国减贫事业也迎来重要转折期，巩固拓展脱贫攻坚成果、实现脱贫攻坚与乡村振兴战略的有效衔接将是今后我国长期减贫的重点工作。解决贫困不是解一时之困，更不可能"一劳永逸"。巩固拓展脱贫攻坚成果与乡村振兴战略有效衔接，才能够真正巩固拓展脱贫攻坚成果，才能真正做到能致富，不返贫。这就要求在实际工作中注意脱贫质量，让脱贫成果经得起历史检验。2018年中央首次提出"做好实施乡村振兴战略与打好精准脱贫攻坚有机衔接"，2021年国务院发布《关于实现巩固拓展脱贫攻坚成果同乡村振兴有效衔接的意见》，标志两大战略有效衔接正式进入落实阶段（曾恒源和高强，2021）。

　　客观而言，脱贫地区经济基础和财政实力仍然较弱，脱贫人口返贫风险较大，因此，对脱贫地区实施5年过渡期，继续"扶上马，送一程"。2021年，国家乡村振兴局公布160个乡村振兴重点帮扶县，继续支持这些地区的发展。各地在这些政策指导下，积极创新巩固拓展脱贫攻坚与乡村振兴战略举措，建立健全稳定脱贫的长效机制。例如黑龙江省望奎县，该县为全国首批脱贫摘帽贫困县，为巩固脱贫成果，扶上马送一程，望奎县制定巩固脱贫攻坚"再提升"方案，构建产业发展、集体经济与贫困户利益联结机制，通过产业发展分红持续支持脱贫户的发展。通过利益联结机制，切实解决贫困户无力经营和不会经营的困境。随着村集体经济的发展，各种经营模式涌现，例如"村集体＋专业合作社＋农户""村集体＋龙头企业＋农户""村集体＋产业项目＋农户"等。这些发展模式极大激发贫困户发展的内生动力，真正实现能致富，不返贫。此外，一些地方也

积极出台其他相关政策，例如建立贫困地区劳动力输出稳定帮扶机制、贫困地区农产品销售监测预警及救助机制、因病返贫致贫预警机制、对扶贫项目实施常态化倾斜等。

从财政转移支付的角度，本书根据前面实证分析的结果，认为可以从以下几个方面进一步完善财政转移支付政策，从而更好地服务"巩固拓展脱贫攻坚成果和乡村振兴战略"这个大局。具体可分为两个角度，一是基于宏观角度，主要从财政转移支付对经济发展、地方财政能力、区域间协调发展的角度进行论述；另一个是基于微观角度，主要从财政转移支付对脱贫人口兜底帮扶、产业发展等角度进行论述。

一、基于宏观视角

第一，保持经济稳定和经济高质量发展。经济高质量发展是解决贫困最主要的方式，也是中国减贫取得巨大成效的基本经验，2015 年，习近平同志在减贫与发展高层论坛中提到，经济的快速增长为减贫奠定了基础，提供了条件①。因此，必须将经济发展与脱贫长效机制放在同一个框架内，经济的稳定与高质量发展可以为脱贫攻坚提供强大的财力支持、市场支持和就业支持等，巩固拓展脱贫成果很大程度上依赖经济的发展，因此，加快供给侧结构性改革，激发市场主体活力，提升经济发展质量。同时，在较为复杂的国际环境下，积极扩大内需和促进有效投资，提升对经济增长的贡献率。

第二，在经济增速下滑以及全国财政收入增速放缓情况下，中央仍要优先保障脱贫地区财政转移支付力度，虽然我国已全面建成小康社会，832 个贫困县全部脱贫摘帽，但脱贫地区经济基础依然较为薄弱，地方政府财政支出仍然依赖上级政府财政转移支付，部分地区对财政转移支付的依赖度高达 95%，中央也多次强调脱贫不脱政策，在过渡期内需要对脱贫县保持稳定的财政转移支付规模。同时加大对东西协作考核力度，引导东部发达地区对脱贫地区实施"横向财政转移支付"，确保完成巩固拓展脱贫攻坚成果的重要使命。

第三，提高财政转移支付的"精准"度，提升内生发展动力。目前，"老、少、边、穷"地区仍然是财政转移支付重点支持的区域，特别是深度贫困地区，完善县级财力保障机制和财政转移支付直达机制，充分调动

① "平语"近人——关于扶贫工作，习近平这样说［EB/OL］．（2015 – 10 – 19）. http：//www. xinhuanet. com/politics/2015 – 10/19/c_128333096. htm.

县级政府的积极性，逐步提升财政转移支付的"造血"能力。巩固拓展脱贫攻坚成果，更重要的是提升脱贫地区自身的内生动力，财政转移支付应提升脱贫地区自身经济增长能力，培育税源，优化产业结构，完善基础设施建设，缩小区域间的发展差距。

第四，加强脱贫地区财政转移支付与乡村振兴衔接资金的绩效考核力度。一是在脱贫地区继续实施涉农资金整合，提升涉农资金使用效率。二是继续加大财政结余资金整合力度，杜绝闲置资金。三是加强财政资金的"过程性"管理，对财政资金的拨付时间、拨付进度等进行"精准化"和"精细化"管理。四是加强地方政府"项目库"建设和管理，宁可"项目等钱"，不可"钱等项目"，加快财政资金的使用进度。五是实施"回头看"计划，对之前考核合格的项目进行"回头看"，防止出现为应付突击检查的"面子工程"和"形象工程"。六是优化地方政府财政支出结构，激励地方政府提高生产性支出比重，改善居民生产生活条件。七是聘请第三方对脱贫地区财政资金进行绩效评价，查缺补漏。

第五，加强巩固拓展脱贫攻坚成果与乡村振兴战略有效衔接。在脱贫攻坚过程中，财政转移支付已经形成大量优质资产，而且财政转移支付在产业扶贫、教育扶贫、医疗扶贫、易地搬迁扶贫等方面进行积极的探索，乡村振兴可在此基础上进行深化，提高各类资产和资源的使用效率，确保各项目标有序实现。

第六，财政转移支付政策还应与其他部门的帮扶政策相互配合，继续保持专项扶贫、行业扶贫、社会扶贫以及国际合作等扶贫举措的力度。例如在专项扶贫中，继续发挥产业扶贫巩固拓展脱贫攻坚成果的作用，继续保持扶贫项目的扶持力度，使脱贫户仍能享受产业发展带来的好处。在行业扶贫中，各部门仍应发挥自身的专业优势，完善农村基础设施，加强公路、水利、电网、通信等方面的建设，保障城乡基本公共服务均等化，财政、金融等部门在过渡期内仍应保持对脱贫户的扶持力度。在社会扶贫中，继续发挥社会扶贫大格局的优势，积极开展电商扶贫、消费扶贫等，发挥市场参与扶贫的天然优越性，合理配置资源，充分利用电商扶贫和"互联网＋"扶贫，从而形成"产业园＋农户＋电商平台"等销售模式，带动贫困户以及脱贫户发家致富。

二、基于微观视角

首先，提高财政转移支付的"精准"度。在过渡期内，按照国家现行标准下的脱贫人口以及低收入边缘人口仍然是财政转移支付重点关注的群体，目前国家已建立动态返贫监测系统，财政转移支付可根据帮扶对象实际情况，分类制定帮扶举措，提高帮扶"精准"度。确保脱贫人口高质量实现"两不愁，三保障"，不断提升脱贫质量。

其次，稳定财政转移支付的支持"力度"。近年来，农村居民可支配收入已经实现大幅增加，但在农村居民可支配收入结构中，转移支付净收入占到40%左右，一旦降低财政转移支付力度，很可能造成返贫人口增加，不利于巩固脱贫攻坚成果。因此，在过渡期内，需要优先保障脱贫地区的财政转移支付力度，巩固脱贫攻坚成果，防止新增返贫人口。

再次，鼓励财政转移支付资金实施股权投资收益扶贫新模式。目前很多地方积极探索扶贫脱贫新模式且取得较好效果，在财政转移支付扶贫资金中，将扶贫资金作为启动资金入股，将脱贫户纳入产业项目中，通过派发原始股的方式，确保帮扶对象可从产业发展项目中分回稳定的股权收益，从而实现巩固脱贫攻坚成果的目标。再比如，针对农产品滞销问题，农业农村部适时发布农产品预警，并实施救助机制。一些地区则专门设计保险品种，例如防返贫保险、防贫保险基金等。这些创新举措充分展现了市场的活力。

最后，进一步发挥财政转移支付"输血"作用和"造血"作用。在"输血"方面，对于因病、因残完全或部分丧失劳动力的贫困户，政府应积极正视社会保障和社会救济的"兜底"职能，这也是脱贫人口走向返贫的最后一道防线。在举措方面，例如鼓励贫困人口参保（政府可代缴部分保险）、提高农村低保水平、增加福利性社会补贴、开发和提供公益性扶贫岗位等方式，针对特殊群体，既可以实现稳定脱贫，也可以巩固脱贫成果。在"造血"方面，稳就业，促发展仍然是主要方向，财政转移支付应重点支持脱贫群众发展产业，壮大农村集体经济，发展乡镇企业等，构建激励相容的利益联结机制，借助"互联网＋"等电子商务平台、打造"政府＋银行＋龙头企业＋电商＋合作社＋农户"的多级发展模式，提升农民收入，壮大农村集体经济，全面提升落后地区的"造血"能力。

三、巩固拓展脱贫攻坚成果与乡村振兴的实践：东部扶贫改革试验区的经验

2013年，浙江省丽水市、辽宁省阜新市、广东省清远市成为第一批扶贫改革试验区；2015年，福建省三明市、江苏省宿迁市、山东省淄博市成为第二批扶贫改革试验区。这些地区相对于中西部脱贫地区而言，经济基础相对较好，在巩固脱贫攻坚成果和乡村振兴衔接方面具有"先行先试"的经验，这些经验为中西部脱贫地区巩固拓展脱贫攻坚成果、解决相对贫困问

题、实施乡村振兴战略、实现共同富裕等方面提供了重要借鉴。根据笔者的实际调研，本书在此列举江苏省宿迁市、浙江省丽水市作为重点介绍地区。

（一）江苏省宿迁市巩固拓展脱贫攻坚与乡村振兴的做法

宿迁市是江苏省贫困面最广、脱贫困难最大的地区，2014 年被列为国家扶贫改革试验区，经过近几年的发展，取得了显著效果。截至 2021 年，宿迁市脱贫成果巩固率达 100%，全市低收入人口人均可支配收入达到 2.16 万元，省定经济薄弱村村均经营收入 51.3 万元，累计培育省级以上农业龙头企业 65 家。全市家庭农场、农民合作社总数分别达 6921 家、4666 家，发展订单农业 104 万亩。

1. 完善脱贫扶贫工作机制，健全"四级网络"管理。宿迁市成立扶贫改革试验区建设工作领导小组，市委、市政府主要领导担任双组长，党委副书记牵头主抓、政府分管领导具体负责，每个乡镇均设立扶贫办，在全省率先建立扶贫专干、扶贫专员队伍，形成了市县乡村齐抓共管、各司其职、各尽其责的工作格局。明确县区组织实施、乡镇具体落实等 30 项具体责任，并将脱贫攻坚纳入对县区和部门综合目标考核，始终保持较高权重，层层签订脱贫攻坚责任书。

2. 深化"帮引"结合，实时进行反贫困干预。在全市建立机关企事业单位"挂村包户"脱贫责任制，近 8 万名干部职工与扶贫开发人口深入结对，累计开展帮扶走访 138 万人次，投入帮扶资金 16.9 亿元，实施帮扶项目 6000 多个。连续选派两届 115 名市委帮扶工作队员兼任经济薄弱村第一书记，结合县派第一书记，实现 188 个省定经济薄弱村和 193 个重点片区行政村帮扶队员全覆盖。着力加强监测干预，落实低保动态调整和规范管理，实现"应保尽保、应补尽补"，确保转移性收入稳步提升。

3. 产业发展促就业，农民收入稳增长。宿迁市坚持建设农业重大项目向经济薄弱地区布点，全市累计竣工农业重大项目 275 个，完成投资 73.5 亿元；把乡镇特色产业园、现代农业园打造成为产业扶贫主阵地，累计建成各类扶贫产业园 105 个；持续放大电商扶贫效应，探索形成了"一村一品一店"等电商扶贫模式，创成"中国淘宝村" 174 个，4.5 万名低收入人口通过电商就业脱贫。对于一些特殊群体，组织开展"送岗位、促增收"，积极开发和购买公益性岗位，目前已安排扶贫专项资金，为低收入农户购买公益性岗位 2130 个。

4. 扶贫惠民政策多，百姓无忧谋发展。宿迁市为低收入人群提供各项扶贫惠民政策，涉及医疗、保险、小额贷款、教育等各个方面，例如宿迁市为贫困人口、五保人口、低保人口代缴医疗保险和大病补充保险，低收入人口入院报销比例可提高 5 个百分点，建档立卡低收入人口在市内一级以上医院可"先诊疗，后付费"，"低收入家庭子女入学，学前教育每人每年不低于 1000 元，小学阶段不低于 1500 元，初中阶段不低于 2000 元，高中和职业教育阶段不低于 3000 元，本科阶段不低于 5000 元"①。这些政策解决低收入群体的后顾之忧，促使他们一心一意搞发展。

案例：宿迁市乡村治理出新招，三千"支客"忙劝导

近年来，宿迁市泗洪县充分发挥农村"支客"（农村帮助遇事家庭操办事务的"主管"）人头熟、威望高的优势，探索建立了"支客"人情新风制度，引导百姓新事新办、丧事简办，全县 3300 多名"支客"变身人情减负宣传员、劝导员，累计促成婚事新办 4700 起，丧事简办 5300 起，节约群众人情支出 6500 余万元。

一是建立倡导人情新风"支客"制度。把人情新风列为党的基层组织建设工作要点，纳入全县作风建设指标、全县落实全面从严治党两个责任清单。全县成立"支客"协会分会 329 个，"吹奏"协会 42 个、"流水席"协会 30 个，制定细则 10 大类 45 小项"人情减负"实施细则。严格执行人情减负要求，在农村红白喜事中，推行新风尚。泗洪 286 个新风堂促进婚事新办 425 起，丧事简办 1243 起，节省办理酒席约 8500 桌，减少群众礼金超 1200 万元。

二是搭建人情新风"支客"劝导平台。一方面，传承红色基因，示范引领倡导。结合党史学习教育，大力弘扬革命前辈艰苦奋斗、勤俭节约的优良传统。所有党员干部带头签订"人情减负"承诺书，并将人情消费减负工作纳入人大议案和政协提案。全县 1.2 万名党员干部进村入户，发放人情减负宣传材料 9.8 万册，辐射带动近 30 万群众。另一方面，传承文化基因，推动移风易俗。把淮河民本文化、古徐诚信文化、双沟"孝"文化、"天下归仁"等特色文化融入人情新风加以传扬，制作公告、墙画、海报、彩页等 3 万余张（块）。编排人情减负文艺节目 95 个，巡演 900 场次，志愿活动 2.4 万人次。拒绝"升学宴""谢师宴"等活动。

三是规范人情新风"支客"劝导程序。建立预警机制。定期由乡镇（街道）扎口上报红白事摸底排查情况，县、乡两级开通"人情减负"举

---

① 宿迁市"十三五"期间，全市建档立卡低收入农户在校就读子女扶贫助学标准是多少？[EB/OL].（2021 - 03 - 30）. http：//www. suqian. gov. cn/cnsq/dwsbmz/202103/57c54ec17d6c48b389475fd8c459dd75. shtml.

报热线，设立举报箱，开展动态巡查、实时劝导，全县累计收集线索5000余条。针对婚丧事操办过程中堵塞交通、噪声扰民、污染环境、违规燃放鞭炮等妨碍公共秩序和危害公共安全问题依法依规管理。建立激励机制。对优秀"支客"给予一定物质奖励，并优先推荐参加各类先进典型评选，激发"支客"参与热情。常态化开展人情新风评议活动，全县19个乡镇（街道）全部设置了"红黑榜"，定期开展评比评选、公开公示，累计上榜2600余人次，营造践行人情新风的良好舆论氛围。

资料来源：作者根据宿迁市乡村振兴局网站相关资料整理。

（二）浙江省丽水市解决相对贫困的经验举措

浙江省在全国率先完成扶贫开发由"绝对贫困"向"相对贫困"转型，由过去"求温饱，图生存"向"求公平，图发展"转变。2020年，全市农村常住居民人均可支配收入23637元，同比增长7.8%，比全省（6.9%）高0.9个百分点，增幅排名全省各市第一，实现农民收入增幅全省"十二连冠"；全市低收入农户人均可支配收入12394元，同比增长15.5%，增幅继续保持全省第一，实现低收入农户增幅全省"五连冠"。

1. 统筹城乡易地扶贫搬迁，缩小城乡差距。丽水地理环境为"九山半水半分田"，丽水穷在山上，困在路上，弱在散上。丽水市按照"依城镇建区、依村设点"原则，建设易地搬迁安置点，为保障搬迁户留得住，能致富，针对搬迁户实施技能培训，并启动户籍管理制度改革，保障就业、就学、医疗、养老。2008～2018年，丽水市实现农民易地搬迁20.5万人，实现经济效益、社会效益、生态效益共赢，其中2013～2018年，在扶贫改革试验区试点期间实现易地搬迁8.9万人。2019～2023年，丽水市投资100亿元，对15万人实施"大搬快聚富民安居"工程。

2. "青山"变"金山"，"丽水山耕"打造全国标杆。"丽水山耕"为全国第一个整合地级市全域农业资源的公用品牌，主要采取"母子品牌"运作方式，共同开拓市场。借助"互联网＋"等电子商务平台，将生态农业与电子商务结合，推动贫困地区产业升级，在淘宝、京东、天猫等打造地域性特产品牌，提高居民收入和生活水平。2019年，"丽水山耕"销售额达到84.4亿元，2021年销售额已经超过百亿元；此外，丽水依靠良好的生态资源，积极发展旅游业，2021年，"丽水山居"民宿接待游客2660万人次，实现营业总收入24亿元。

此外，丽水作为全国首个农村电子商务全域覆盖的地级市、浙江省唯一的农村电商创新发展示范区，多年来坚持走绿色发展道路，"丽水模式"输出覆盖全国，为全国农村电商发展、助推乡村振兴提供了典型示范。

3. 多点开花，多措并举共谋发展。近年来，丽水不断创新扶贫举措，例如龙泉以黑木耳作为特色产业，形成"公司＋合作社＋农户"的利益联结机制，同时利用财政扶贫资金互助会增加农民收入；景宁则通过"政银保"助力农村产业发展；莲都、云和大力扶持电商发展，安排专项财政资金进行人员培训。目前，丽水将自然环境劣势转变为自然环境优势，由过去靠种植业、养殖业、外出务工转变为电子商务、农家乐、民俗旅游业，加快推动绿色经济高质量发展。2022 年，丽水获得首批中央财政支持普惠金融发展示范区，向全国展示"丽水成效"、提供"丽水经验"。

4. 对接乡村振兴战略，建设"丽水美好乡村"模板。为对接乡村振兴战略，丽水依托自身优势，深耕地域特色，2021 年，培育红色乡村示范乡镇 40 个以上、红色乡村示范村 100 个以上、已启动七批历史文化（传统）村落共 405 个，推进红色美丽乡村精品线路 20 条。特别是借助全国唯一畲族自治县和民族乡村数量占全省多数这一优势，在全省率先制定民族乡村振兴发展指数，深入实施民族团结进步"石榴籽工程"，打造"线路可看、经验可学、标准可用"的民族乡村振兴示范先行区，争当全国民族乡村振兴排头兵。在农村基础设施建设方面，截至 2020 年底，全市农村生活垃圾建制村覆盖率达到 80%，农村生活污水处理设施建设行政村除拟实施"大搬快聚"村外基本上全覆盖，基本完成农村公厕改造任务。

第二节　建立现代财政转移支付制度，构建解决相对贫困长效机制

构建解决相对贫困的长效机制既是巩固拓展脱贫攻坚与乡村振兴有效衔接的重要举措，也是缓解区域间经济发展差距、居民间收入差距、实现共同富裕的重要内容。构建解决相对贫困长效机制并不是完全推倒原有重大举措，而是在原有的基础上，进行更加科学的实施和延展，同时牢牢把握"乡村振兴战略""共同富裕"，从根本上解决人民日益增长的美好生活需要与不平衡不充分的发展之间的矛盾。

相对于解决"绝对贫困"，"相对贫困"更加复杂、内涵也更加丰富，必须结合不同地方的现实情况，明确目标，稳扎稳打。因此，解决相对贫困不需要设定具体的时限，而应该将解决相对贫困作为常态化的工作内容。基于财政转移支付的视角，笔者认为应该从以下几个方面入手：一是牢牢把握社会主要矛盾；二是紧紧以"十四五"规划为重要抓手；三是合

理划分中央和地方的财权和支出责任；四是厘清政府和市场的边界，合理确定财政转移支付规模；五是完善财政转移支付结构，构建益贫式增长与包容性社会发展的财政转移支付制度；六是完善省以下财政体制，规范省以下财政转移支付；七是加强财政管理，提升财政转移支付效能；八是创新财政转移支付资金使用方式等。

一、牢牢把握社会主要矛盾

虽然我国已经实现全面建成小康社会的宏伟目标，但党的二十大报告提出现阶段我国社会主要矛盾仍然是"人民日益增长的美好生活需要和不平衡不充分的发展之间的矛盾"。突出表现在区域经济发展差距较大、城乡差距明显、居民之间收入差距不断扩大等问题。

（一）缩小区域间经济发展差距的财政政策

我国区域差距主要体现在东部与中西部地区的经济发展差距，为支持中西部地区发展，国家相继实施"八七扶贫攻坚计划""西部大开发""中部崛起""振兴东北老工业基地""脱贫攻坚"等举措，区域间整体经济发展不断上升，但区域间经济发展差距依然明显。缩小区域间的经济发展差距是实现共同富裕的重要保障，在财政政策方面：首先，继续支持脱贫县的发展，"扶上马，送一程"，确保 5 年过渡期内财政支持力度不减，做好易地扶贫搬迁后续扶持。同时，利用国家公布 160 个乡村振兴帮扶县的契机，重点支持乡村振兴帮扶县，增强帮扶县自我发展能力。其次，深化东西部协作机制，通过财政补贴引导中西部地区主动承接东部地区产业转移，优化产业布局和产业转型升级，鼓励社会资本参与经济建设；同时鼓励省以下各级政府采取跨区域的帮扶政策，不断提升欠发达地区自身的"造血"能力。最后，完善财政转移支付制度，提升财政转移支付效能，将财政转移支付资金纳入财政资金直达机制，充分调动地方政府积极性，保障基层政府的基本财政支出，同时加强对地方政府和财政转移支付资金使用绩效的考核力度，提升地方政府的财政努力度。

（二）缩小居民收入差距的财税政策

根据前面所述，无论从基尼系数的角度还是从城乡居民可支配收入比值的角度，目前我国居民收入差距过大。财税政策主要围绕增加低收入群体收入、扩大中等收入群体比值、合理调节高收入者，形成两头小、中间大的"橄榄形"分配结构。缩小居民收入差距不仅可以增加居民的"幸福感"，也是共同富裕内涵的集中体现。

财政政策和税收政策在调节居民收入差距方面的侧重点不同，财政政策重在"提低"，而税收政策重在"削高"，两者最终目的在于"扩中"，即增加中等收入人群的规模。在财政政策方面：一是全面巩固拓展脱贫攻坚成果与乡村振兴有效衔接，对欠发达地区和低收入人群增加财政转移支付的支持力度，确保不发生规模性返贫。二是完善社会保障体系，提高各类补贴标准，加大对低收入者财政支持力度，做好"兜底"保障。三是加大农村劳动力培训和转移力度，"扶贫与扶智"相结合，通过职业技能培训，促进脱贫人口持续增收。四是继续支持脱贫地区发展特色产业，鼓励龙头企业的引领示范作用，带动农民脱贫致富。五是完善财政资金股权投资收益，保障农民长期稳定收入。

（三）缩小基本公共服务差距的财税政策

基本公共服务是满足全体公民生存和发展的基本需要，享有基本公共服务是每个公民的基本权利，近年来，我国基本公共服务水平不断提高，但区域之间以及城乡之间基本公共服务差距依然明显，特别是城乡基本公共服务差距，不仅体现在"量"上的差距，而且更多地体现在"质"上的差距。缩小基本公共服务差距，实现基本公共服务均等化有利于增强居民的获得感、幸福感和安全感、减少机会的不平等，也是缩小居民收入差距的重要保障（李丹和李梦瑶，2020）。在具体政策方面，首先，优化财政支出结构，逐步提升民生性支出比重，2021年我国教育支出、社会保障和就业支出、卫生健康支出分别为37621亿元、33867亿元和19205亿元，占全国一般公共预算支出比重分别为15.3%、13.7%和7.8%，合计为36.8%，虽然较之前年度有所增长，但与欧美国家相比仍存在较大差距。其次，以"巩固拓展脱贫攻坚成果"和"乡村振兴战略"为契机，建立稳定的财政投入增长机制，提升农村基本公共服务供给质量，加强农村医生及教师的培养力度，增加乡村医生及乡村教师的财政补贴等，将城乡基本公共服务差距纳入地方政府考核的指标体系。再次，规范中央与地方在基本公共服务领域的支出责任，属于中央的财政事权，由中央承担支出责任，属于地方的财政事权，由地方承担支出责任，中央与地方共同财政事权，由中央与地方共同承担支出责任，确保事权与支出责任相匹配。最后，完善财政转移支付制度，将流动人口与财政转移支付资金挂钩，同时适当上移因人口流动而产生的部分事权，减轻人口流入地基本公共服务供给压力，确保"钱随人走"。

二、紧紧以"十四五"规划为重要抓手

2021年，我国颁布《国民经济和社会发展第十四个五年规划和2035

年远景目标纲要》，其中第七篇提出"坚持农业农村优先发展，全面推进乡村振兴"。在第二十六章中提出"实现巩固拓展脱贫攻坚与乡村振兴有效衔接，建立完善农村低收入人口和欠发达地区帮扶机制，保持主要帮扶政策和财政投入力度总体稳定，接续推进脱贫地区发展"，这些内容为今后农村工作提供明确的指导方向和重要抓手。

（一）巩固提升脱贫攻坚成果

2023年中央一号文件明确提出防止大规模返贫，这既是政治任务，也是底线任务，因此，严格落实"摘帽不摘责任、摘帽不摘政策、摘帽不摘帮扶、摘帽不摘监管"要求，建立巩固拓展脱贫攻坚成果长效机制，对容易返贫的人口实施常态化监测，完善农村社会保障和救助制度，实施"以工代赈""公益性岗位"等方式支持脱贫人口增加收入。2021年，中央公布160个乡村振兴帮扶县，继续支持这些地区的发展。

（二）提升脱贫地区整体发展水平

提升脱贫地区发展水平不能仅靠财政转移支付的"输血"，还需要发挥其自身的"造血"功能。产业发展是脱贫地区实现经济发展最重要的途径，因此，在脱贫攻坚取得各项成果的基础上，加强农村一二三产业融合发展，延长农业产业链条，发展各具特色的现代乡村富民产业，同时在产销方面给予重点支持，增强其内生发展能力。

（三）提升农村基础设施和公共服务水平

以县域为基本单元推进城乡融合发展，强化县城综合服务能力和乡镇服务农民功能。健全城乡基础设施统一规划、统一建设、统一管护机制，推动市政公用设施向郊区乡村和规模较大中心镇延伸，完善乡村水、电、路、气、邮政通信、广播电视、物流等基础设施，提升农房建设质量。推进城乡基本公共服务标准统一、制度并轨，增加农村教育、医疗、养老、文化等服务供给，推进县域内教师医生交流轮岗，鼓励社会力量兴办农村公益事业。提高农民科技文化素质，推动乡村人才振兴。

三、合理划分中央和地方的财权和支出责任

中央与地方财政事权和支出责任划分不尽合理，一些本应由中央直接负责的事务交给地方承担，一些宜由地方负责的事务，中央承担过多，地方没有担负起相应的支出责任；不少中央和地方提供基本公共服务的职责交叉重叠，共同承担的事项较多；省以下财政事权和支出责任划分不尽规范；有的财政事权和支出责任划分缺乏法律依据，法治化、规范化程度不高。为合理划分中央和地方的财权和支出责任，本书认为可以从以下几个

方面入手。

一是坚持财政事权由中央决定。维护中央权威和党中央的领导，确保财政事权由中央决定，这是财权事权确认和划分方面的前提和保障。可以适度加强中央政府承担基本公共服务的职责和能力，协调区域之间的发展，促进经济高质量发展和实现人民共同富裕。

二是体现基本公共服务受益范围。根据受益范围划分支出责任，一般来说，体现国家主权、维护统一市场以及受益范围覆盖全国的基本公共服务由中央负责，地区性基本公共服务由地方负责，跨省（区、市）的基本公共服务由中央与地方共同负责。

三是兼顾政府职能和行政效率。结合我国现有中央与地方政府职能配置和机构设置，更多、更好发挥地方政府尤其是县级政府组织能力强、贴近基层、获取信息便利的优势，将所需信息量大、信息复杂且获取困难的基本公共服务优先作为地方的财政事权，提高行政效率，降低行政成本。信息比较容易获取和甄别的全国性基本公共服务宜作为中央的财政事权。

四是实现权、责、利相统一。在党中央集中统一领导下，适宜由中央承担的财政事权执行权要上划，加强中央的财政事权执行能力；适宜由地方承担的财政事权决策权要下放，减少中央部门代地方决策事项，保证地方有效管理区域内事务。要明确共同财政事权中央与地方各自承担的职责，将财政事权履行涉及的战略规划、政策决定、执行实施、监督评价等各环节在中央与地方间作出合理安排，做到财政事权履行权责明确和全过程覆盖。

五是激励地方政府主动作为。通过有效授权，合理确定地方财政事权，使基本公共服务受益范围与政府管辖区域保持一致，激励地方各级政府尽力做好辖区范围内的基本公共服务提供和保障，避免出现地方政府不作为或因追求局部利益而损害其他地区利益或整体利益的行为。

六是做到支出责任与财政事权相适应。按照"谁的财政事权谁承担支出责任"的原则，确定各级政府支出责任。对属于中央并由中央组织实施的财政事权，原则上由中央承担支出责任；对属于地方并由地方组织实施的财政事权，原则上由地方承担支出责任；对属于中央与地方共同财政事权，根据基本公共服务的受益范围、影响程度，区分情况确定中央和地方的支出责任以及承担方式。

七是建立财政事权划分动态调整机制。财政事权划分要根据客观条件变化进行动态调整。在条件成熟时，将全国范围内环境质量监测和对全国生态具有基础性、战略性作用的生态环境保护等基本公共服务，逐步上划为中央的财政事权。对新增及尚未明确划分的基本公共服务，要根据社会主义市场经济体制改革进展、经济社会发展需求以及各级政府财力增长情况，将应由市场或社会承担的事务交由市场主体或社会力量承担，将应由政府提供的基本公共服务统筹研究划分为中央财政事权、地方财政事权或中央与地方共同财政事权。

近年来，中央相继颁布《教育领域中央与地方财政事权和支出责任划分改革方案》《医疗卫生领域中央与地方财政事权和支出责任划分改革方案的通知》《基本公共服务领域中央与地方共同财政事权和支出责任划分改革方案》《科技领域中央与地方财政事权和支出责任划分改革方案》《生态环境领域中央与地方财政事权和支出责任划分改革方案》等，根据改革方案，明确中央和地方的支出责任，有利于各类基本公共服务的供给。

四、厘清政府和市场的边界，合理确定财政转移支付规模

政府职能定位不清，一些本可由市场调节或社会提供的事务，财政包揽过多，同时一些本应由政府承担的基本公共服务，财政承担不够。党的二十大报告提出"充分发挥市场在资源配置中的决定性作用，更好发挥政府作用"。因此，应发挥好"有效市场"和"有为政府"的作用，防止政府"缺位"的同时，也要防止政府"越位"。

根据笔者参与的财政资金审计项目，为鼓励贫困地区农民短期内有效增收，地方政府利用扶贫资金在市场上大量购买已经"挂果"的果树分配给农民栽种，造成果木市场价格飙升，严重扰乱当地市场。此外，一些南方果木移植到北方，水土不服，出现大量死亡，严重影响财政扶贫资金的使用绩效。通过各类渠道可知，近些年关于财政转移支付资金结余和浪费现象频频出现，审计署通过重大政策落实跟踪审计，发现95%的国家扶贫开发重点县存在财政转移支付资金结余情况，而且挤占、挪用财政转移支付资金情况较为严重。因此，笔者认为，应在新的历史时期，合理确定财政转移支付规模，调动地方政府的积极，防止和减少"养懒人"和"懒政府"情况的发生。

目前，财政转移支付主要分为一般性转移支付和专项转移支付，一般性转移支付又分为均衡性转移支付、共同事权财政转移支付等，最具有均衡地方财力作用的为均衡性财政转移支付。因此，首先介绍如何合理确定均衡性转移支付规模。

（一）合理确定均衡性转移支付规模

2019年、2022年中央均制定了《中央对地方均衡性转移支付办法》，本书通过最近两次均衡性转移支付的变化来分析未来优化均衡性转移支付

规模的方法（见表7.1）。

表 7.1 　　　　　　2019 年和 2022 年均衡性转移支付方法比较

项目	2019 年表述	2022 年表述	比较分析
标准财政收入测算	增值税（含改征增值税、原营业税，下同）标准财政收入（地方分享部分）。税基采用制造业、采掘业、电力燃气水资源供应业和批发零售贸易业等行业增加值，建筑业、销售不动产和交通运输等相关行业的营业收入、销售额等，税率采用全国平均有效税率。金融保险业等应税品目的增值税据实计算。考虑部分行业实行低税率，以及各地产业结构差异等因素，标准财政收入根据实际收入适当调整	增值税标准财政收入（地方分享部分）。税基采用工业、建筑业、批发和零售业、交通运输仓储和邮政业、住宿和餐饮业、金融业、房地产业等行业增加值，税率采用全国平均有效税率。考虑部分行业实行低税率，以及各地产业结构差异等因素，标准财政收入根据实际收入适当调整	2022 年版本的地方本级标准财政收入行业的税基和税率均采用了增值税和全国平均有效税率
标准财政支出测算	总人口 = 户籍人口 + 外来人口×折算比例，下同。其中：考虑农业转移人口市民化增加财政支出，外来人口 = 常住人口 - 户籍人口，如果常住人口小于户籍人口，外来人口为零。折算比例根据外来人口人均财政支出与户籍人口财政支出之比计算确定	总人口 = 户籍人口 + 流入（流出）人口×流入（流出）人口折算比例，下同。其中：考虑农业转移人口市民化增加财政支出，流入（流出）人口 = 常住人口 - 户籍人口。折算比例根据流入（流出）人口人均财政支出与户籍人口财政支出之比计算确定	如果人口出现净流出，则应该根据实际情况调整，而不是单纯以零计算。更加强调"钱随人走"的调整思路
	医疗卫生标准财政支出 = $\sum$ i [$\sum$ j 各级次总人口×该级次人均支出标准（不含新农合）×支出成本差异系数] + 参加新农合人数×财政人均补贴标准人均支出标准 = 该级次医疗卫生全国总支出（剔除新农合）÷该级次全国总人口	卫生健康标准财政支出 = $\sum$ i [$\sum$ j 各级次总人口×该级次人均支出标准（不含县级财政对基本医疗保险基金的补助）×支出成本差异系数] + 县级财政对基本医疗保险基金补助人均支出标准 = 该级次卫生健康全国总支出（不含县级财政对基本医疗保险基金的补助）÷该级次全国总人口	2022 版不再将参加新农合人数单独计算，而是强调县级财政对基本医疗保险基金的补助
	廉租房单位支出标准 = 地方廉租房支出总额÷地方廉租房任务总量	保障性租赁住房和公租房单位支出标准 = 地方廉租住房和公共租赁住房支出总额÷地方保障性租赁住房和公租房任务总量	2022 年扩大社会保障住房的基数

项目	2019 年表述	2022 年表述	比较分析
地方财政困难系数	根据地方"保工资、保运转、保民生"支出占标准财政收入比重及缺口率计算确定	困难程度系数根据地方基本公共服务必保支出占标准财政收入比重及缺口率计算确定	表述上更加全面，从原来的"保工资、保运转、保民生"等相对具体的三保，转变为相对模糊的"基本公共服务必保支出"，这实际上能够给各地区留足较大的回旋余地和空间
	困难程度系数 = 标准化处理后（"保工资、保运转、保民生"支出 ÷ 地方标准财政收入）× 55% + 标准化处理后（标准收支缺口 ÷ 标准支出）× 45% 标准化处理 =（某指标 - 该指标均值）÷ 该指标标准差	困难程度系数 = 标准化处理后（基本公共服务必保支出 ÷ 地方标准财政收入）× 55% + 标准化处理后（标准财政收支缺口 ÷ 标准财政支出）× 45% 标准化处理 =（某指标 - 该指标均值）÷ 该指标标准差	

　　地方本级标准财政收入和标准财政支出的科学测算是确定均衡性转移支付规模标准的核心指标。国地税合并之后，地方本级标准财政收入的测算相对容易，而标准财政支出测算难度较大，由于我国幅员辽阔，经济环境、生态环境等因素差异较大，对基本公共服务需求的质量和结构有所不同，针对脱贫县而言，"老、少、病、残"人员较多，在标准财政支出测算方面应给予特殊考虑。客观来看，均衡性转移支付规模虽然经过多次调整，但仍存在进一步优化的空间。首先，标准财政支出主要根据省、市、县（含乡镇级，下同）三个行政级次分级，但标准财政收入主要根据省级测算。由于省以下财政体制并未形成统一规范，这种差异性会造成省以下地方政府仍然缺乏足够的财政转移支付规模。其次，标准财政支出按照收支功能分类分项测算，共分为十六个小项，但是不同类别的测算所采用的标准差异较大，例如一般公共服务、医疗卫生等测算考虑现实因素较多，但教育、社保等方面考虑现实因素较少，而教育、社保等方面恰恰是欠发达地区比较关注的领域。再次，目前标准支出测算方法仅是分项测算的简单加总，并未考虑加总之后地方实际的财力需求，也不符合最小成本提供基本公共服务的原则。最后，目前除一般公共服务标准支出考虑了常住人口和户籍人口差异之外，其他财政支出并未考虑人口迁移等因素，造成地方政府事权与支出责任不匹配。

　　可见，均衡性转移支付规模的确定仍有较大的提升空间，首先，应规范省以下财政收入分配体制，尤其是欠发达地区省份，确保标准财政收入测算方面涉及省、市、县三个行政级次，保障中央财政均衡性转移支付直达资金能够系统全程监测。其次，标准财政支出的测算应该进一步"精准"，在考虑现实因素时，不同项目不应差异过大，也不应简单加总确定标准财政支出总额。再次，均衡性转移支付承担着缩小区域间基本公共服务差距的重任，也是我国解决相对贫困问题的重要举措，因而，在测算每一个地方政府标准财政收入和标准财政支出之后，更重要的是从区域间基本公共服务差距的角度完善现行均衡性转移支付。最后，均衡性转移支付应该考虑农民市民化以及跨区域人口转移等因素，确保地方政府事权与支出责任相匹配。

（二）合理确定专项转移支付规模

专项转移支付又称"戴帽资金"，往往承担上级政府特定的事项，曾经一段时间内，专项转移支付比重超过60%，但近年来，专项转移支付广受诟病，无论是理论界和实务界，主流观点认为专项财政转移支付"滴漏"较多，容易形成结余资金，资金使用效果较差，因此，近年来，中央不断调整专项转移支付项目，压缩专项转移支付规模。但根据前面实证分析结果，针对欠发达地区而言，专项转移支付相较于一般性转移支付，更容易直达"病灶"，更能实现上级政府的意图。特别针对极度贫困地区，专项转移支付"专款专用"，能够及时解决贫困地区人民生产生活方面的短板问题。

由于专项转移支付较为复杂，在确定专项转移支付规模方面，本书仅尝试从基本原则出发进行论述，首先，从战略定位方面应分两步走，第一步，根据本书的研究结论，需重新认识专项转移支付对脱贫地区的重要性，发挥好专项转移支付"专项"特征，实现上级政府的政策目标，因此，在5年过渡期内，继续发挥专项转移支付在巩固拓展脱贫攻坚成果方面的重要作用。第二步，在完成巩固拓展脱贫攻坚成果之后，我国将重点解决相对贫困问题，这需要主动发挥地方政府的内在动力，这一时期，可压缩专项转移支付规模，增加一般性转移支付规模，激励地方政府发挥自身的主观能动性。其次，精细化管理专项转移支付，合理确定专项转移支付规模。目前属于巩固拓展脱贫攻坚成果过渡期、乡村振兴战略关键期以及解决相对贫困实施期"三期叠加"，为保障各项任务顺利实施，需要对专项转移支付进行精细化管理，防止专项转移支付项目交叉重复。例如，国家农业综合开发办公室管理分配的"中央农业综合开发土地治理资金"，发改部门分配的"农业节水改造项目"，财政部门分配的"小型农田水利项目"，三项专项转移支付资金性质相同，造成基层政府多头申报。最后，提升财政专项转移支付资金使用绩效，统筹使用财政结余资金。根据审计署审计公告，地方政府大量财政结余资金主要来自上级政府的专项转移支付，部分财政资金挂账超过 10 年之久，造成专项转移支付资金的浪费。为提升专项转移支付资金使用效益，应及时清理财政结余资金统筹使用，重点支持农业、教育、医疗等民生性领域，缩小区域间基本公共服务差距。

五、完善转移支付结构，构建益贫式增长与包容性社会发展的转移支付制度

益贫式增长，即有利于解决贫困的经济增长模式，脱贫地区的增长主要得益于上级政府的财政转移支付，这就要求在财政转移支付制度设计中，要围绕贫困地区、相对贫困人口的特征给予支持，例如在项目投资、技术引进、人才输入、就业保障等方面给予倾斜。以就业为例，就业是最大的民生，很多贫困户之所以贫困主要在于无法就业，造成收入低下，在新时期解决相对贫困过程中，仍需将就业作为巩固拓展脱贫攻坚成果和解决相对贫困的重要"抓手"，一方面继续通过技能培训提高相对贫困人口的劳动技能，另一方面千方百计创造和购买就业岗位，除能够正常就业的人员外，政府需要在相对贫困人口与企业直接"牵线搭桥"，加强信息交流，对接劳动供给与需求，也可以通过政府购买公益性岗位，促进相对贫困人口就业。

包容性社会发展，主要强调人与人、人与社会、人与自然的和谐发展，解决相对贫困必须以缓解和缩小区域间发展差距、城乡之间发展差距、基本公共服务供给方面的差距等，正如前面实证研究得到的结论，城乡基本公共服务差距是造成城乡居民收入差距的主要因素，要实现包容性增长，必须缩小城乡在教育、医疗、卫生、社会保障等方面的巨大差距。因此，解决相对贫困，必须完善现行财政转移支付制度，统筹城乡发展，解决区域间发展不平衡不充分的问题。

益贫式增长和包容性社会发展都需要改善地方政府的财政支出结构，对于欠发达地区而言，财政支出主要依靠上级政府财政转移支付，因此优化财政转移支付结构也是优化地方财政支出结构的重要途径。

表 7.2 为 2018～2021 年财政转移支付情况，有几点需要特别说明，一是 2018 年专项转移支付为 22927.09 亿元，2019 年和 2020 年分别为 7561.7 亿元和 7765.92 亿元，主要原因在于统计口径发生了变化，原本属于专项转移支付的部分项目调整至一般性转移支付中的共同财政事权转移支付。二是 2020 年新增特殊转移支付，主要用于抗击新冠疫情而专门列

支的转移支付。三是截至 2022 年 10 月，2021 年全国决算数据并未公开，因此只公布中央对地方税收返还和转移支付总数，没有具体的分类数据。下面本书以 2020 年决算数据进行详细分析。

表 7.2　　　　　　　　2018～2021 年财政转移支付概况　　　　　　　单位：亿元

项目	2018 年	2019 年	2020 年	2021 年
中央对地方税收返还和转移支付	69673.99	74359.86	83217.93	82215.94
其中：税收返还	7987.86			
一般性转移支付	38759.04	66798.16	69459.86	
专项转移支付	22927.09	7561.7	7765.92	
特殊转移支付			5992.15	
中央税收返还和转移支付占地方财政支出的比重	37.02%	36.5%	39.52%	38.91%

资料来源：根据财政部网站整理获得。

表 7.3 为 2020 年财政转移支付结构表，2020 年中央对地方转移支付为 83217.93 亿元，占中央一般公共预算支出 70.3%，财政转移支付口径调整之后，一般性转移支付达到 69459.86 亿元，占财政转移支付的比重达到 83.5%，其中均衡性转移支付为 17192 亿元，共同财政事权转移支付①32180.72 亿元，税收返还及体制补助等为 12798.13 亿元，三类转移支付占一般性转移支付的比重分别为 24.75%、46.3%、18.4%。三者占一般性转移支付的比重接近 90%。专项转移支付为 7765.92 亿元，其中基建支出占比 65.3%。特殊转移支付主要用于公共卫生体系建设和重大疫情防控救治体系建设、应急物资保障体系建设、疫情防控救治等方面。

表 7.3　　　　　　　　　2020 年财政转移支付结构　　　　　　　　单位：亿元

项目	决算数
一、一般性转移支付	69459.86
均衡性转移支付	17192

① 2020 年共同财政事权转移支付共包括 54 项，比较有代表性的包括基本养老金转移支付（8150.52 亿元）、城乡居民基本医疗保险补助（3537.55 亿元）、车辆购置税收入补助地方资金（3031.52 亿元）、农业生产发展资金（1850.61 亿元）、城乡义务教育补助经费（1695.9 亿元）、困难群众救助补助资金（1483.97 亿元）、目标价格补贴（881.32 亿元）等。

项目	决算数
重点生态功能区转移支付	794.5
县级基本财力保障机制奖补资金	2979
资源枯竭城市转移支付	222.9
老少边穷地区转移支付	2790.92
产粮大县奖励资金	464.81
共同财政事权转移支付	32180.72
税收返还及固定补助	11275.64
体制结算补助等	1522.49
其他支出	36.88
二、专项转移支付	7765.92
其中：基建支出	5070
其他支出	17.54
三、特殊转移支付	5992.15
中央对地方转移支付	83217.93

资料来源：根据财政部网站整理获得。

为更好说明通过财政转移支付结构调整可以优化地方政府财政支出结构，本书进一步选取三个典型地方进行研究，根据研究需要，本书在东、中、西三个地区分别选取云南、河南、江苏三个省份进行分析。从表7.4中可以看到 2020 年中央对云南的财政转移支付占地方财政收入比重达到200.56%，占地方财政支出的比重达到 30.35%；2020 年中央对河南的财政转移支付占地方财政收入的比重为123.81%，占地方财政支出的比重达到 49.76%，接近一半的财政支出来自中央的财政转移支付。2020 年中央对江苏的财政转移支付占地方财政收入的比重为 24.4%，占地方财政支出的比重为 16.15%。通过东、中、西典型地区比较可以发现，中西部地方政府的财政支出很大程度上来自中央的财政转移支付，对于欠发达或脱贫地区而言，地方财政支出对上级政府的财政依赖度会更加明显。因此，通过优化地方政府财政支出结构，构建益贫式增长和包容性社会发展的发展模式，可以从中央层面规范财政转移支付项目，财政转移支付本身结构的调整可以优化地方政府的财政支出结构。

表 7.4

典型地区		2018 年	2019 年	2020 年
云南	中央补助收入	3239.39	3813.44	4245.16
	地方财政收入	1994.35	2073.56	2116.69
	地方财政支出	6075.03	6770.09	6974.02
	补助占地方财政收入比重（%）	162.43	183.91	200.56
	补助占地方财政支出比重（%）	32.83	30.63	30.35
河南	中央补助收入	4298.76	4575.82	5161.29
	地方财政收入	3766.02	4041.89	4168.84
	地方财政支出	9217.73	10163.93	10372.67
	补助占地方财政收入比重（%）	114.15	113.21	123.81
	补助占地方财政支出比重（%）	46.64	45.02	49.76
江苏	中央补助收入	1778.14	2024.45	2210.23
	地方财政收入	8630.16	8802.36	9058.99
	地方财政支出	11657.35	12573.55	13681.55
	补助占地方财政收入比重（%）	20.60	23.00	24.40
	补助占地方财政支出比重（%）	15.25	16.10	16.15

表 7.4   东、中、西典型地区财政收支概况   单位：亿元

资料来源：根据《中国财政年鉴》（北京：中国财政杂志社）整理获得。

六、完善省以下财政体制，规范省以下财政转移支付

1994 年分税制改革主要协调的是中央和省之间的财政关系，并未触及省以下财政体制，因此省以下财政体制"百花齐放"，例如，江苏、浙江、广东均为东部发达地区，但各个省份的省以下财政体制没有统一的规范，均不相同。目前，"省以下财政体制还存在财政事权和支出责任划分不尽合理、收入划分不够规范、有的转移支付定位不清、一些地方'三保'压力较大、基本公共服务均等化程度有待提升等问题"。而且越是层级较低的政府，财政收支矛盾越发突出。因此，必须明确省以下各级政府的支出责任，合理安排财政转移支付，缩小区域间发展差距，均衡区域间基本公共服务差距，让中西部广大群众真正能够共享发展成果。

2022 年 6 月，国务院办公厅印发《关于进一步推进省以下财政体制改革工作的指导意见》，理顺省以下的财政关系，规范省以下税种划分和共享收入方式，确保省、市、县、乡镇的事权与支出责任相匹配，积极落实县级"三保"保障机制，不断推进基本公共服务均等化，推动高质量发展，为建设中国式现代化提供坚实保障。在具体改革中，省级政府要参照中央做法，结合当地实际，按照财政事权划分原则合理确定省以下政府间

财政事权。将部分适宜由更高一级政府承担的基本公共服务职能上移，明确省级政府在保持区域内经济社会稳定、促进经济协调发展、推进区域内基本公共服务均等化等方面的职责。

省以下财政体制改革中，规范省以下财政转移支付至关重要，首先，建立健全省以下财政转移支付体系，按照中央对省的财政转移支付结构，明确一般性转移支付（含均衡性转移支付、共同财政事权转移支付等）、专项转移支付的功能定位，确保各级政府事权与支出责任相匹配。其次，优化财政转移支付结构，均衡性财政转移支付可以有效缓解地方政府之间的财力差距，因此对于经济基础薄弱地区，省级政府应建立均衡转移支付增长机制，在公式测算方面，在借鉴中央对地方均衡性转移支付办法的基础上，可增加地区性的特殊因素。共同财政事权转移支付必须首先明确省、市、县、乡镇各级政府的事权和支出责任，在资金分配方面，根据基本公共服务保障标准、支出责任分担比例、常住人口规模等进行合理分配。专项转移支付方面，根据目前财政转移支付改革趋势，控制专项转移支付规模，减少专项转移支付项目，逐步退出市场机制能够有效调节的领域。最后，加强财政转移支付管理，一是加快财政转移支付的拨付进度；二是加强财政转移支付绩效考核，特别在目前经济增速放缓的关键时期，财政资金应用在"刀刃"上；三是构建激励相容的财政转移支付管理体制，综合考虑地方政府上一年度的资金使用绩效、地方政府努力度等方面，防止"养懒政府"的情况出现；四是在中央与地方建立完善纵向财政转移支付制度的同时，应鼓励横向财政转移支付，尤其在跨区域共同责任的事项方面，通过区域间财力调整，可实现地方财政能力的纵向平衡和横向平衡。

七、加强财政管理，提升财政转移支付效能

近年来，我国经济增速放缓，财政收入增长乏力。笔者认为在这个大背景下，应该重新明确加强财政管理的重要性，特别是当前基层政府财政收支矛盾突出，不仅要做好短期内过紧日子的准备，也要做好长期过紧日子的准备。因此，财政部门应该当好"铁公鸡"，打好"铁算盘"，精打细算、不断提高财政效能，真正把钱花在"刀刃"上。同时，杜绝各类财政风险，近年来我国进入偿还债务高峰期，2016年中央本级财政支出中，债务利息支出仅为33.16亿元，占中央本级支出的比重为0.12%；2019年中央本级财政支出中，债务利息支出为4566.62亿元，占中央本级支出的比重为13%；2020年中央本级财政支出中，债务利息支出为5538.95亿元，占中央本级支出的比重为15.78%；2021年中央本级财政支出中，

债务付息支出 5867.69 亿元，占中央本级支出的比重为 16.74%，如果考虑地方债等项目，相应的财政支出需要会更大。因此，越是在这种关键时期，需要保持中央全局战略统筹能力，防范化解隐性债务风险，完善地方政府债务管理。

与此同时，需要提升财政转移支付效能，从 1994 年至今，我国针对中西部地区实施大规模财政转移支付，虽然中央也出台针对财政转移支付资金的绩效评价文件，但在实际调研过程中，财政转移支付资金浪费现象以及使用绩效方面仍然"触目惊心"，如何更好地对财政转移支付进行绩效评价，不仅仅关系巩固拓展脱贫攻坚成果，也关系乡村振兴战略以及解决相对贫困等关键问题。本书认为，可以从以下几个方面考虑。

首先，合理选择财政转移支付形式，调动地方政府积极性。我国从事财政转移支付绩效评价多年，但效果不好的重要原因在于仅仅盯住"绩效评价"本身，而忽略背后的深层次原因，地方政府往往对自有财政资金的使用绩效关注较高，而对转移支付资金的使用绩效关注度不高，其根本原因在于地方政府并未将财政转移支付资金视同自有资金。如何解决这一问题，本书认为可以采取灵活财政转移支付形式，主要基于两方面的考虑，一是相较于其他一般性转移支付和专项转移支付，均衡性转移支付的使用绩效相对较高，因此，可以进一步提升均衡性转移支付力度，减少其他类别的财政转移支付，真正调动地方政府积极性，让地方政府将均衡性转移支付与自有财政资金同等看待，这样可以从内在机制上解决财政转移支付绩效不高的问题。二是相较于纵向转移支付，应鼓励实施横向财政转移支付以及纵横混合财政转移支付，地方政府往往关注本辖区内的重点事项，而对于辖区外以及涉及多辖区共担的公共事项，往往关注度不高，特别是涉及具有严重外部性的事项，例如，环境污染与治理，地方政府之间往往会因为"扯皮"而推卸自身责任，即使中央通过专项转移支付协调区域间的矛盾，但往往资金使用效率较低，针对这些问题，建议可采取横向转移支付的形式，或者混合转移支付的形式，通过地方政府之间的"谈判"，合理解决跨区域共担事项，同时可以提升财政转移支付的使用绩效。

其次，提升财政转移支付的瞄准"精度"，提升财政转移支付绩效。这部分可从宏观和微观两个角度进行说明，基于宏观的角度，一方面明确财政转移支付重点支持区域，我国对脱贫地区实施五年过渡期，保持财政支持力度不减，2021 年中央又公布 160 个乡村振兴重点帮扶县，这些地方经济基础依然薄弱，财政收支矛盾突出，因此，财政转移支付资金应该重点支持这些地区的发展。对这些地区实施适度的财政转移支付规模，也可以从整体上提高财政转移支付使用效率。另一方面，明确财政转移支付重点支持的项目，厘清政府与市场之间的边界，无论是巩固拓展脱贫攻坚成果还是构建解决相对贫困的长效机制，必须明确哪些项目需要财政转移支付的大力支持，例如基础医疗卫生服务、义务教育质量提升服务等，这些支出项目属于民生项目支出，需要政府通过财政转移支付给予重点支持。基于微观角度，一方面精确瞄准财政转移支付对象的现实需求，利用农村驻点数据、精准扶贫监测数据、农村调查数据等微观调查数据，收集分析家庭成员收入水平、住房条件、营养情况、就业情况等信息，有利于提升财政转移支付帮扶的"精准"度并提升转移支付使用效果。另一方面，除个体和家庭特征瞄准之外，还需要对欠发达地区进行产业瞄准、区域瞄准、人口瞄准以及地理瞄准。通过产业瞄准，可结合自身经济情况发展优势产业，带动地方经济发展并提供更多就业岗位；通过区域瞄准，可以根据区域内居民偏好和基本公共服务供给情况，进行针对性的补缺短板；通过人口瞄准，可以对特殊群体进行针对性的帮扶政策，例如低收入群体、老人、儿童、妇女以及病残人员等；通过地理瞄准，对自然环境恶劣地区，可以实施易地扶贫搬迁，对于自然环境较好的地区，可针对性地发展旅游业等。总之，通过提升财政转移支付的瞄准"精度"，可以有效提升财政转移支付资金的使用绩效。

再次，减少财政转移支付不确定性，构建财政转移支付直达基层机制。通过前面的实证研究，可以发现财政转移支付的不确定性会影响地方政府的收支行为，从而不利于财政转移支付绩效的提升。如何减少财政转移支付不确定，笔者认为可从两个方面进行完善，一是稳定地方政府预期，提前下达财政转移支付资金或指标。无论是中央与省级政府之间，还是省以下地方政府之间均应提前规划下一年度财政转移支付，明确财政转移支付分配方法、规模或者指标，确保地方政府预期稳定。近年来，中央政府已经开始提前分批下达下一年度财政转移支付，但省级政府层面，部分地方政府改革进度较慢。二是构建财政转移支付直达基层机制。减税降费政策对基层财政能力产生较大冲击，为切实解决基层财政收支压力，中央率先构建财政转移支付直达机制，该机制下有效缓解县级基层政府财政压力，推动规模性纾困政策迅速落地，成效不断显现。未来，建立常态化财政资金直达机制，中央财政将更多资金纳入直达范围，加大对地方财力支持，补助资金直达市县。2022 年继续实施大规模减税降费政策，全年退税减税约 2.5 万亿元，其中留抵退税 1.5 万亿元，退税资金全部直达企业。

最后，引入第三方绩效评价制度。2021 年，财政部印发《关于委托第三方机构参与预算绩效管理的指导意见》以及《第三方机构预算绩效评价业务监督管理暂行办法》，进一步加强和规范绩效评价制度。通过引入第三方绩效评价制度，可以更加客观分析财政转移支付的实施效果，特别对于贯彻落实党中央、国务院重大决策部署和本部门或单位主体职责的政策和项目，例如巩固拓展脱贫攻坚成果过渡期内财政转移支付政策是否真正落实，是否将"缩小城乡基本公共服务差距"作为解决相对贫困的重要考核指标。目前，财政转移支付项目较多，各级财政部门组织对预算部门及单位、下级财政部门开展政策性评估评价，也可以根据需要对其承担的重点项目开展评价。在引入第三方参与绩效管理过程中，至少包括四个方面的内容"一是事前绩效评估和绩效目标审核；二是绩效评价或评价结果复核；三是绩效指标和标准体系制定；四是预算绩效评价结果的运用"。总之，通过绩效评价制度的完善和改革，切实提高财政转移支付的使用效益。

八、统筹财政资源，创新财政转移支付资金使用方式

近年来，我国在财政资金管理和使用方式上有所创新，未来应该进一步强化这些创新举措，发挥财政"四两拨千斤"的作用，积极引导和撬动社会资本。

一是统筹规划财政资源，防止项目重复安排。在项目安排上，各部门很可能存在项目重复安排，基层也会多头申请，造成财政资金浪费。因此，在编制预算过程中，财政部门应联合发改委、乡村振兴局等各个部门，科学合理规划当年的投资项目。2020 年贫困县全部脱贫之后，中央颁布《关于继续支持脱贫县统筹整合使用财政涉农资金工作的通知》，进一步推动涉农资金整合衔接推进乡村振兴。

二是实施跨年度预算平衡机制。目前，年底"突击花钱"的现象仍然较为突出，造成这一现象的一个重要原因在于地方政府财政支出的绩效考核。一些地方规定如果财政支出没有完成预算的95％，将会影响下一年度的预算安排。《预算法》提出"各级政府应当建立跨年度预算平衡机制"则有效解决这一问题，允许地方政府利用预算稳定调节基金统筹跨年度的预算收支，同时根据分析和预测未来 3～5 年重大财政收支情况，编制跨年度预算收支方案。

三是统筹存量资金和存量资产。由于财政体制以及财政资金管理等多方面的原因，一些地方政府拥有大量存量资金，以笔者调研的一个西部贫

困县为例，该县每年一般公共预算收入为 4 亿元左右，但财政专户等银行账户中拥有存量财政资金超过 18 亿元，一些存量资金已经超过 10 年以上，严重影响财政资金的使用效益，因此加大结余资金的统筹力度，防止"假统筹"，对结余 2 年以上的财政资金按原渠道收入，重新安排使用。此外，2022 年国务院办公厅颁布《进一步盘活存量资产扩大有效投资的意见》，其中明确提出"推动地方政府债务率较高、财政收支平衡压力较大的地区，加快盘活存量资产，稳妥化解地方政府债务风险，提升财政可持续能力，合理支持新项目建设"。

四是创新财政资金使用方式。针对贫困人口，财政转移支付往往仅能起到"输血"的作用，很难起到"造血"作用，无法稳定提升贫困农户的收入水平，四川省在脱贫攻坚过程中，率先在全国实施财政资金股权量化改革，即利用财政转移支付资金帮助贫困户入股农村集体经济、龙头企业，形成完善利益联结机制，通过"资源变资产、资金变股金、贫困户变股东"，让贫困户更多分享产业增值收益。此外，一些地方也在积极创新财政资金使用方式，通过财政资金引导和撬动社会资本，以东部扶贫改革试验区为例，利用财政资金设立乡村振兴基金、乡村振兴债券、防疫债券、财政保费补贴政策、政策性农业融资担保体系等方式，既可以缓解财政资金不足问题，又可以引入市场机制，提高资金使用效率。

主要参考文献

［1］臧雷振，张冰倩．信息赋权能力提升如何促进减贫——基于宏观面板数据的实证分析［J］．中国软科学，2022（2）：138－150.

［2］陈国强，罗楚亮，吴世艳．公共转移支付的减贫效应估计——收入贫困还是多维贫困？［J］．数量经济技术经济研究，2018（5）：59－76.

［3］陈济冬，曹玉瑾，张也驰．在持续稳定增长中减贫：我国的减贫历程与经验启示［J］．改革，2020（6）：1－11.

［4］陈升，潘虹，陆静．精准扶贫绩效及其影响因素：基于东中西部的案例研究［J］．中国行政管理，2016（9）：88－93.

［5］程承坪，邹迪．新中国70年扶贫历程、特色、意义与挑战［J］．当代经济管理，2019（9）：1－9.

［6］程名望，Jin Yanhong，盖庆恩，史清华．农村减贫：应该更关注教育还是健康？——基于收入增长和差距缩小双重视角的实证［J］．经济研究，2014（11）：130－144.

［7］崔艳娟，孙刚．金融发展是贫困减缓的原因吗？——来自中国的证据［J］．金融研究，2012（11）：116－127.

［8］董艳玲，李华．转移支付的财力均等化效应：来源分解及动态演进［J］．财贸研究，2022（3）：51－64.

［9］丁建彪．中国农村扶贫措施成效评估指标选择与分析框架［J］．江苏社会科学，2020（2）：89－98＋242.

［10］豆书龙，叶敬忠．乡村振兴与脱贫攻坚的有机衔接及其机制构建［J］．改革，2019（1）：19－29.

［11］都阳，Albert Park．中国的城市贫困：社会救助及其效应［J］．经济研究，2007（12）：24－33.

［12］樊丽明，解垩．公共转移支付减少了贫困脆弱性吗？［J］．经济研究，2014（8）：67－78.

［13］范子英．财政转移支付与人力资本的代际流动性［J］．中国社

会科学，2020（9）：48 – 67 + 205.

[14] 伏润民，等. 我国省对县（市）一般性转移支付的绩效评价——基于 DEA 二次相对效益模型的研究 [J]. 经济研究，2008（11）：62 – 73.

[15] 付文林，沈坤荣. 均等化转移支付与地方财政支出结构 [J]. 经济研究，2012（5）：45 – 57.

[16] 傅勇，张晏. 中国式分权与财政支出结构偏向：为增长而竞争的代价 [J]. 管理世界，2007（3）：4 – 12.

[17] 高强，曾恒源. 巩固拓展脱贫攻坚成果同乡村振兴有效衔接：进展、问题与建议 [J]. 改革，2022（4）：99 – 109.

[18] 高飞. 脱贫攻坚如何有效衔接乡村振兴？——基于公共性视角的案例考察 [J]. 经济社会体制比较，2022（2）：28 – 37.

[19] 高跃光，范子英. 财政转移支付、教育投入与长期受教育水平 [J]. 财贸经济，2021（9）：20 – 34.

[20] 郝春虹，王英家，贾晓俊，岳希明. 分好"财政蛋糕"：对转移支付财力均等化效应和效率的考察 [J]. 中国工业经济，2021（12）：31 – 49.

[21] 贺立龙，刘丸源. 巩固拓展脱贫攻坚成果同乡村振兴有效衔接的政治经济学研究 [J]. 政治经济学评论，2022（2）：110 – 146.

[22] 胡洪曙，梅思雨. 转移支付对地方政府税收努力的影响研究——基于信息不对称的央地政府间博弈分析 [J]. 财政研究，2021（11）：102 – 116.

[23] 黄承伟. 巩固拓展脱贫攻坚成果同乡村振兴有效衔接的战略演进逻辑 [J]. 农业经济问题，2022（6）：4 – 11.

[24] 黄薇，曹杨. 常态化精准扶贫政策的完善：反福利依赖的视角 [J]. 经济研究，2022（4）：172 – 190.

[25] 郭庆旺，贾俊雪. 中央财政转移支付与地方公共服务提供 [J]. 世界经济，2008（9）：74 – 84.

[26] 郭建宇，吴国宝. 基于不同指标及权重选择的多维贫困测量——以山西省贫困县为例 [J]. 中国农村经济，2012（2）：12 – 20.

[27] 贾俊雪. 中国税收收入规模变化的规则性、政策态势及其稳定效应 [J]. 经济研究，2012（11）：103 – 117.

[28] 贾晓俊，等. 分类拨款、地方政府支出与基本公共服务均等化——兼谈我国转移支付制度改革 [J]. 财贸经济，2015（4）：5 – 16.

[29] 李实. 共同富裕的目标和实现路径选择 [J]. 经济研究，2021

（11）：4 – 13.

[30] 李永友，张子楠. 转移支付提高了政府社会性公共品供给激励吗？[J]. 经济研究，2017（1）：119 – 133.

[31] 李兴洲. 公平正义：教育扶贫的价值追求 [J]. 教育研究，2017（3）：31 – 37.

[32] 李丹，裴育，陈欢. 财政转移支付是"输血"还是"造血"——基于国家扶贫开发重点县的实证研究 [J]. 财贸经济，2019（6）：22 – 39.

[33] 黎蔺娴，边恕. 经济增长、收入分配与贫困：包容性增长的识别与分解 [J]. 经济研究，2021（2）：54 – 70.

[34] 刘穷志. 转移支付激励与贫困减少——基于 PSM 技术的分析 [J]. 中国软科学，2010（9）：8 – 15.

[35] 刘大伟. 教育改善贫困的证据：基于微观社会调查的实证分析 [J]. 教育研究，2020，41（4）：115 – 124.

[36] 刘宇翔. 欠发达地区农民合作扶贫模式研究 [J]. 农业经济问题，2015，36（7）：37 – 45 + 110 – 111.

[37] 刘明慧，章润兰. 财政转移支付、地方财政收支决策与相对贫困 [J]. 财政研究，2021（4）：34 – 49.

[38] 卢洪友，杜亦谯. 中国财政再分配与减贫效应的数量测度 [J]. 经济研究，2019（2）：6 – 22.

[39] 卢盛峰，陈思霞，时良彦. 走向收入平衡增长：中国转移支付系统"精准扶贫"了吗？[J]. 经济研究，2018（11）：51 – 66.

[40] 卢现祥，徐俊武. 公共政策、减贫与有利于穷人的经济增长——基于 1995 – 2006 年中国各省转移支付的分析 [J]. 制度经济学研究，2009（2）：112 – 125.

[41] 卢文秀，吴方卫. 生态补偿横向转移支付能缩小城乡收入差距吗？——基于 2000 – 2019 年中国典型流域生态补偿的经验证据 [J]. 财政研究，2022（7）：35 – 51.

[42] 吕炜，赵佳佳. 中国转移支付的粘蝇纸效应与经济绩效 [J]. 财政研究，2015（9）：44 – 52.

[43] 马光荣，郭庆旺，刘畅. 财政转移支付结构与地区经济增长 [J]. 中国社会科学，2018（9）：105 – 125.

[44] 马伟华，李修远. 民族地区脱贫攻坚与乡村振兴有效衔接的实践路径研究——基于宁夏闽宁镇的调查 [J]. 贵州民族研究，2022（4）：

49 – 55.

[45] 缪小林，张蓉．从分配迈向治理——均衡性转移支付与基本公共服务均等化感知［J］．管理世界，2022（2）：129 – 149 + 9 – 14.

[46] 毛捷，吕冰洋，马光荣．转移支付与政府扩张：基于"价格效应"的研究［J］．管理世界，2015（7）：29 – 41.

[47] 毛捷，汪德华，白重恩．扶贫与地方政府公共支出——基于"八七扶贫攻坚计划"的经验研究［J］．经济学季刊，2012（4）：1365 – 1388.

[48] 孟照海．教育扶贫政策的理论依据及实现条件——国际经验与本土思考［J］．教育研究，2016，37（11）：47 – 53.

[49] 潘文轩，阎新奇．2020年后制定农村贫困新标准的前瞻性研究［J］．农业经济问题，2020（5）：17 – 27.

[50] 乔宝云等．财政转移支付与地方财政努力［J］．管理世界，2006（3）：50 – 56.

[51] 宋小宁，陈斌，梁若冰．一般性转移支付：能否促进基本公共服务供给？［J］．数量经济技术经济研究，2012（7）：34 – 44 + 134.

[52] 孙宗锋，孙悦．组织分析视角下基层政策执行多重逻辑探析——以精准扶贫中的"表海"现象为例［J］．公共管理学报，2019，16（3）：16 – 26 + 168 – 169.

[53] 王小林，冯贺霞．2020年后中国多维相对贫困标准：国际经验与政策取向［J］．中国农村经济，2020（3）：2 – 21.

[54] 王凤臣，刘鑫，许静波．脱贫攻坚与乡村振兴有效衔接的生成逻辑、价值意蕴及实现路径［J］．农业经济与管理，2022（4）：13 – 21.

[55] 王昉，燕洪．财政转移支付政策与贫困治理：基本逻辑与思想转型［J］．财经研究，2022（8）：18 – 32.

[56] 汪三贵，曾小溪．从区域扶贫开发到精准扶贫——改革开放40年中国扶贫政策的演进及脱贫攻坚的难点和对策［J］．农业经济问题，2018（8）：40 – 50.

[57] 汪三贵．中国扶贫绩效与精准扶贫［J］．政治经济学评论，2020（1）：130 – 148.

[58] 汪冲．渐进预算与机会主义——转移支付分配模式的实证研究［J］．管理世界，2015（1）：18 – 29.

[59] 汪昊，娄峰．中国财政再分配效应测算［J］．经济研究，2017（1）：105 – 120.

[60] 魏后凯，年猛，李玏．"十四五"时期中国区域发展战略与政

策 [J]. 中国工业经济, 2020 (5): 5-22.

[61] 吴敏. 优化转移支付结构能促进基层教育供给吗? [J]. 南开经济研究, 2022 (6): 69-86.

[62] 解垩. 公共转移支付对再分配及贫困的影响研究 [J]. 经济研究, 2017 (9): 103-116.

[63] 解垩, 李敏. 政府公共转移支付的扶志效应 [J]. 中国人口科学, 2022 (1): 99-112+128.

[64] 徐舒, 王貂, 杨汝岱. 国家扶贫开发重点县政策的收入分配效应 [J]. 经济研究, 2020 (4): 134-149.

[65] 徐超, 李林木. 城乡低保是否有助于未来减贫——基于贫困脆弱性的实证分析 [J]. 财贸经济, 2017 (5): 5-19+146.

[66] 杨龙见, 徐琰超, 尹恒. 转移支付形式会影响地方政府的收支行为吗?——理论研究和经验分析 [J]. 财经研究, 2015 (7): 95-109.

[67] 杨飞, 范从来. 产业智能化是否有利于中国益贫式发展? [J]. 经济研究, 2020 (5): 150-165.

[68] 叶兴庆, 殷浩栋. 从消除绝对贫困到缓解相对贫困: 中国减贫历程与 2020 年后的减贫战略 [J]. 改革, 2019 (12): 5-15.

[69] 尹恒, 朱虹. 县级财政生产性支出偏向研究 [J]. 中国社会科学, 2011 (1): 88-101+222.

[70] 徐明. 财政转移支付带来了地区生产效率提升吗?——基于省际对口支援与中央转移支付的比较研究 [J]. 统计研究, 2022 (9): 88-103.

[71] 岳希明, 周慧, 徐静. 政府对居民转移支付的再分配效率研究 [J]. 经济研究, 2021 (9): 4-20.

[72] 郑继承. 构建相对贫困治理长效机制的政治经济学研究 [J]. 经济学家, 2020 (5): 91-98.

[73] 郑瑞强, 王英. 精准扶贫政策初探 [J]. 财政研究, 2016 (2): 17-24.

[74] 赵晓峰, 邢成举. 农民合作社与精准扶贫协同发展机制构建: 理论逻辑与实践路径 [J]. 农业经济问题, 2016 (4): 23-29+110.

[75] 曾军平. 财政转移支付制度的财政平衡效应研究 [J]. 经济研究, 2000 (6): 27-32.

[76] 张川川, John Giles, 赵耀辉. 新型农村社会养老保险政策效果评估——收入、贫困、消费、主观福利和劳动供给 [J]. 经济学 (季刊), 2015 (1): 203-230.

[77] 张国建，佟孟华，李慧，陈飞．扶贫改革试验区的经济增长效应及政策有效性评估 [J]．中国工业经济，2019（8）：136 – 154.

[78] 张大鹏，陈池波．旅游发展促进了连片特困地区的包容性增长吗——来自中部贫困县的证据 [J]．农业技术经济，2020（4）：107 – 116.

[79] 张彬斌．新时期政策扶贫：目标选择和农民增收 [J]．经济学（季刊），2013，12（3）：959 – 982.

[80] 张明皓，豆书龙．2020 年后中国贫困性质的变化与贫困治理转型 [J]．改革，2020（6）：1 – 10.

[81] 章元，许庆，邬璟璟．一个农业人口大国的工业化之路：中国降低农村贫困的经验 [J]．经济研究，2012（11）：76 – 87.

[82] 展望，李钢．中国减贫治理的经验与效果测度 [J]．经济管理，2022（2）：17 – 35.

[83] 郑宇．贫困治理的渐进平衡模式：基于中国经验的理论建构与检验 [J]．中国社会科学，2022（2）：141 – 161 + 207.

[84] 朱玲，何伟．脱贫农户的社会流动与城乡公共服务 [J]．经济研究，2022（3）：25 – 48.

[85] 邹璐，周力．中国共产党百年减贫的思想演进与历史成就 [J]．财经研究，2022（8）：4 – 17 + 93.

[86] AGOSTINI C, BROWN P. Local Distributional Effects of Government Cash Transfers in Chile [M]. William Davidson Institute at the University of Michigan, 2007.

[87] BUCHANAN J M. Federalism and Fiscal Equity [J]. American Economic Review, 1950, 40 (9): 583 – 599.

[88] BRADY D. The Welfare State and Relative Poverty in Rich Western Democracies: 1967 – 1997 [J]. Social Forces, 2005, 83 (4): 1329 – 1364.

[89] CAI H, TREISMAN D. Did Government Decentralization Cause China Economic Miracle? [J]. World Politics, 2006, 58 (4): 505 – 535.

[90] CAREW B, DAVID B. Political Competition and Local Social Spending: Evidence from Brazil [J]. Studies in Comparative International Development, 2014, 49 (2): 197 – 216.

[91] COX D, HANSEN B E, JIMENEZ E. How Responsive are Private Transfers to Income? Evidence from a Laissez-faire Economy [J]. Journal of Public Economics, 2004, 88 (9): 2193 – 2219.

[92] DARITY W, MYERS S L. Do Transfer Payments Keep the Poor in

Poverty? [J]. American Economic Review, 1987, 77 (2): 216 –222.

[93] DOUMBIA D. The Quest for Pro-poor and Inclusive Growth: The Role of Governance, Applied Economics [J]. 2019, 51 (16): 1762 –1783.

[94] EGGER P, et al. Do Fiscal Transfers Alleviate Business Tax Competition? Evidence from Germany [J]. Journal of Public Economics, 2010 (94): 235 –246.

[95] GERTLER P J, et al. Investing Cash Transfer to Raise Long-Term Living Standards [J]. American Economic Journal Applied Economics, 2012, 4 (1): 164 –192.

[96] HINES J, ThALERr R. Anomalies: The Flypaper Effect [J]. Journal of Economic Perspectives, 1995, 9 (4): 217 –226.

[97] HWANG S J. Public Pensions as the Great Equalizer? Decomposition of Old-age Income in South Korea, 1998 – 2010 [J]. Journal of Aging & Social Policy, 2016, 28 (2): 81 –97.

[98] IMAI K S. Poverty under Nutrition and Vulnerability in Rural India: Role of Rural Public Works and Food for Work Programmers [J]. International Review of Applied Economics, 2011, 25 (6): 669 –691.

[99] INMAN R. Federal Assistance and Local Service in the United States: The Evolution of a New Federalist Fiscal Order [M]. Chicago: U. Chicago Press, 1988.

[100] JEFFREY D, SACHS S M. The Millennium Villages Project: Authors'reply [J]. The Lancet Global Health, 2018 (7): 472 –474.

[101] KARNIK A, LALVANI. Flypaper Effect Incorporating Spatial Interdependence [J]. Review of Urban and Regional Development Studies, 2008, 20 (2): 86 –102.

[102] LEITH C, LEWIS S W. Fiscal Sustainability in a New Keynesian Model [J]. Journal of Money, Credit and Banking, 2013, 45 (8): 1477 –1516.

[103] MARISA B. Public Transfers and the Poverty of Children and the Elderly in Uruguay [J]. Poverty & Public Policy, 2016, 8 (4): 39 –84.

[104] MEYER B D, MOK W K C. Disability, Earnings, Income and Consumption [J]. Journal of Public Economics, 2019 (171).

[105] RAVALLION M, CHEN S. Benefit Incidence with Incentive Effects, Measurement Errors and Latent Heterogeneity: A case study for Chin [J]. Journal of Public Economics, 2015, 12 (8): 124 – 132.

[106] RAWLINGS L B, RUBIOG M. Evaluating the Impact of Conditional Cash Transfer Programs: Lessons from Latin America. Policy Research Working Paper 3119, The World Bank.

[107] SCHOELLMAN T. Education Quality and Development Accounting [J]. The Review of Economic Studies, 2012, 79 (1): 388 – 417.

[108] SKOUFIAS E, MARO V D. Conditional Cash Transfers, Adult Work Incentives and Poverty [J]. Journal of Development Studies, 2008, 44 (7): 935 – 960.

[109] TSUI K. Local Tax System, Intergovernmental Transfers and China's Local Fiscal Disparities [J]. Journal of Comparative Economics, 2005, 33 (1): 173 – 196.

图书在版编目（CIP）数据

财政转移支付的减贫效应评估：内在机制与提升策略研究／李丹著 . -- 北京：经济科学出版社，2024.3
国家社科基金后期资助项目
ISBN 978 - 7 - 5218 - 5784 - 9

Ⅰ.①财… Ⅱ.①李… Ⅲ.①财政转移支付 - 财政政策 - 作用 - 扶贫 - 研究 - 中国 Ⅳ.①F812.45
②F832.35

中国国家版本馆 CIP 数据核字（2024）第 069458 号

责任编辑：武献杰　杜　鹏
责任校对：齐　杰
责任印制：邱　天

财政转移支付的减贫效应评估：内在机制与提升策略研究
CAIZHENG ZHUANYI ZHIFU DE JIANPIN XIAOYING PINGGU：NEIZAI JIZHI YU
TISHENG CELÜE YANJIU

李　丹　著

经济科学出版社出版、发行　新华书店经销
社址：北京市海淀区阜成路甲 28 号　邮编：100142
编辑部电话：010 - 88191441　发行部电话：010 - 88191522
网址：www. esp. com. cn
电子邮箱：esp_bj@ 163. com
天猫网店：经济科学出版社旗舰店
网址：http：//jjkxcbs. tmall. com
固安华明印业有限公司印装
710 × 1000　16 开　17.25 印张　310 000 字
2024 年 3 月第 1 版　2024 年 3 月第 1 次印刷
ISBN 978 - 7 - 5218 - 5784 - 9　定价：118.00 元
（图书出现印装问题，本社负责调换。电话：010 - 88191545）
（版权所有　侵权必究　打击盗版　举报热线：010 - 88191661
QQ：2242791300　营销中心电话：010 - 88191537
电子邮箱：dbts@ esp. com. cn）